LA GRÈCE

D'AUJOURD'HUI

Il a été tiré à part, sur papier de Hollande, dix exemplaires numérotés de *la Grèce d'aujourd'hui*.

Ces exemplaires sont mis en vente au prix de 8 francs.

Droits de traduction et de reproduction réservés pour tous les pays, y compris la Suède et la Norvège.

Coulommiers. — Imp. PAUL BRODARD.

GASTON DESCHAMPS

LA GRÈCE

D'AUJOURD'HUI

QUATRIÈME ÉDITION

PARIS
ARMAND COLIN ET Cie, ÉDITEURS
5, RUE DE MÉZIÈRES
1894
Tous droits réservés.

LA GRÈCE D'AUJOURD'HUI

CHAPITRE PREMIER

L'arrivée à Athènes. — La gare du Péloponèse et le port du Pirée. — L'Acropole au printemps. — La nouvelle Athènes. — Divertissements athéniens. — L'agora.

Le royaume de Grèce se compose d'une petite ville et d'un assez grand nombre de villages. Mais cette petite ville possède un trésor pour lequel beaucoup de personnes donneraient toutes les bâtisses des capitales de l'Occident : l'Acropole. Et ces villages sont habités par une race ingénieuse et patiente, qui a vaincu, par sa ténacité, les plus violentes tempêtes, qui est sortie, plus allègre que jamais, d'un naufrage de plusieurs siècles, qui est encore endolorie par les dures années de servage et de misère, mais qui possède les deux qualités par où les nations malheureuses réussissent à lasser la mauvaise fortune : le don de se souvenir quand même, et la capacité d'espérer malgré tout.

Il ne faut point juger ce peuple sur l'apparence. On risquerait d'énoncer sur son compte quelqu'une de ces appréciations partiales et irritées, dont sont coutumiers les voyageurs pressés qui voient l'Attique entre l'arrivée et le départ du paquebot. Toutes les fois que la question d'Orient se complique, si l'armée grecque fait mine de marcher vers la frontière de Macédoine, si les chrétiens de Crète essayent d'apitoyer les puissances sur leur sort, il se trouve régulièrement un touriste pour adresser aux journaux d'Occident une dissertation de politique, où il y a des considérations générales et des phrases solennelles, mais surtout un peu de haine contre un douanier brutal, beaucoup de rancune contre un hôtelier perfide, un ressentiment mal déguisé contre les cochers narquois auxquels on est obligé de recourir si l'on veut déjeuner dans le bois sacré de Colone ou dîner sur les marbres d'Éleusis. Il faut pardonner à ce genre de littérature facétieuse toutes les sottises qu'il a fait naître; car nous lui devons un chef-d'œuvre : *la Grèce contemporaine* d'Edmond About.

De tous les peuples bavards et aimables, le peuple grec est celui qui se révèle le moins aisément à l'étranger qui passe. On peut habiter Athènes, courir de salon en salon, causer avec les riches banquiers qui se flattent de bien parler notre langue et de bien copier nos élégances, et ne rien comprendre aux choses de Grèce. C'est le cas de beaucoup de diplomates, dont l'investigation ne dépasse guère la limite des maisons où l'on danse, et l'habitude de quelques Français qui considèrent leur séjour là-bas comme un exil, et qui se construisent laborieusement, au pied de l'Acropole, un petit Montmartre.

Chateaubriand, dans son admirable *Itinéraire de Paris à Jérusalem*, affirme que la plus belle route par où l'on puisse arriver à Athènes est celle qu'il a prise, et que la ville de Cécrops doit être vue d'abord des hauteurs de Daphni, sur la route d'Éleusis. Les voyageurs ne prennent plus guère cette voie, où l'illustre écrivain avait été engagé par sa fantaisie et son caprice. Aujourd'hui, ceux qui ont peur du mal de mer prennent leur billet à Paris, à la gare de Lyon, traversent l'Italie à toute vapeur, s'embarquent à Brindisi sur un bateau du Lloyd, touchent à Corfou, se transportent avec leurs malles sur un paquebot hellénique qui leur fait payer, par de fortes odeurs de saumure et d'huile, la brièveté charmante de la traversée, voient les maisons neuves de Patras, admirent le golfe de Lépante, s'arrêtent à Corinthe, où ils sont inévitablement affligés par la douane et consolés par le buffet, courent en chemin de fer, le long d'une corniche, entre la mer et des pentes abruptes, saluent, du fond de leur wagon, les noms illustres de Mégare et d'Éleusis, criés à pleins poumons par le chef du train, aperçoivent des montagnes de plus

en plus chauves et des plaines de plus en plus stériles, entendent enfin, comme en un songe doré,
ce cri triomphant : 'Αθῆναι! 'Αθῆναι! et descendent
dans un pêle-mêle de gens qui s'embrassent, de
bagages qui tombent, d'employés qui se querellent, sur le quai de la gare du Péloponèse, vilaine
bâtisse dans un terrain vague. Lorsque le voyageur s'élance hors de la gare, heureux et tout ému
de fouler enfin ce sol béni, il est étonné de se trouver d'abord dans un désert. Il ne voit, autour de
lui, que de pauvres cabanes de bois, où des gens
mal vêtus boivent et bavardent. Est-ce là cette
Athènes tant rêvée? Cette station, perdue en rase
campagne, comme un campement de Yankees
parmi des tribus de Pawnies, c'est la ville de Périclès? Il faut, en effet, se résigner à faire un assez
long chemin avant d'entrer dans des rues et de
voir des êtres civilisés. Lorsque les Athéniens
eurent permis à des Belges et à des Anglais de
construire les deux lignes qui vont d'Athènes au
Pirée et d'Athènes dans les bourgs du Péloponèse, ils exigèrent que les deux gares fussent
situées aussi loin que possible de la ville ; et, comme
on opposait à leurs discours l'incommodité de la
distance, la fatigue des voyageurs, ils répondirent
que ces raisons n'étaient point bonnes, qu'il ne
fallait pas s'inquiéter de l'éloignement de ces deux
gares, et qu'avec l'aide de Pallas, la ville d'Athènes,
en sa rapide croissance, saurait bien les rattraper.

Les Athéniens ne désespèrent pas de rejoindre un jour le Pirée, ce qui ferait une ville de douze kilomètres de long, et ce qui enlèverait aux voyageurs le plaisir de longer, de temps en temps, le peu qui reste des murs de Thémistocle. L'arrivée par le Pirée est plus conforme que l'autre aux traditions antiques et éveille toutes sortes de rêves exquis. On a beau se dire que l'on est assis sur la dunette d'un paquebot qui ronfle, fume et s'ébat lourdement comme un monstre sans élégance, on pense aux trirèmes enluminées et fleuries qui berçaient les chansons des athlètes vainqueurs.

Il faut, si l'on veut voir l'Attique dans toute sa beauté, et avec la grâce de sa rapide fraîcheur, entrer dans le port de Pirée un jour de printemps, au moment où les tiédeurs précoces du mois de mars égayent de verdure hâtive et légère la sécheresse des collines de sable. Lorsque Yorghi, batelier de l'École française, qui m'attendait au bas de l'échelle du *Sindh*, accosta au quai de tuf grisâtre près de la douane, je fis un faux pas sur une des marches, et, sans le vouloir, peut-être par l'effet d'une secrète influence des dieux, j'entrai à genoux dans la patrie de Phidias : j'ai cru depuis qu'il y avait un heureux présage dans le hasard qui me prosternait ainsi, malgré moi, dès mes premiers pas dans le doux pays où a fleuri l'adolescence du monde, et où devait jaillir la source vive de toute joie, de toute science et de toute beauté.

Je fus interrompu, à ce moment, dans la prière mentale que j'adressais à Zeus Hospitalier, protecteur des voyageurs, par l'arrivée des douaniers, hommes injustes et vêtus de tuniques vertes. La vérité m'oblige, bien qu'il m'en coûte, à vous conter mes démêlés avec ces Barbares, qui ne méritent pas le nom d'Hellènes, et que je comparerais volontiers à ces archers scythes qui étaient chargés, au temps de la république athénienne, des basses fonctions de police auxquelles un homme bien né ne saurait consentir.

Chez la plupart des nations civilisées, la douane est ennuyeuse. Au Pirée et à Corinthe, elle est taquine, cocasse, comique, rapace, philosophe avec tant de sans-gêne et concussionnaire avec tant de bonne humeur, que, de tous les ministres qui se sont succédé au pouvoir, M. Tricoupis seul eut le courage de se fâcher et d'envoyer en prison plusieurs employés, convaincus d'innombrables facéties. Dans certains pays, le voyageur est guetté au passage par des brigadiers graves et dignes, qui procèdent minutieusement à l'examen des bagages, avec la sécurité d'une bonne conscience et la sérénité du devoir accompli. Mais dès que vous entrez dans ce grand et maussade bâtiment, qui gâte avec tant de maladresse et de gaucherie le décor du Pirée, cinq ou six drôles, les uns avec des képis officiels, les autres nu-tête, tous vociférants et surexcités, vous bousculent, vous harponnent, vous arrachent vos caisses, vos valises, vos paquets. Non sans terreur, vous voyez accourir une seconde escouade, qui est armée de haches pour faire sauter les planches rebelles et avoir raison des clous récalcitrants. En moins de rien, le voyageur mélancolique voit ses affaires éparpillées sur le sol, livrées comme une proie à toute une canaille loquace, qui exerce à vos dépens et sans le moindre scrupule le droit de bris et d'épave. Pendant que vous vous morfondez, impatient, nerveux, fébrile, vos bourreaux tâtent l'étoffe de vos habits, examinent vos chapeaux, les apprécient, donnent leur avis en fins et délicats connaisseurs. Cependant, comme vous avez l'habitude des administrations correctes et des tarifs précis, vous cherchez, dans cette foule hostile, quelqu'un qui puisse vous venir en aide. Vous regardez autour de vous, afin de rencontrer la face loyale et le regard secourable d'un inspecteur, d'un contrôleur, d'un vérificateur. Vous demandez à parler à un chef, à une autorité régulièrement constituée. On vous conduit devant un grillage, à travers lequel un Palikare en paletot vous regarde d'un air étonné, écoute vos doléances avec un sourire de stupeur, dit quelques mots inintelligibles à l'oreille de ses voisins, et vous quitte pour s'entretenir familièrement avec un cercle de gens de mauvaise mine, qui n'ont point l'air intimidé par son paletot, et qui l'appellent *adelphé* (frère), dans l'enceinte même de son grillage directorial.

Finalement, on vous réclame une somme quelconque, qui varie entre quatre et cent francs, droits fantastiques, dont personne n'a jamais deviné l'objet et dont on ne verra jamais le mystérieux tarif. Un de mes amis, qui sait le grec aussi bien qu'un cabaretier du Magne, fut tellement indigné par ces vexations, qu'il harangua pendant dix minutes tout le personnel de la douane. Je le vois encore, debout au milieu de ses malles défoncées, de ses valises bousculées et de ses hardes gisantes, montrant d'un grand geste la route de l'Acropole et s'écriant que c'était bien la peine de supporter tant d'avanies pour venir contempler le squelette calciné d'un vieux temple, et jouir de la société de deux millions de Palikares, qui vivent de cet immortel débris! Comme la plupart des grands orateurs, il exagérait la vérité afin de la rendre plus frappante. Les douaniers sont les concierges d'une nation : il ne faut pas juger le royaume de Grèce d'après la loge.

Lorsqu'on a des bagages, on ne peut songer à prendre le petit chemin de fer qui fait le trajet d'Athènes au Pirée. Le mieux est d'accepter les services des cochers errants qui vous proposent de vous traîner, vous et votre fortune, dans de grands landaus, exilés on ne sait par quel destin dans les Échelles du Levant, après avoir suivi, sans doute, en Occident, des noces déjà anciennes. Les vieilles voitures aiment le chemin d'Athènes et les sentiers du bois sacré des Muses : le carrosse doré qui devait servir à la rentrée solennelle du comte de Chambord et qui attendit, longtemps, chez Binder, le retour des émigrés, se repose maintenant dans les remises du roi George. Je l'ai vu passer, rue d'Hermès, lorsqu'on célébra en grande pompe, à l'église métropolitaine, la majorité du prince héritier Constantin. Les patriotes hellènes ne désespèrent pas de le voir un jour grimper les rues montantes et difficiles qui mènent à Sainte-Sophie.

Les landaus athéniens s'appellent, dans la délicieuse langue du pays, *amaxa*. C'est par ce mot, vous vous le rappelez, qu'Homère désigne le char d'Achille. Avant de monter sur le marchepied de ces chars, il faut faire avec le cocher ce qu'on appelle, là-bas, une *symphonie*. Que ce mot n'éveille point en vous l'idée de quelque chose de musical. La *symphonie* grecque est un accord purement commercial, analogue à la *combinazione* des Italiens. Chez ce peuple, amoureux de liberté, il n'y a point de tarifs, et votre cocher vous rirait au nez, si vous lui demandiez son numéro Il faut s'entendre avec lui, discuter d'égal à égal, engager un duel, comme deux adversaires qui s'estiment, mais qui ont une forte envie de se « rouler » mutuellement. Pour ma part, je ne me suis jamais plaint de l'obligation où j'étais de me soumettre à cet usage de la *symphonie*, qui est, chez les Grecs, une institution nationale. Parfois, ces discussions prenaient dans l'air bleu une tournure académique et platonicienne ; j'admirais combien les cochers ont d'esprit dans ce pays d'ingénieuse et subtile flânerie, et j'éprouvais une sensation que je n'ai retrouvée nulle part : le plaisir d'être voituré, au trot de deux chevaux maigres, par Protagoras ou par Gorgias.

En Orient, on accomplit les opérations vulgaires et basses de la vie matérielle avec une lenteur où se marque, à l'égard des nécessités pratiques auxquelles les hommes sont condamnés, un superbe et aristocratique dédain. A Athènes, en particulier, les orateurs ne sont jamais pressés d'en finir, et les cochers prennent toujours le plus long. C'est une occasion d'apercevoir au passage quelques coins du Pirée. La *marine* est amusante et bariolée : tout le long du quai, sous une galerie couverte, qui fait penser à certaines rues du port de Gênes, les gens se promènent, flânent et bavardent, devant de petites boutiques d'où sort une odeur de poisson salé ; il n'est pas besoin d'aller plus loin pour voir ce qui fait le fond immuable de la nourriture des Palikares : les piments, l'ail, l'oignon, les pastèques, le caviar, la *boutargue* de Missolonghi, pâte sèche et jaune, faite avec des œufs d'esturgeons, puis d'innomables friandises, où les mouches prélèvent, avant qu'elles soient livrées aux hommes, une forte part. Par terre, des écroulements d'oranges que les caïques apportent de Syrie et de Crète, et qu'ils remplacent, en s'en allant, par des monceaux de banales poteries, pour les habitants des îles dorées où il y a des couleurs et des parfums, et pas d'argile [1]. Ce coin est le seul endroit pittoresque du Pirée : c'est tout ce qui reste du port misérable et désolé que Chateaubriand et Lamartine ont décrit. Il disparaîtra bientôt, enserré et envahi de plus en plus par les grandes et laides bâtisses de la ville nouvelle, prospère et opulente, mais déplorablement américaine. Les matelots de tous les pays retrouvent là cet éternel café-chantant qui est partout le même, à New-York, à Marseille, à Smyrne, dans les concessions européennes des ports chinois. Seule, la place de la Constitution essaye de garder une couleur un peu locale : on y a planté, sur une colonne, efflanquée et longue comme une vieille Anglaise, un Périclès de pendule, qui semble se demander, sous son casque de pompier, pourquoi on lui a fait une tête et point de jambes. Au sortir du Pirée, la route blanche et poudreuse court entre des verdures pâles et courtes. C'est là qu'on commence à respirer cette poussière attique,

---

1. J'ai appris, depuis, que l'importation des oranges *hétérochtones* a été soumise à des droits très élevés. On ne sait encore si cette mesure a profité aux oranges nationales.

à qui les récits des touristes ont donné une si grande célébrité. L'action de cette poussière sur l'âme du voyageur est différente, selon les dispositions qu'on apporte aux autels de Pallas-Athéna. M. Perrichon la trouve, pour sa part, aveuglante, cinglante, insupportable; il éternue, cligne des yeux, crie, gesticule, ouvre son parapluie, reproche à sa femme de l'avoir entraîné si loin, menace de se plaindre à son consul et s'écrie : « Quel peuple ! pourquoi l'agent voyer n'a-t-il pas fait caillouter cette route? » Le cocher sourit et, pendant ce temps, sans doute, un rire homérique roule de cime en cime sur les sommets de l'Olympe, comme un joyeux tonnerre dans un ciel serein. Je ne serais pas étonné qu'il y eût là une malice des dieux pour se venger des lourds Béotiens qui profanent leur terre de prédilection. Soyez assuré qu'un jour les épigraphistes trouveront, en ces lieux, quelque dédicace à *Apollon semeur de sable* qui éloigne les Barbares et fait reculer jusqu'aux mers cimmériennes les bandes sauvages du redoutable Cook.

Si au contraire vous arrivez dans ce pays, en état de grâce, avec le ferme dessein de vouer à la déesse aux yeux bleus un culte de latrie et de vous agenouiller, avec émotion, sur le stylobate de son temple, les impalpables parcelles qui se détachent en tourbillons, de ce sol sacré, vous semblent douces au goût et agréables à l'odorat. Elles vous apportent, comme d'alertes messagères, le parfum des montagnes prochaines. Un illustre sculpteur, un de ceux qui, de notre temps, ont retrouvé le secret de l'antique beauté, disait que ces vives étincelles insinuaient en lui l'âme errante de la race sobre et légère qui se nourrit, comme les cigales, de poussière, de chansons et de soleil.

Cet assez long espace, qui sépare le port et la ville, suffit déjà à faire surgir, aux yeux des voyageurs qui sont un peu préparés à ce pèlerinage, des visions antiques. Le Pirée est « l'échelle » d'Athènes, comme Volo est l'échelle de Larisse, comme Nauplie est l'échelle d'Argos, et Jaffa l'échelle de Jérusalem. Les émigrants qui fondaient une ville choisissaient presque toujours un lieu élevé, dans l'intérieur des terres. Il eût été dangereux de s'établir sur le rivage de la mer : les pirates pouvaient descendre à l'improviste et piller les maisons. On recommandait aux jeunes filles de ne point se promener sur les plages, si elles ne voulaient pas être emmenées très loin par des galères barbares. Les marchands, les pêcheurs demeuraient parfois au bord de l'eau; mais, dès qu'on signalait au large une voile suspecte, ils se sauvaient vers la haute acropole qui abritait, de ses remparts crénelés, les images des dieux, les tombeaux des ancêtres et les trésors de la cité. Il a fallu de longs siècles pour que la mer cessât d'effrayer les hommes par l'apparition des figures méchantes et hostiles qu'elle amène des pays lointains. Les anciens auraient été bien surpris s'ils avaient prévu qu'un jour le rêve des citoyens paisibles et timorés serait de posséder une maison au bord de l'Océan, et que les demoiselles bien élevées iraient, sans crainte des pirates, pêcher des crevettes dans les rochers les plus affreux.

On a le loisir de rêver beaucoup sur la route du Pirée à Athènes; car on s'arrête assez souvent. Un usage, auquel les cochers manquent rarement, veut que l'on fasse halte devant la porte d'un petit café, situé à moitié chemin, et dont la façade, violemment enluminée par un artiste local, représente, en raccourci, presque toutes les scènes héroïques des guerres de l'Indépendance. Là, on vous offre, pour quelques sous, un morceau de loukoum, un petit verre de raki, un grand verre d'eau claire. Ces trois choses réunies représentent, pour un Palikare, le comble de la félicité. Le loukoum est une pâte douce, faite avec du miel, de la farine, du sucre, et parfumée de vanille, d'amande ou de cédrat; le raki est une eau-de-vie blanche qui, mêlée à l'eau pure, à petite dose, lui donne de jolies nuances d'opale et une saveur très rafraîchissante. J'ai voulu, en France, reprendre l'habitude de ce nectar et de cette ambroisie; le loukoum expatrié m'a paru fade; le raki, en exil, m'a semblé perdre quelque chose de sa force et de sa vivacité.

Là-bas, tout cela me semblait délicieux, et jamais je ne retrouverai l'eau cristalline dont les cascatelles scintillent parmi les lauriers-roses, à Kaisariani, dans l'Hymette.

A mesure qu'on approche de la ville, le paysage s'élargit et se colore. Peu à peu, les petites montagnes basses qui descendent vers la mer en pente douce, l'Ægaléos, le Corydalle, se haussent en des formes plus nobles, en des contours de plus en plus fermes et précis. Les pentes, qui ferment l'horizon à gauche de la route, sont stériles et nues, à peine vêtues, par endroits, d'herbes courtes et pauvres, rabougries par le vent de mer. Mais elles ont des nuances délicates, des tons légers, que le pinceau ne peut fixer, que le langage humain ne peut saisir, et qui font croire, tout d'abord, que ce pays n'est pas vrai, qu'on est dupe d'un mirage et que le soleil, malgré toute sa magie, ne peut pas faire avec des cailloux, du sable et quelques arbres, cette fête des yeux.

On traverse, sur un petit pont, un étroit fossé, sans se douter qu'on vient d'enjamber le Céphise. On longe la lisière d'un petit bois d'oliviers, qui n'est autre que le bois sacré de Colone. Ces noms harmonieux, dont le souvenir flotte souvent en nous, sans que nous sachions au juste à quel objet précis nous devons les appliquer, achèvent de donner aux abords de l'Attique une grâce décente et exquise. Puis, au détour du chemin, on voit, sur un fond de montagnes plus sombres, le vigoureux relief d'une colline fauve, sèche, d'attitude un peu fière et hautaine, — solide parce qu'elle était un refuge et une citadelle, mais façonnée en forme de piédestal, parce qu'elle portait le temple immortel où les hommes ont adoré le symbole de la raison souveraine et de l'idéale beauté.

Il faut monter à l'Acropole le lendemain du jour où l'on est arrivé à Athènes. On ne doit point faire ce pèlerinage avant d'avoir le corps reposé et l'esprit dispos. Mais, si l'on gravit la colline sainte par une claire matinée, à l'heure où le soleil enflamme les crêtes du Pentélique, ou bien vers la fin d'un beau jour, lorsque le couchant embrase les contours aigus de Salamine, on goûte une plénitude de satisfaction intellectuelle, de volupté morale, de joie physique, que nul spectacle au monde ne peut donner au même degré. J'avoue que le Parthénon est le seul monument qui ne m'ait pas donné de déception. Je me figurais Saint-Pierre de Rome moins boursouflé et moins emphatique, Sainte-Sophie moins lourde, moins gauche, moins embarrassée de contreforts chargés de soutenir sa grandeur ambitieuse et chancelante. Le temple de la Vierge victorieuse, de la jeune fille souverainement sage et parfaitement pure, ressemble aux êtres vivants qui ont atteint l'achèvement de leur organisation et l'épanouissement de leur force. Il se suffit à lui-même; il est robuste et charmant. Son accueil est souriant; son attitude est dégagée et libre. Hélas! les belles colonnes doriques, taillées dans ce marbre fin qui a la souplesse et la vie d'une chair délicate, ont été meurtries, à coups de canon, par un bombardement stupide, et les blessures sont encore ouvertes. Les dieux se sont enfuis des frontons martelés. La procession des Panathénées s'est trompée de route et a pris le chemin des pays barbares et froids.

N'importe, si ruiné, si délabré, si émietté qu'il soit, malgré ses trous béants, l'énorme lézarde qui l'a fendu en deux et qui a jeté à terre, dans un pêle-mêle de décombres, les colonnes écroulées et les chapiteaux brisés, le Parthénon reste la plus belle demeure que les hommes aient construite, pour y abriter l'effigie visible de Dieu. Il est l'idéal de la perfection logique. Jamais peut-être l'esprit humain n'a remporté sur le désordre des choses une plus belle victoire, que le jour où il a conçu cet équilibre stable, où il a atteint la beauté non par un furtif éclair d'imagination et de fantaisie, mais par l'effort de la pensée, la précision du calcul, par la splendeur de cette harmonie supérieure que les Grecs appelaient, d'un si beau mot, l'*eurythmie*. Il faut bien que tout cela soit vrai, puisqu'aucun homme, si humble qu'il soit, ne peut résister à l'impression d'apaisement et de clarté que l'on éprouve en face du Parthénon, et puisque tant de nobles esprits, dont quelques-uns sont partis de très loin vers ce doux pèlerinage, sont venus, comme M. Renan, faire leur « prière sur l'Acropole ».

Aucune gravure, aucun tableau, ne peuvent donner l'idée de cette merveille. Il faut admirer les temples de l'Acropole, dans le clair décor où ils ont fleuri, sous le chaud soleil qui a doré leurs marbres, sous le ciel en fête, qui baigne d'azur impalpable leurs colonnes et leurs frontons. Vers la fin du jour, les rayons obliques dorent de lueurs fauves la façade sévère du Parthénon; le temple d'Erechthée profile sur l'horizon vermeil ses hautes et minces colonnes ioniques, qui ressemblent à des tiges de fleurs. Le temple de la Victoire-sans-ailes, si petit qu'on le prendrait presque pour une chapelle, brille comme une châsse, tout au bout de la terrasse et si près du bord, qu'on a peur de le voir crouler dans les précipices. Peu à peu, le soleil descend dans le ciel enflammé, étoilant d'étincelles les maisons de Phalère et du Pirée, et posant sur les eaux du golfe Saronique de larges et aveuglantes splendeurs. Salamine, toute violette, flotte dans la pourpre et l'or. La côte de la Morée apparaît vaguement, dans le miroitement de la mer. La plaine de l'Attique se voile d'ombre, au pied du Parnès, qui bleuit lentement. Mais, du côté de l'Orient, l'Hymette, ample et large, est tout rose; n'essayez pas de retenir et de fixer cette nuance fugitive et changeante; maintenant, il est couleur de lilas, de mauve, de violette. Et les tons s'effacent, les couleurs s'amortissent, les reflets meurent... Le soleil s'éteint dans la fraîcheur des eaux.

Lorsqu'on redescend vers la ville, qui, à cette heure divine, allume timidement ses becs de gaz, comme si elle avait peur d'effaroucher les dieux qui ont fait le soleil si rayonnant et la lumière si belle, on se dit qu'aujourd'hui, comme aux temps antiques, Pallas-Athéna veille encore, toute armée, sur cette terre, et qu'il ne faut pas chercher ailleurs que sur la colline sacrée le génie et l'âme de la cité.

Les Grecs ont bien fait de ne pas écouter les conseils prétendus « pratiques » de ceux qui les engageaient à établir leur capitale à Égine ou à Patras. Sur ce point, comme sur bien d'autres, les plus enthousiastes se sont trouvés les plus avisés, et l'idéalisme a prévalu sur la sagesse vulgaire des petits docteurs de la science politique. En dépit de toutes les belles dissertations qu'on leur fit entendre sur le mouvement des ports et des statistiques qu'on leur fit lire, ils se sont entêtés à vouloir installer derrière l'Acropole le palais du roi et le siège du gouvernement. Il ne faut pas chicaner, sur ses fiertés archéologiques, un peuple pour qui le présent n'est pas toujours clément, et qui s'en console en songeant à son passé : il n'est pas donné à tout le monde d'avoir reçu l'Acropole en héritage. Le vrai centre de l'hellénisme est à Athènes. L'Acropole est un rempart et une parure. L'empereur d'Allemagne, il y a quelque temps, lançait d'Athènes à Berlin des télégrammes lyriques que le château de Belgrade, le konak de Sofia ou la métropole de Bucharest ne lui auraient point inspirés. Derrière cette citadelle, où il n'y a ni murs, ni soldats, ni canons, les Athéniens sont mieux couverts que derrière une forteresse blindée. Il faudrait que l'esprit des nations modernes fût modifié du tout au tout, pour qu'une flotte se permît, comme celle du Vénitien Morosini, de bombarder cette égide. Comme l'a démontré récemment un illustre historien [1], il y a une religion qui n'a pas péri, et qui est plus vivace que jamais au cœur de l'humanité : c'est le culte d'Athènes.

Assurément, si l'on regarde avec quelque attention le mur intérieur du sanctuaire d'Athéna, on retrouve, en couleurs éteintes, sur un placage de plâtre effrité, les mains fluettes, la tête penchée et les grands yeux fixes de la Panaghia byzantine. Plus loin, dans une encoignure du temple, un petit escalier en spirale conduisait au balcon du minaret d'où l'iman appelait les croyants à la prière. Il n'y a pas bien longtemps, une tour vénitienne, carrée et nue, se dressait au beau milieu de l'Acropole ; on a bien fait de l'abattre, malgré

1. Ferdinand Gregorovius, *Athènes au moyen âge*, 2 vol. Stuttgard, 1889.

les réclamations de quelques artistes, qui ne voulaient pas voir ce qu'il y avait de douloureux dans ce pittoresque. Si l'on parcourt les récits et les radotages des chroniqueurs byzantins, on voit que souvent ils oublient Athènes, ou qu'ils lui accordent à peine une mention du bout des lèvres. Malgré tout, l'histoire d'Athènes n'a jamais pu se réduire à la simple biographie d'un district local. Quelque chose vivait en elle, qui devait la sauver. Pendant les années d'esclavage et de honte qui ont failli faire la nuit sur ce pays, les plus misérables des raïas savaient obscurément qu'un jour, après la fuite des Barbares, les nations viendraient en foule contempler le chef-d'œuvre du génie grec, et que l'on verrait briller de nouveau, sur la montagne chère à Pallas, la clarté qui sauve, le signal attendu qui mène aux combats et aux triomphes de la liberté.

La nouvelle Athènes n'occupe pas exactement l'emplacement de l'ancienne. Elle allonge ses rues, étale ses places, disperse ses maisons neuves dans le large vallon qui se creuse entre l'Acropole et le Lycabète. Elle grandit avec une incroyable rapidité. Lorsque Chateaubriand la visita, elle n'était qu'un petit hameau, opprimé par de gros pachas; Lamartine n'y trouva qu'un misérable village; au temps d'Edmond About, le palais du roi était tout seul au milieu d'un champ de pierres, et semblait regarder au loin, d'un air assez mélancolique, les échafaudages des chantiers de construction; maintenant, elle s'étend vers le bois d'oliviers et les flancs du Parnès, descend la petite vallée de l'Ilissus, cerne l'arc de triomphe d'Hadrien, envahit l'Anchesme, s'engage sur les routes de Kephissia et de Patissia, et grimpe joyeusement aux pentes abruptes du Lycabète. Elle est claire et gaie, et si elle n'était pas si dénuée de feuillages et d'ombre, elle ferait penser à Nice ou à Menton. Lorsqu'on la regarde du haut du belvédère de l'Acropole, on est frappé par l'éclat aveuglant de ses façades de marbre, auxquelles les carrières, toujours ouvertes, du Pentélique suffisent encore; et sa nudité coquette manquerait tout à fait de couleur locale, si la coupole de la métropole et le dôme vert de Saint-Philippe ne nous avertissaient que nous avons devant nous une cité byzantine. Pour la voir dans toute sa grâce, il faut monter, à la fin de la nuit, à une petite chapelle de Saint-George qui termine le Lycabète, comme une pierre de faîte, et attendre là, pendant que le pappas dit sa première messe, que le soleil se lève. Soudain, au-dessus du Pentélique, une mince bande rose avive la pâleur du ciel. La masse bleuâtre de l'Hymette, encore endormie, s'éclaire peu à peu. Une lueur blême s'épand sur la ville blanche. Des coqs chantent. Dans les casernes, la diane sonne. La mer, le long des côtes fauves et dentelées, se délivre lentement de l'ombre et s'éveille au souffle du matin. Puis l'orient prend une couleur plus intense, une ardeur plus enflammée. Le Pentélique est nimbé d'une radieuse auréole. Il se détache, comme un immense fronton, sur un fond de safran. La bande vermeille s'étend, démesurée. La mer se colore de violet. Le ciel, au-dessus de l'Ægaléos, s'illumine d'irradiations roses... Puis, au milieu de la ville silencieuse, où de rares promeneurs, déjà éveillés, passent, de loin en loin, comme des ombres, parmi les maisons dont les fenêtres sont closes comme des yeux assoupis, l'Acropole resplendit, isolée et superbe, dans une gloire d'or...

Lorsqu'on flâne au hasard, à travers la ville, on est tenté, tout d'abord, de trouver les rues trop droites, les trottoirs trop réguliers, les boulevards trop larges, les maisons plates, banales ou gauchement emphatiques. En effet, la rue d'Hermès et la rue d'Éole sont deux corridors qui se coupent à angle droit; le boulevard du Stade, le boulevard de l'Université et le boulevard de l'Académie ressemblent assez à trois routes départementales, peu distantes et impitoyablement parallèles. Le palais du roi est rectangulaire, criblé de petites fenêtres, déplorablement semblable à un hôpital ou à une caserne : le roi George, qui est un homme de goût, ne l'aurait sûrement pas fait bâtir dans ce style qui mettait en joie l'âme bavaroise d'Othon, son prédécesseur. La place de la Constitution est, pendant six mois de l'année, un Sahara. La place de la Concorde est un désert planté d'arbres chétifs et maigres. L'aspect de beaucoup de maisons et de la plupart des monuments rappelle le temps où une nuée d'architectes allemands s'abattit sur la Grèce et voulut faire d'Athènes une contrefaçon de Munich [1]. Et pourtant, telle qu'elle est, cette ville est charmante, de jour en jour plus douce et plus chère, comme ces femmes que l'on est tenté d'abord de ne point voir, et que l'on aime davantage à mesure qu'on les connaît mieux. Pour ma part, je l'ai aimée de toute mon âme. Trois années d'intimité n'ont pas éteint son charme ni découragé ma fidélité. Beulé pleurait lorsqu'il la quitta; soyez assuré que, depuis ce temps, beaucoup de ses cadets ont fait comme lui.

Je l'ai vue de toutes les façons, à l'ombre et au soleil, en plein jour et au clair de lune, les dimanches et les jours de fête, calme ou légèrement frondeuse, en temps ordinaire et pendant les fièvres des élections : je l'ai toujours trouvée avenante et aimable, sauf sous la pluie, qui habille de grisailles humides les maisons attristées et fait couler des ruisseaux de boue dans le lit étroit de l'Ilissus.

Au printemps, c'est-à-dire dès le milieu du mois

---

[1]. Heureusement, un architecte français, M. Troump, s'est établi à Athènes depuis quelques années. Il a construit plusieurs maisons dont les voyageurs remarquent aisément, parmi les colonnades allemandes, l'élégance et le bon goût.

de février, si le terrible Vorias (vent du nord) n'apporte pas du fond des Balkans des bouffées froides, il est doux de se promener, le matin, par les rues, sans penser à rien. Dans ce pays, qui est la terre promise des flâneurs, on peut se livrer à une oisiveté obstinée, sans risquer de trouver, dans l'inaction, un seul moment de langueur ou d'ennui. On se sent alerte et bien portant, peu disposé au travail, mais enclin à une activité éveillée et amusée. Il vous vient à l'esprit des idées drôles, vives, spirituelles, mais on se couperait la main plutôt que de les écrire. Le labeur serait une injure au ciel, à l'air rafraîchissant et parfumé de violettes, à la gaieté et à l'insouciance éparses dans les choses.

L'ouverture du printemps et les premières journées de soleil apaisent notablement la fureur politique, détendent les esprits, disposent à une souriante philosophie les plus fougueux énergumènes du gouvernement et de l'opposition. Tandis que Paris est encore noyé de pluies et de brumes, et que l'Angleterre est une petite Sibérie, l'Attique se pare de verdures printanières. L'horizon de collines et de montagnes flotte dans une lumière diffuse qui accuse les creux et fait saillir les reliefs. La plaine d'Athènes est privilégiée. Son printemps avance sur celui des autres provinces. Pendant que le Cyllène est encore encapuchonné de nuages, chaque soir, le soleil met une traînée d'or sur les pentes du Parnès, encore poudrées, par places, d'une mince couche de neige. Ce n'est plus l'hiver, ce n'est pas encore le printemps ; c'est une saison ambiguë et très douce, une charmante hésitation du soleil qui s'essaye, l'éveil encore indécis des floraisons nouvelles. On se sent invité, malgré soi, à la promenade et à la flânerie : les plus récalcitrants ne résistent pas à ces avances ; l'idée seule de travailler devant une table, ou de haranguer des hommes assemblés, devient intolérable. A part quelques impénitents, qui ne peuvent s'arracher aux colonnes de l'*Acropolis* ou de l'*Éphiméris*, les plus enragés de politique fuient les cafés, vont prendre l'air, et perdent, dans les plaisirs champêtres, l'âcreté de leur humeur. Nul ne peut se soustraire au charme subtil de ces journées tièdes, dont notre « beau temps » ne donne pas l'idée. C'est quelque chose de très particulier, dont l'analyse est impossible. Cela ne ressemble pas à l'amollissante langueur qui vous endort à Constantinople et à Smyrne. C'est un sentiment de vif bien-être qui aiguise les perceptions agréables et les rend plus nettes, qui vous engage à l'inaction remuante et loquace, à l'allégresse, à l'optimisme indulgent. Tout le monde a l'air joyeux et l'âme en fête. A l'agora et dans les boutiques, les marchandages se font sur un ton vif et enjoué. Les querelles mêmes tournent en plaisanterie, et l'expression des plus violentes colères finit en développements de rhétorique amusante.

Il faut se hâter de jouir de ce moment incomparable. La voie sacrée d'Éleusis est parfumée de lavandes et empourprée d'anémones où se posent des grappes d'abeilles; l'Acropole est toute fleurie d'asphodèles, de thym, de sauge. C'est le moment de s'épanouir à l'aise, dans le contentement de toutes choses. Et il faut si peu pour contenter un Palikare! M. Renan a marqué, en quelques pages pénétrantes [1], l'heureuse philosophie de cette race, la sobriété de ses joies, son humeur facilement égayée. Il est facile de vérifier, chaque jour, l'exactitude de ce portrait. Les bombances de nos ouvriers, leurs ébattements les jours de paye, ne vont pas sans agitation et sans une certaine apparence d'effort. La plupart des étrangers qui s'établissent à Athènes ne savent comment passer leurs soirées : de fait, le tapage des cafés-concerts, le tumulte des bals publics, les flonflons des alcazars et des casinos manquent presque totalement dans cette ville, où il y a pourtant des ouvriers, des soldats et des étudiants. C'est que les Grecs n'ont nullement besoin de ces accessoires : ils ont le grand art de faire du plaisir avec rien. Ils ont une façon de s'amuser, à la fois très calme et très remuante, qui est toujours un sujet d'étonnement pour le voyageur. Ils perdent rarement la claire conscience de leurs actes, la possession d'eux-mêmes et leur

1. Ernest Renan, *Saint Paul*, p. 202.

sang-froid. Ils ont à la fois beaucoup de verve et beaucoup de flegme. On n'imagine pas combien les dimanches athéniens sont paisibles auprès des nôtres. Des familles de boutiquiers marchent très posément, pendant de longues heures, sur les trottoirs du Stade ou dans les solitudes de la place de la Constitution (*platia tou Syntagmatos*), autour de l'estrade où la musique militaire jette aux quatre vents des fanfares d'opérette-bouffe. La mère a quitté le mouchoir de tous les jours, et arbore crânement le tarbouch à gland d'or, posé sur l'oreille et rouge comme un coquelicot. Le père, soigneusement rasé et brossé, oublieux de sa boutique de bakal ou de son γραφεῖον d'employé, salue ses nombreuses connaissances d'un *kaliméra* (bonjour) joyeusement donné. Jouir du beau temps, et se montrer, tout le bonheur des Grecs est là. Rester chez soi, quand on n'y est pas forcé par la pluie ou par le soleil, est un signe de deuil ou une marque d'infortune. Un marchand grec ruiné disait un jour à un Français : « Nous étions autrefois parmi les archontes, maintenant, nous sommes pauvres, je n'ose plus me montrer ni parler à personne. »

Les gens modestes, ouvriers endimanchés, matelots en permission, commis échappés du comptoir, vont s'asseoir à mi-côte sur le Lycabète, et chantent, toute la journée, avec des intonations très nasales, d'interminables et monotones cantilènes. Les plus raffinés se mettent à douze pour acheter un agneau, vont le faire rôtir en plein champ, à Kephissia ou à Ambélokipo, le mangent, en l'arrosant de vin résiné, et reviennent le soir, en se promettant de recommencer l'année prochaine. Éviter autant que possible le poids du temps, faire que les heures soient faciles et légères, c'est pour eux le but de l'existence Souvent, quand vous causez avec un homme du peuple, et que vous lui demandez la raison de tel ou tel amusement, il vous répond en clignant de l'œil : Ἐ, περνάει ἡ ὥρα. (Eh! l'heure passe.) Leur paresse affairée est juste l'opposé de l'apathie sommeillante des Turcs. Ils ne fuient pas précisément le labeur, surtout quand il est facile et bien rétribué; mais ils le cherchent sans passion et l'oublient sans regret. Là-bas, les ouvriers sans travail ne récriminent pas; au contraire. Un de mes amis avait embauché quelques ouvriers à la journée pour une besogne qui demandait à peu près une semaine de travail. Au bout de trois ou quatre jours, ces bonnes gens l'abordent respectueusement, et lui disent : « Nous avons maintenant gagné de quoi vivre pendant un mois, nous voulons nous en aller. » Comme leur pays de montagnes exquises et nues, ces grands enfants semblent dédaigneux de produire. Leur langue désigne le travail par le mot δουλειά, qui veut dire *servitude*.

Au printemps, ainsi que pendant l'automne, le monde élégant se promène, de dix heures à midi, aux environs du palais du roi. Vers dix heures, le poste qui veille aux portes de ce palais est relevé par la garde montante. Une section en armes et une musique vont chercher le drapeau chez le *frourarque* (commandant de place), boulevard du Stade, devant la Chambre des députés. Dès que le porte-drapeau apparaît dans l'embrasure de la porte, on entend le commandement : Παρουσιάζετε ἄρμ! (Présentez armes!) Les cuivres éclatent, la grosse caisse tonne, pour saluer l'étendard de Saint-George, à croix d'argent sur champ d'azur. Par file à droite! En avant, marche! Et la foule, entraînée par d'allègres cadences, emboîte le pas aux petits fantassins bleus, dont quelques-uns, surtout aux derniers rangs, négligent l'alignement avec un dédain qui sent son Palikare d'une lieue. D'ordinaire, après cette cérémonie quotidienne, la musique joue des airs sous les fenêtres du roi. C'est l'occasion d'un petit rassemblement : les institutrices et les bonnes arrêtent leurs troupeaux d'enfants; des soldats en corvée posent un instant, sur le sable, leurs gamelles ou leurs marmites; de vieux Moréates en fustanelle écoutent, d'un air attentif, ces accords d'une musique inconnue, et des promeneurs innocents, qui ont des figures de pirates, suivent, d'un involontaire mouvement de tête, les rythmes de *la Mascotte* ou de *MadameAngot*.

A ce moment, la rue d'Hermès est animée et bruyante. C'est l'heure où les Athéniennes élégantes vont faire leurs emplettes dans des magasins qui sont, autant que cela est possible, des réductions minuscules du Louvre ou du Bon-Marché. Les boutiques les plus alléchantes ont des enseignes moitié mythologiques, moitié modernes, qui font d'ordinaire la joie des hellénistes fraîchement débarqués. Les marchands de nouveautés se sont donné une peine infinie pour traduire en un grec suffisamment classique la langue spéciale des prospectus et des commis voyageurs. Lorsque les Athéniennes cessèrent de porter leur costume national, qui consistait en une chemise et quelques sequins, on se trouva en présence d'une grosse difficulté. Le patriotisme chatouilleux des Hellènes ne leur permettant pas d'accepter, du moins officiellement, les mots d'une langue étrangère, il fallut donner des noms à toutes les menues pièces de ce costume informe, qui fut inventé, en Occident, par la pruderie et par le froid, et dont l'Orient adopta, sans mesure, les servitudes et les complications. Les philologues se mirent à la besogne. Pour la première fois de sa vie, le thème grec devint amusant et frivole. Le corset, dès qu'il fit son apparition sur les côtes de la mer Égée, fut appelé στηθόδεσμος, littéralement *le lien de la poitrine*; le pantalon fut nommé περισκελίς, mot à mot *ce qui se met autour de la jambe*.

Les hellénistes, peu habitués à ces divertissements, riaient, derrière leurs lunettes, de ces admirables trouvailles. Toutefois, les Athéniennes se servent rarement de ces mots, qui leur semblent trop longs et trop savants. Elles disent de préférence τὸ κορσέ, τὸ πανταλόνι, τὸ μαντώ. Les lettrés d'Athènes ont dû renoncer à leurs traductions libres, et quelques personnes ont regretté leurs transparentes périphrases.

Le peuple et les gens qui ne sont pas riches, c'est-à-dire les trois quarts de l'aristocratie locale, fréquentent assez peu les magasins parisiens de la rue d'Hermès et restent fidèles à l'agora. Ils y passent toute leur matinée à acheter un peu et à causer beaucoup. L'agora est un enchevêtrement de ruelles tortueuses et étroites, bordées de boutiques où les objets les plus divers se mêlent et se bousculent sous de larges auvents. Ce marché ressemble, par sa disposition extérieure, au bazar turc, qui d'ailleurs n'est pas une invention des Osmanlis, et qui est commun à tout l'Orient, depuis Bagdad jusqu'aux bouches de Cattaro, et depuis Homère jusqu'au sultan Abdul-Hamid. L'Oriental, excepté lorsqu'il veut, à tout prix, copier les coutumes « européennes », n'aime pas à débiter sa marchandise dans sa maison. Le magasin, tel que nous le comprenons, communiquant de plain-pied avec le domicile, et laissant entrevoir, dans la pénombre de l'arrière-boutique, l'alcôve conjugale, la batterie de cuisine, la table de famille et le piano de mademoiselle, est un spectacle que l'on chercherait vainement à Athènes, à Smyrne et à Constantinople. La boutique où l'on fait le négoce et le change est presque toujours distincte de la maison où l'on vit loin des regards indiscrets. L'Oriental, qu'il soit Grec ou Turc, cache volontiers sa vie privée. Les marchands de l'agora, qui se conforment encore aux vieilles mœurs, quittent, le matin, leurs petites maisons des faubourgs et n'y retournent que le soir, après avoir fermé leurs volets. Ils sont assis, toute la journée, derrière leurs poissons, leurs légumes, leurs fruits ou leurs cuirs, s'interpellant gaiement les uns les autres, discutant avec les acheteurs, clignant de l'œil d'un air malin.

L'agora d'Athènes n'est pas pittoresque. Là, comme partout en Grèce, la turquerie a été impitoyablement chassée par le patriotisme jaloux des Hellènes. Point de ces vieux marchands de tapis, dont le nez s'allonge, sous le haut turban, et qui rêvent, graves et silencieux comme le calife Omar, dans l'ombre humide du bazar de Smyrne. Point de ces vestes brodées d'or, dont les manches flottent au vent avec des gestes étranges. Point de ces parfums capiteux et inquiétants qui versent leur ivresse compliquée aux visiteurs du *missir-tcharchi* de Constantinople, et évoquent soudain, dans une lointaine vision, des bouts de déserts et des profils de palmiers, des coins de forêts vierges, regorgeantes de sève et de vie, des fleurs superbes, des grappes de fruits rouges, becquetées par des oiseaux aux ailes diaprées, ou bien des scènes de harem, dans quelque ville inconnue de la Perse ou du Béloutchistan, où des femmes aux robes lâches traînent leurs babouches indolentes sur les dessins des tapis lourds. Les Grecs n'aiment point à se griser, sans raison, d'encens, de myrrhe et de cinname. Ils ont peu de goût pour l'arome troublant des plantes méchantes que gonfle la sève trop forte des flores torrides. Ils préfèrent la saine odeur de l'ail, et, les jours de fête, ils répandent volontiers, sur leurs cheveux, les pommades et les cosmétiques imaginés par l'esprit inventif des Occidentaux.

Les broderies et les soutaches du costume national deviennent de plus en plus rares chez les tailleurs de l'agora. Il faut aller au bazar d'Argos ou de Tripolitza, si l'on veut acheter à bon compte le coquet et joli costume que les montagnards d'Albanie ont légué aux Grecs modernes : la calotte rouge, savamment repliée, du côté droit, par un gros gland de laine bleue qui bat sur l'oreille; l'étroit gilet qui emprisonne, comme un corselet de guêpe, le buste mince des Klephtes; la veste très courte, dont les manches flottantes sont galonnées d'entrelacs savants; enfin la fameuse *fustanelle* blanche, dont les plis tuyautés font plusieurs fois le tour de la taille et se superposent les uns aux autres, de façon à former une espèce de jupe bouffante et feuilletée. La mode, qui respecte à peu près les formes immuables du gilet et de la veste, modifie très souvent la coupe de la fustanelle. Au temps du roi Othon, on la portait longue et lourde. Aujourd'hui, elle est courte et légère ; et parfois les Hellènes, aux jambes nerveuses et agiles, ont l'air d'être échappés d'un corps de ballet.

Pour être tout à fait remarqué des belles filles de Mégare, il ne suffit pas d'avoir une belle fustanelle : il faut avoir aussi de beaux *tsarouks*. Les tsarouks sont des souliers rouges, découverts, sans talons, et terminés, comme les souliers des Chinois, par un bec recourbé ; mais, sur ce bec, la fantaisie des Palikares pique une houppette de laine bleue ou rouge, qui tremble à chaque pas. Les tsarouks sont en cuir souple ; cette chaussure est excellente pour la marche en montagne : elle s'accroche aux cailloux, se moule sur l'aspérité des roches, se colle à l'herbe rase, et ne fait pas de bruit. Les brigands, les réfractaires et les contrebandiers le savent bien. Mettez donc, à la poursuite de pareils mocassins, les bottes de la gendarmerie !

Il y a beaucoup de tsarouks au bazar d'Athènes. Les touristes en achètent souvent, parce que ces souliers, si commodes pour les aventuriers, sont aussi, pour les gens sédentaires, des pantoufles inusables et, par-dessus le marché, très exotiques. La rue des cordonniers est une des plus fréquentées de l'agora, et la seule qui soit un peu bariolée. Les tsarouks sont accrochés, en lourdes grappes, aux montants de bois qui soutiennent le toit des boutiques. Le *mastoris* (patron) tire son alène et tape son cuir, tout en échangeant, avec son ouvrier, des vues sur la politique. D'ordinaire, il ne se borne pas à fabriquer des chaussures, et façonne, avec le cuir, toutes sortes de jolies choses : des bourses dont les Athéniens seuls, à ce qu'ils disent, possèdent le secret, et qui permettent aux Grecs, exilés sur la terre étrangère, de se reconnaître mutuellement, comme à un mystérieux signe de franc-maçonnerie ; des guêtres, des sacs, et surtout ces ceintures artistement travaillées, que les bergers d'Arcadie ne débouclent jamais une fois qu'ils les ont serrées autour de leur taille, où ils mettent tout ce qu'ils possèdent, depuis leurs paquets de tabac jusqu'aux souvenirs de leurs belles amies, et qui leur servent à la fois de sangles et de coffres-forts.

Le marché aux poissons reçoit, chaque jour, la visite de tous les cuisiniers et de toutes les bonnes d'Athènes. Il y a quelques années, l'usage admettait qu'on allât, en personne, faire ses provisions de bouche. On voyait des ministres disputer à des députés de l'opposition, les rougets à bon marché, et même les *octapodes*, petites pieuvres qui ressemblent à de grosses araignées, que les gamins de Phalère pêchent sous les roches, et tapent sur les pierres jusqu'à ce qu'elles cessent de grouiller, et dont la chair flasque est très recherchée par les Palikares. Ces mœurs innocentes ont disparu. Les personnes qui croient appartenir à la « société » athénienne aiment mieux se priver d'un plat que d'aller le chercher elles-mêmes. On déjeune d'une assiette d'olives, on dîne d'un morceau de fromage; on vit d'eau claire et de vanité; mais on est salué sur le Stade par des secrétaires de légation.

CHAPITRE II

Plaisirs d'été. — Bals et soirées. — Influence du cotillon sur la politique. — La cour. — Le colonel Hadji-Petro.

A mesure que la saison s'avance, les heures où les Athéniens peuvent sortir et se donner quelque divertissement deviennent de plus en plus matinales et de plus en plus tardives. Dès la fin du mois de mai, le terrible soleil, dardant à pic sur le sable, commence à faire le vide dans les rues et sur les places. Les arbres des boulevards trop larges sont blancs de poussière. Au mois de juin, la dorure des collines commence à sentir le roussi. Au mois de juillet (que Pallas Athéna, déesse aux yeux glauques, me pardonne ce blasphème!), l'Attique ressemble assez bien au fond d'une poêle chauffée à blanc. Le ciel est horriblement pur et serein. Il faut se lever à quatre heures du matin, avec le jour, si l'on veut respirer un peu de fraîcheur. A dix heures, la ville est aveuglée de soleil, et assoupie. Les trottoirs blancs réverbèrent une lumière féroce. Le long des maisons, closes et mornes, sur une mince bande d'ombre, les ouvriers et les philosophes font la sieste. Les gens sont pâmés comme des poissons sur la paille[1]. Quand le carillon de midi vibre dans l'air chaud, l'engourdissement est universel. On ne voit dans les rues, suivant un proverbe levantin, « que des chiens et des Français ». Quelques groupes singuliers se promènent avec assez d'aisance dans cette fournaise : ce sont des ingénieurs français, des archéologues de l'École française, des officiers de marine en station au Pirée, et qui bravent l'insolation, l'apoplexie et l'ophtalmie. L'Athénien, à travers ses persiennes, regarde ces hommes du Nord, et, rageur, retombe sur le lit de torture où les moustiques le harcèlent.

Pour ceux qui ne craignent pas la chaleur et qui ont, pour le soleil, des tendresses de lézard, c'est une occasion de circuler à l'aise dans les tramways vides, dont les chevaux sont coiffés d'oreillères blanches, et pour admirer l'Hymette ou le Corydalle dans leur brûlante stérilité. Si vous avez le courage de descendre au Pirée dans le train désert qui continue sa route pour obéir aux règlements,

---

1. Athènes manque d'eau. Les Athéniens, à moins de se contenter de quelques citernes malsaines, sont obligés de s'approvisionner aux sources de l'Hymette. Il y a quelques mois on a fait des fouilles dans l'Ilissus, et on y a trouvé un peu d'eau.

vous ne regretterez pas votre peine. L'eau bleue, luisante, chatoie et scintille. Les voiliers et les canots, amarrés au quai, alignés comme des soldats en bataille, dorment dans la grande torpeur torride. Pas d'herbe. Pas de nuages. Des collines jaunes, des rochers jaunes, d'un éclat dur. La côte, brûlée et pelée, semble reposer sur un dallage de lapis. Les dernières pentes du Corydalle, baignées d'une lumière poudroyante, avec, dans les creux, des lacs d'ombre bleuâtre, arrondissent leurs croupes fauves sur le bleu profond du ciel. Les rades bleues s'enfoncent dans les terres sèches. Au delà du port, à l'horizon de flamme, le long des rochers de Salamine, une frange d'écume resplendit; et, tout autour de la grande île, des îlots étincellent, ainsi qu'un collier de topazes égrené lentement dans la splendeur des flots.

Partout, une aridité rayonnante, aromatique et merveilleuse. Tout nage dans la clarté. Des pierres, de l'eau, cela suffit au soleil pour évoquer cette féerie, unique au monde. Cela est trop éclatant; on est ébloui, presque blessé; on y voit trop clair; on est tenté de fermer les yeux. Ces couleurs et ces lignes entrent trop vivement dans l'esprit, s'y implantent d'une façon trop impérieuse et trop brusque. Cette ardeur est trop forte pour notre vision, habituée aux lignes molles et au charme flottant du paysage natal.

Les Athéniens attendent, pour sortir de leur

repos, que ce décor soit un peu éteint. Vers six heures, les rues commencent à se peupler. On étouffe moins. On peut essayer de faire quelques pas, sans risquer de tomber raide. L'ombre des maisons et des arbres s'allonge sur le Stade et attiédit les rues, chauffées depuis le matin. Des soldats, fantassins en tunique bleue, cavaliers en dolman vert soutaché de blanc, efzones en costume national, promènent sur les trottoirs leur désœuvrement et leurs causeries. Les officiers sont rasés de frais, serrés et sanglés dans des vestes de toile blanche, qui collent comme des jerseys. Les jeunes sous-lieutenants, nouvellement sortis de l'école des Évelpides, font sonner leurs sabres et portent fièrement leurs képis galonnés d'or. Les vieux colonels à moustaches grises sont moins allègres et s'affaissent un peu, sous les galons passés de leurs képis avachis. Sur le boulevard de l'Académie, au-dessus duquel le Lycabète avive, dans l'air lucide, avec une netteté d'aquarelle, le relief de ses arêtes et l'éclat de ses couleurs, des domestiques, des ordonnances, promènent des chevaux qui s'ébrouent et se cabrent avec un bruit de gourmettes. Des bonnes, des institutrices conduisent des bandes d'enfants. Les voitures d'arrosage soulèvent la poussière, sous prétexte de l'abattre, et croisent les petits tramways, dont les banquettes se sont peuplées d'hommes et de femmes, qu'on voit passer de profil, dans le flottement des rideaux de toile grise. Les grands landaus qui servent de voitures de place passent, au trot allongé de leurs chevaux maigres. Les cochers, pour écarter les maladroits qui ne se rangent pas assez vite, crient, de toute la force de leurs poumons : Ἐμπρός! Ἐμπρός! (En avant! En avant!) Rue d'Hermès, les magasins s'ouvrent; les vitrines étalent les élégances parisiennes de l'an passé; les boutiquiers, en bras de chemise, les yeux alourdis par la longue sieste sur le comptoir, respirent au seuil de leurs portes.

Devant les blancheurs criardes du palais, autour des wagons du tramway de Phalère, il y a un rassemblement. Ce sont les baigneurs de Phalère qui s'apprêtent à partir. Beaucoup de femmes en toilettes claires. Quelques beaux visages, d'un teint mat, illuminés par de grands yeux noirs, se détachent en vigueur sur des ombrelles rouges... Sous les tissus légers et clairs, on sent le riche contour des formes; les plis des robes tombent légèrement sur la cambrure des pieds, laissant voir le bout des bas bien tirés, au-dessus des fines chaussures. Tout ce monde porte des sacs, ou de simples courroies, enserrant des serviettes-éponges destinées au bain. De petits camelots, hérissés et éveillés, courent, de côté et d'autre, offrant aux beaux messieurs et aux belles dames, des liasses de journaux, des pistaches, des raisins. De toutes parts, on entend leurs voix grêles : Παλιγγενεσία! ...ἁρμυρά φιστίκια... δροσερά σταφύλια...

Place de la Constitution, des gens attablés boivent des cafés, des glaces, des limonades ou fument des narghilehs. Les garçons, hélés à droite et à gauche, vont de table en table, sans grand empressement, affairés et légèrement ironiques. Des orchestres en plein vent jouent des valses allemandes ou des opérettes françaises. Et toujours la voix grêle des petits marchands de journaux : Παλιγγενεσία! Παλιγγενεσία!

A mesure que la nuit approche, une gaîté se répand sur la ville. La douceur du couchant fait ouvrir les persiennes. Des gens paraissent aux fenêtres, aux balcons, aux terrasses. Un murmure de voix monte : cris de marchands, voix aiguës d'enfants qui s'amusent, échos assourdis de conversations lointaines, rumeurs confuses. On va lentement, sous la verdure fraîche et les petites grappes rouges des poivriers du boulevard Amélie, le long du Jardin du Roi, jusqu'aux colonnes de Jupiter Olympien. C'est là qu'aboutit chaque soir, en été, la procession des jolies Athéniennes, des gommeux guindés, trop haut perchés sur leurs faux cols, des officiers séducteurs, des institutrices coquettes, des mères de famille graves, qui gouvernent de l'œil de grandes fillettes aux épaules étroites. Les voitures d'arrosage passent, faisant voler derrière elles des nuages de poussière. Sur toute cette agitation du soir, où se trahit encore, dans la mollesse des allures, la lassitude des chaudes journées, le ciel étend son azur assombri. Les statues qui couronnent la maison Schliemann dessinent, dans l'air, des gestes nobles et des poses académiques. Les dorures des frises de l'Université luisent vivement, et paraissent presque jolies, sous les clartés obliques des derniers rayons. Le Parthénon, sur sa roche tailladée et fauve, dresse, dans un nimbe embrasé, le délabrement superbe de ses colonnes. La langue populaire désigne le coucher du soleil par ces mots : Βασίλευμα τοῦ ἡλίου. Il est impossible de traduire cette expression, qui évoque l'idée d'une pourpre royale et d'un déclin triomphant, et qui a dû éclore sous le ciel d'Orient à l'heure où le soleil descend lentement, comme un vaste incendie, derrière le rempart violet des sommets lointains.

A ce moment, une fraîcheur subite tombe du ciel, éveillant des frissons dans le dos des Athéniens qui n'ont pas de pardessus et des Athéniennes qui ont oublié leur manteau. L'heure de l'extase pourrait être, pour les poètes imprudents, l'heure de la fièvre. Sur les boues de l'Ilissus flottent des essaims de microbes, mille fois plus redoutables que les oiseaux sinistres du lac Stymphale. Si l'on a soin d'écarter leur influence par des précautions hygiéniques, on peut choisir sans crainte, selon ses goûts et ses moyens, entre les divers plaisirs qu'offrent, en été, les nuits attiques : une promenade sur la plage de Phalère, une excursion à Kephissia, ou, plus simplement, une glace au café d'Europe ou des bocks à la brasserie Hébé.

Phalère n'était, il y a quelques années, qu'une grève déserte. C'est maintenant une petite ville très présentable et une fort aimable station de bains, bien que les deux sexes y soient parqués sévèrement dans de maussades piscines et séparés par des barrières de planches dont la police éloigne sans pitié les nageurs et les nageuses qui voudraient les franchir. La mer est bornée, d'une part, par les falaises qui enserrent le petit port de Zéa; de l'autre côté, l'Hymette allonge sa colossale silhouette. On voit que peu de villes d'eaux sont encadrées dans un pareil décor et illustrées par d'aussi beaux noms. Quand la lune apparaît au-dessus de l'Hymette, la rade s'argente de reflets mouvants, et réfléchit, dans ses claires profondeurs, l'assemblée des étoiles. La plage, éclairée par un cordon de lampes électriques, est encombrée par de grands hôtels assez disgracieux. Tous les soirs, la société élégante dîne, en plein air, au bord de l'eau. On flirte, on bavarde, on médit passablement à Phalère. Les officiers font des effets de torse, de mollets, d'éperons et de sabre pour les Athéniennes, serrées dans des étuis d'étoffes claires; et, vraiment, ils ont raison, car on ne saurait se donner trop de peine pour faire rire ces gracieux visages et ces yeux étincelants.

Kephissia est une retraite plus calme et moins

mondaine. La joie de la mer manque à ce paysage assez agréable. C'est un coin de verdure, une oasis d'ombrages et d'eaux vives. On y a naturellement bâti un hôtel, symbole inévitable de la civilisation. Les gens pratiques, qui veulent avant tout du recueillement, de la tranquillité et de la discrétion, s'accommodent volontiers de ce séjour, propice aux escapades des Athéniens rangés.

Lorsqu'on revient, dans la nuit bleue, par le dernier tramway, qu'emplit un gazouillement de voix fraîches, on est tout surpris de trouver la ville encore éveillée. La place de la Constitution est encore couverte de tables à travers lesquelles circulent des garçons nonchalants. Les Athéniens sont des piliers de café, et cependant ils boivent peu. Ils laissent les Européens s'empiffrer, à la brasserie Hébé, de bière, d'œufs durs et de ζαμβόνι, (jambon). Si, par hasard, ils les imitent, c'est simplement par orgueil national, et ils se donnent des indigestions par amour-propre. Mais le plaisir suprême de ces sophistes sobres, c'est de parler politique autour d'un verre d'eau, depuis neuf heures du soir jusqu'à trois heures du matin.

Cette vie en plein air, si conforme aux traditions de la république athénienne, dure jusqu'au jour où la brise fraîchit et où le vent du nord fait vaciller sur leurs tiges, parmi des rafales de poussière et les embruns de la mer méchante, les lampes électriques de Phalère. Au commencement de novembre, on est obligé de passer quelques heures par jour chez soi; au mois de décembre, le temps est encore joli, égayé de soleil, avec tout juste assez de vent pour rappeler aux hommes qu'on est en hiver; mais les soirées sont déjà froides, et l'on reste volontiers au coin de la cheminée où flambe un feu clair de bois d'olivier. Aux approches du mois de janvier, les gros nuages s'amoncellent sur les montagnes attristées. Les journaux annoncent que les grands personnages d'Athènes sont « rentrés d'Europe », la vie sociale commence, et les gens riches lancent les premières invitations pour les bals de la saison.

La société athénienne se compose principalement de diplomates de tous pays. Le corps diplomatique, ou, comme on dit là-bas, τὸ διπλωματικὸν σῶμα, exerce sur le peuple grec un ascendant irrésistible, dont les motifs sont aisés à deviner. D'abord les Hellènes se figurent que, pour réussir dans la « carrière », il est nécessaire d'être très rusé; et ils ne seraient pas dignes d'être appelés descendants d'Ulysse s'ils n'avaient pas un grand respect pour des gens qui se flattent de connaître les paroles mielleuses et les détours secrets par où l'on trompe les autres hommes. Ensuite, ils croient que les nations choisissent toujours leurs représentants parmi les personnages les plus riches, les plus intelligents, les plus vertueux, parmi ceux qui sont appelés à bon droit les princes du peuple. Ils s'imaginent que la valise diplomatique et l'âme des secrétaires et attachés ne renferment que des affaires d'État. Aussi la secrète ambition de toutes les jeunes filles d'Athènes est d'unir leur destinée à celle de ces hommes, à la fois solennels et souriants, dont les habits sont étincelants de broderies et constellés de décorations. Un rêve inouï de grandeurs surhumaines, de voyages en *sleeping-car*, de promenades en voiture, de bals sans fin et de cotillons ininterrompus, éblouit ces folles et enfantines cervelles, à la vue de ces dignitaires chamarrés et graves, dont la vie se passe à dîner en ville et à faire la révérence devant les rois. Plusieurs Athéniennes, de grande beauté, ont déjà réalisé ce songe d'une nuit d'hiver. Je connais des ministres plénipotentiaires dont la froideur professionnelle s'est attiédie au contact d'une grâce souple et maligne, et dont le flegme a cédé au prestige insolent des yeux épanouis. Il n'est pas rare de voir, dans les capitales, petites ou grandes, des filles de Klephtes, qui ont échangé la « liberté sur la montagne » contre une volière dorée et qui sont devenues baronnes autrichiennes, princesses polonaises ou marquises espagnoles. Les mauvaises langues prétendent que ces mariages de vanité ne sont point solides, que le lendemain des noces est parfois décevant et triste, que ces jolis oiseaux, une fois dépaysés, deviennent insupportables, qu'ils veulent s'enfuir à tire-d'aile vers le pays natal, que la vulgarité du pot-au-feu répugne à leur fantaisie, que ces houris adorables deviennent tout à coup d'impitoyables jurisconsultes et se souviennent que le divorce est inscrit, à une place d'honneur, dans la législation des Hellènes. Après tout, les moralistes moroses auront beau déclamer et médire; la plus belle fille du monde, même à Athènes, ne peut donner que ce qu'elle a. Faut-il en vouloir à ces exquises poupées si elles ne possèdent au monde que le parfum capiteux de leurs cheveux lourds et l'étincelle qui tremble au fond de leurs prunelles ardentes?

En tous cas, leur beauté un peu sauvage, leur grâce à la fois provocante et farouche sont dignes de l'antique réputation de la race et l'on comprend qu'elles aient affolé beaucoup d'esprits faibles. Elles sont délicieusement mobiles et capricieuses. Elles ont un charme qui leur est particulier et qu'on ne retrouve pas dans le reste de l'Orient. Les Roumaines sont imposantes et attirantes; mais leurs yeux magnifiques semblent noyés d'ivresse, et leurs appâts languissants manquent de ressort. Les Smyrniotes, dont la beauté est exubérante et molle, exagèrent, par des artifices trop évidents, la longueur de leurs yeux; et leur nonchalance, appesantie par les lourdes siestes dans les hamacs où elles se bercent, fait trop songer à la torpeur du harem. Les élégantes que l'on voit passer, le dimanche, à Constantinople, dans la rue de Péra, soigneusement corsetées, fardées et pommadées, sont malheureusement de race mêlée, et l'on retrouve, dans leur allure, quelque chose de composite et d'international qui suffit à prouver que de nombreux conquérants, sans compter les Turcs, ont longuement occupé le pays. Les femmes d'Athènes, même en supposant qu'elles ne descendent pas toutes de Périclès et d'Aspasie, sont bien, en tout cas, les filles d'une race fine, d'une terre ardente, lumineuse et sobre. Non pas qu'elles soient façonnées selon les règles de l'art classique. Elles ressemblent plutôt à des figurines de Tanagra qu'à la Vénus de Milo, avec une pointe de sauvagerie mutine qui rappelle le voisinage de la race albanaise. En général, leurs cheveux sont furieusement noirs et leurs yeux brillent sous le voile des longs cils; leur teint est mat, légèrement pâli, comme au temps d'Alcibiade, par la céruse. A quinze ans, elles sont assez minces; leur maigreur attique est étoffée et robuste. A vingt ans, leur beauté s'épanouit comme une fleur splendide, nourrie de lumière et saturée de soleil. Hélas! leur charme inquiétant dure parfois ce que durent les roses sous le ciel d'Athènes; souvent, après quelques années de rayonnement, leurs nobles formes, après avoir atteint à la majesté olympienne, débordent en ampleurs exagérées et éclatent en boursouflures intempérantes. Retrouverai-je jamais, dans l'intégrité de leur grâce, Artémise Vlakhopoulos, qui avait l'air d'une Junon et dont les grands yeux faisaient penser à cette épithète de Βοῶπις qu'Homère prodigue à la déesse Héra? Pénélope Télamonidis, dont l'opulente jeunesse avait tant d'éclat et de fraîcheur? Cléopâtre Épaminondas, dont la crinière était noire comme la nuit et dont les yeux ressemblaient à deux étoiles? Kathina Stamboulakis, qui avait, on n'a jamais su pourquoi, des candeurs de fillette? Fôfo Tutunoglou, qui avait l'air d'une cariatide de l'Erechtheion? La rieuse Irinoula Tabaco, dont le père avait vendu du coton à Manchester et qui avait rapporté, de là-bas, des cheveux blonds, des joues roses, et des yeux bleus de miss anglaise? Esther Della Calamità, vierge de Corfou, dont Raphaël eût fait une madone et dont un diplomate autrichien a fait une comtesse? Surtout cette délicate et fragile Vita Périclès, dont le divin profil et les cheveux vénitiens ont troublé beaucoup d'officiers de marine et détraqué plusieurs archéologues? Où sont-elles? S'il m'était donné de retourner à Athènes, mon premier soin serait de courir à la vitrine du photographe Moraïtis, rue d'Éole. Quand j'ai quitté la Grèce, elles étaient là toutes, dans des cadres de verre, classées et cataloguées, souriantes et immobiles, piquées au mur comme des papillons. On a pu voir ces charmantes images à la section grecque de l'Exposition universelle.

Leur gouvernement les exposait avec un légitime orgueil. Et qui sait? Peut-être vaudrait-il mieux regarder le contour fixe et la splendeur muette de leur beauté que d'en considérer les ruines précoces.

Avec ces déesses, ou du moins avec celles qui leur ont succédé, il n'est pas difficile d'organiser un bal fait à souhait pour le plaisir des cinq sens. Les maisons qui reçoivent sont peu nombreuses; mais leur accueil est fastueux et courtois. Si la ville n'était habitée que par des Athéniens, elle serait triste, silencieuse et morose. Heureusement les riches Grecs qui ont cherché la fortune à travers le monde et qui ont fini par la trouver à Marseille, à New-York, à Manchester ou à Calcutta, ne jouiraient qu'à demi de leurs dollars, de leurs roubles ou de leurs louis d'or, s'ils ne les faisaient pas sonner un peu aux oreilles des Hellènes qui sont restés dans leur pays, occupés à faire de la politique et à manger des carottes crues. La ville d'Athènes n'a pas à se plaindre de ce patriotique amour-propre; car des rues entières de jolis hôtels et de coquettes villas sont dues à la magnificence de plusieurs financiers, habiles à multiplier les banknotes. Au début de cette invasion de boyards, les Athéniens, gueux et fiers, firent mine de se fâcher. Ils affectèrent de mépriser ce luxe, firent des allusions sournoises aux présents d'Artaxerxès, à l'or d'Harpale, aux jardins de Cimon, et répétèrent plusieurs fois par jour qu'Aristide était juste et que Phocion était intègre. Les gamins des rues appelèrent les nouveaux venus des χρυσοκάνθαροι, ce qui veut dire des *mouches d'or*; les professeurs de l'Université les appelèrent des *hétérochtones*; les députés firent même une loi qui réservait aux seuls *autochtones* les emplois publics et leurs salaires dérisoires. Les capitalistes, d'abord affligés par cet ostracisme à l'intérieur, ne se découragèrent pas. Ils pensèrent que le seul moyen de calmer ces politiciens hargneux, c'était de les faire fumer, manger et danser. Ils meublèrent des salons, aménagèrent des fumoirs et étalèrent, sur des tables, des viandes froides, des pâtés de gibier et des vins plus agréables au goût que les crus les plus renommés du Parnès, de Marathon et de Décélie. On vint. Les premiers arrivés firent envie aux autres. C'est ainsi que plusieurs tasses de thé ont opéré la fusion des classes et que les figures du cotillon, en mêlant les partis, ont apaisé les haines sociales.

Les Grecs sont un peuple danseur. Les mondains d'Athènes, ayant quitté la fustanelle pour l'habit noir, ne dansent plus — du moins sous les yeux des étrangers — le *syrto* national, farandole assez semblable aux évolutions du chœur antique, ni le fameux *ballo* des danses populaires, véritable solo chorégraphique, plein d'entrechats savants et de gestes arrondis, triomphe des bonnes gens de Tripolis et de Kalamatta. La jeune Grèce a décidément adopté le τετράχορος (quadrille) et le στρόβιλος (valse). Tout jeune Athénien qui se respecte a soin de se munir, au commencement de l'hiver, de deux choses indispensables : un habit noir et un abonnement chez le khorodidascale (maître à danser). Il y a, aux environs de la rue Solon, de véritables académies où l'on enseigne encore ce que J.-J. Weiss appelait « les danses mortes ». Les stagiaires de l'Aréopage y exécutent avec zèle cette figure bizarre, que nos pères appelaient la *demi-queue-de-chat*; et, de temps en temps, le khorodidascale s'écrie, d'une voix de Stentor : Μπαλανσὲ δὸ ντάμ! ce qui veut dire : « Balancez vos dames ! »

Les banquiers de la rue du Stade, qui ont des salons et qui les ouvrent, s'efforcent de copier fidèlement le décor, le costume et les accessoires des bals parisiens. Pour édifier l'Europe sur l'élégance de la démocratie athénienne, ils attirent les voyageurs de marque, les ingénieurs de la mission des travaux publics, les officiers des stations navales, les membres des écoles étrangères. L'Institut impérial allemand est généralement écarté, comme trop hirsute.

Les bals importants sont d'ordinaire prévus longtemps à l'avance. Il est admis que les cavaliers peuvent faire leurs invitations quinze jours avant la fête. Les Athéniens organisent alors une campagne de visites et marchent à la conquête des beautés les plus renommées. Les étrangers, plus timides ou moins répandus, sont un peu réduits à

faire tapisserie, à causer avec de vieilles gens ou
à risquer τὸ καδρίλλ τῶν λανσιέρων avec des institutrices françaises, venues, pour la plupart, des cantons de la Suisse. C'est une déception très amère.
Mais on a le loisir de regarder autour de soi les
Athéniennes, dont les pieds frétillent au seul
espoir des cotillons attendus. Elles portent avec
une élégance aisée, peut-être avec un imperceptible
charme d'exotisme, sans la moindre trace de lourdeur provinciale, les corsages échancrés que leur
ont façonnés des couturières parisiennes. Seulement, il y a une chose que l'uniformité de la mode,
heureusement, ne peut atteindre, c'est le caractère
très particulier et très local du type, la physionomie
à la fois antique et contemporaine, très ambiguë,
orientale et pourtant affinée par les grâces d'Occident, le profil d'Athéna, retouché par Chaplin, une
statue de Phidias, revue, chiffonnée, émoustillée
par Grévin, tout cela et quelque chose encore,
malaisé à définir et d'une saveur subtile et imprévue.
S'il n'y avait quelque pédantisme à philosopher à
propos de ces jolies valseuses, je dirais que ces
visages féminins où des hérédités séculaires se
confondent, de la manière la plus rare, avec la
mobilité de l'expression moderne, sont tout à fait
l'image du peuple grec, à la fois très ancien et très
nouveau, et qui, après une si longue misère,
recommence à vivre, avec un entrain de résurrection tout à fait semblable, malgré l'antiquité de la

race, à une joyeuse enfance. Cela est un spectacle suggestif et délicieux. On se prend à suivre de l'œil, dans la confusion des groupes, une natte très noire, étoilée de fleurs d'argent; on jouit de la splendeur de ces yeux d'Orient, à la fois avivés et alanguis par l'ardeur du climat; on observe le manège des coquetteries enfantines, spontanées et savantes; on cause innocemment de George Ohnet avec une interlocutrice qui s'appelle Iphigénie ou Polyxène; en même temps, on perçoit, dans les intonations de la voix chantante, comme un ressouvenir des mélopées de la langue turque. Et cela vous ouvre des perspectives infinies; on est loin du bal, on n'entend plus l'orchestre qui joue le *Beau Danube bleu*; on songe aux longues années, obscures et terribles, qui ont précédé cette renaissance de la nation grecque; à la venue soudaine des cavaliers nomades, accourus, sabre au vent, du fond des steppes d'Asie; à l'effroi des êtres frêles qui ont précédé ces mignonnes danseuses; à l'installation brutale du conquérant; à ces quatre siècles, dont l'histoire ne sera jamais faite... Et vraiment, quand on regagne son logis, par la rue Sophocle, la rue Praxitèle ou la rue Chateaubriand, on ne regrette pas de ne plus rencontrer sur l'Acropole l'aga des eunuques noirs.

La cour donne, en moyenne, deux ou trois bals par an. On y retrouve à peu près les mêmes personnes que chez les simples citoyens. On y voit seulement plus d'officiers. Les banquiers enrichis négligent d'ordinaire l'armée, parce qu'elle est pauvre, et beaucoup de jeunes filles de la « société » n'ont d'admiration pour l'uniforme que si les poches du dolman sont gonflées de gros sous. Le roi George estime que le droit de porter l'épée est la première de toutes les noblesses.

Guillaume, prince de Danemark, proclamé roi des Hellènes le 4 juin 1863, sous le nom de George Ier, a eu l'esprit, sans compter ses autres succès, de régner sans trop de mésaventures pendant plus d'un quart de siècle. C'est un homme intelligent, de manières simples, d'accueil affable, et qui a trouvé le moyen d'être encore plus constitutionnel que les démocrates égalitaires dont il régit pacifiquement les destinées [1]. Ce serait peut-être trop s'avancer que de dire qu'il plaît tout à fait à ses sujets, lesquels sont plus difficiles à satisfaire que la plus capricieuse des jolies femmes. Mais il a su ne pas trop leur déplaire, et c'est déjà beaucoup.

Au reste, les Grecs auraient mauvaise grâce à se plaindre. Ce roi qui n'a jamais déclaré la guerre,

---

1. Ce livre était sous presse lorsqu'est arrivée en Occident la nouvelle que le roi George venait de destituer le ministère que M. Delyannis présidait depuis les élections du 26 octobre 1890. Si grave que soit cette mesure, elle ne contredit pas l'appréciation qu'on vient de lire. La Constitution donne au roi de Grèce le droit de révoquer ses ministres, quand il croit devoir le faire dans l'intérêt du bien public. Les élections du 15 mai 1892 ont montré que la nation ne désapprouvait pas l'initiative royale.

a pris et gardé plus de territoires que beaucoup de conquérants fameux. Il est venu en Grèce sous d'heureux auspices : en débarquant sur le quai du Pirée, il apportait dans ses malles l'acte par lequel la Grande-Bretagne se désistait de tous droits sur les Sept-Iles : c'était un cadeau princier. Lors de son avènement au trône, l'étendue de la Grèce ne dépassait pas 47,500 kilomètres carrés. Par l'annexion des îles Ioniennes, de la Thessalie et du district d'Arta en Épire, elle est maintenant de 63,606 kilomètres. La Grèce n'occupe plus le dernier rang parmi les États de l'Europe. Elle est plus grande que la Belgique et la Hollande réunies. Dans tout autre pays, un monarque auteur de pareils bienfaits serait très populaire. En Grèce, cela suffit pour être respecté et même approuvé. Quand le roi George passe dans la rue, on le salue généralement.

Il a pris pour devise, lorsqu'il entra dans Athènes, avec la députation de notables qui était allée le chercher à Copenhague, cette belle maxime : « Ma force est dans l'amour de mon peuple. » Ce peuple, qui, sous le règne d'Othon, avait changé si souvent de ministères et fait tant de révolutions, s'est contenté, sous le roi George, de quelques émeutes qui n'ont cassé que des vitres. « Je veux, disait le jeune prince, dans son premier message aux assemblées du pays, faire de la Grèce le modèle des royaumes en Orient. » Il a tenu parole. La sécurité, dans ses États, est absolue. Les Grecs n'exercent plus le brigandage que dans les pays étrangers, et les ministres divers qui ont successivement assisté le roi George dans les conseils du gouvernement n'ont jamais eu la maladresse de se mettre sur les bras un Pacifico ou un Chadourne.

George Ier a bien compris l'âme de ses sujets. Il sait que les Grecs, malgré leurs gestes et leur rhétorique, ne s'enthousiasment pas facilement, que cette race démonstrative et loquace a un grand fond de raison calme et placide; que, malgré les apparences, son équilibre intellectuel est rarement dérangé par l'extase; que son flegme bruyant est exempt de trouble, et qu'enfin les orateurs forcenés des cafés d'Athènes sont plutôt des raisonneurs que des poètes lyriques. Avec une rare finesse, il pensa qu'il serait cruel d'offenser, par un faste, d'ailleurs coûteux, la bonne opinion qu'ils ont d'eux-mêmes, et leur passion d'égalité. De plus, lorsqu'il aperçut, dans la foule qui l'acclamait sous les fenêtres du palais, les bergers spartiates, qui se drapent superbement dans un mauvais manteau de feutre, il désespéra d'être plus magnifique que ces descendants d'Agésilas. C'est pourquoi, lorsqu'il rentre dans sa capitale, après les voyages annuels qu'il fait dans les cours d'Europe, il a toujours le soin de télégraphier de Corinthe à son premier ministre, pour dispenser l'artillerie nationale des nombreux coups de canon prescrits par les règlements. Seulement, lorsqu'il est nécessaire de se faire entendre, au milieu de ce concert européen qui couvre volontiers la voix des faibles, il sait trouver les paroles habiles qui désarment les mauvaises volontés ou les paroles dignes qui déconcertent l'insolence des parvenus.

En somme, par la sagesse de sa conduite, par sa modération, par une petite dose de scepticisme souriant qui le sauve de l'ironie des Grecs, gens qui détestent l'excès même en matière de philhellénisme, cet homme à la moustache blonde et aux yeux bleus a bien géré les affaires des petits bruns aux yeux éveillés, qui se sont fiés à lui. Bon an mal an, il a augmenté son domaine, et il ne désespère pas de l'arrondir encore. Il n'a rien à envier à ses voisins. Charles de Roumanie, un sage pourtant, est obligé de réprimer assez souvent des jacqueries violentes. Le Serbe se fait battre par le Bulgare, se brouille avec sa femme, et finalement lâche les rênes de l'État, pour venir coudoyer, dans les cercles du boulevard, les rois en exil qui font la fête. Le Bulgare bat le Serbe, mais se fait révoquer par la Russie comme un simple préfet. Un autre Bulgare survient, qui pérore, fusille, expulse, sans que sa souveraineté soit reconnue, ô comble d'infortune! même par l'almanach de Gotha. Le Grand-Turc a peur de tout. Pendant ce temps, le roi des Hellènes règne paisiblement sur ses peuples, fonde une dynastie, assure l'avenir de sa race, et entoure son trône d'une robuste et jolie famille, qui s'est fait adopter, à force de bonne grâce, par les Palikares apprivoisés.

Il y a peu de reines qui soient plus aimées et plus respectées que la reine Olga. Sa bienfaisance est aussi charmante et aussi gracieuse que sa beauté. Toutes les heures qu'elle ne consacre point à ses enfants et aux devoirs de son état, elle les donne, sans compter, aux pauvres. L'*Evanghelismos*, le plus bel hôpital d'Athènes, est placé sous son haut patronage. Elle y allait souvent, en des temps plus heureux, avec sa fille aînée, la princesse Alexandra; et, à les voir rentrer le soir, si gaies et si semblables l'une à l'autre, on ne savait quelle était la plus jeune des deux [1].

Le roi et la reine de Grèce, qui aiment la vie de famille, sont en même temps fort sociables et fort hospitaliers. Un de leurs plus grands plaisirs est de se rendre, le dimanche, avec des amis, à une petite maison de campagne qu'ils possèdent à l'entrée du Pirée, sur l'emplacement du tombeau de Thémistocle. Quand la mouche royale, portant en poupe le pavillon blanc barré d'une croix bleue, traverse la rade, les vaisseaux anglais mettent sur le pont leurs fantassins rouges aux casques blancs; les navires français sonnent et battent aux champs,

1. La princesse Alexandra a épousé, en 1889, le grand-duc Paul de Russie. Elle est morte, il y a quelques mois, à l'âge de vingt et un ans.

4

et les musiques jouent une petite quadrette danoise, air favori du roi.

Les bals du palais ont été organisés, pendant longtemps, par le célèbre colonel Euthyme Hadji-Petro, aide de camp de Sa Majesté, presque aussi connu sur le boulevard des Italiens que sur le boulevard du Stade. Il était le fils de cet Hadji-Petro dont Edmond About a raconté les aventures extraordinaires, en les exagérant un peu. Le pauvre colonel est mort, il y a quelque temps, et tout le monde en Grèce, excepté ceux qui désiraient sa place, l'a sincèrement regretté. Il était fort gai, fort avenant, très bon enfant, malgré ses moustaches terribles. Pendant une dizaine d'années, il a fait danser tout le monde, depuis les grands-croix de l'Ordre du Sauveur jusqu'aux jeunes surnuméraires du bureau de police. On lui écrivait, on l'arrêtait dans la rue pour lui demander un billet de faveur. Il ne refusait jamais, et envoyait le billet presque toujours.

Quelques heures avant l'arrivée des invités, il arpentait, en faisant traîner son grand sabre, les salons, le fumoir, le buffet. Quand il avait constaté que tout était en ordre, quand il avait rangé en bataille, dans le vestibule, la section d'*efzones* chargée de rendre les honneurs, quand il avait donné au chef de musique toutes ses instructions, il attendait, la conscience tranquille. Peu à peu, des groupes arrivaient, déposaient leurs effets entre les mains des valets vêtus de bleu, et entraient dans la grande salle, avec une allure qui dénotait à la fois un certain respect pour le maître de la maison, et cette fierté naturelle qui fait croire à l'Hellène qu'il est chez lui lorsqu'il est chez son roi. Un usage bizarre veut que, jusqu'à l'arrivée de la cour, les femmes aillent d'un côté, les hommes de l'autre. A part cette coutume, rien dans ces fêtes de famille ne rappelle l'étiquette allemande, les chambellans burlesques et les costumes archaïques, chers au roi Othon. De loin en loin, quelques fustanelles albanaises, reliques des ancêtres, égayent la monotonie des habits noirs et des plastrons diplomatiques.

A neuf heures, la musique militaire joue de toute la force de ses cuivres les premières mesures de l'hymne national, et le cortège royal entre, avec une solennité de bon goût et sans emphase. Le roi et la reine saluent fort aimablement leurs hôtes, et font le tour des salons, suivis par le prince héritier, le *Diadoque*, jeune homme vigoureux et intelligent, d'autant plus populaire aux yeux des Grecs, qu'il s'appelle Constantin; — par le prince George, officier de la marine hellénique, solide garçon qui a déjà fait le tour du monde, surnommé le « prince athlétique », parce qu'il assomma, d'un coup de bâton, le fanatique Japonais qui voulut, l'année dernière, tuer le tsaréwitch; — enfin par le prince Nicolas, joli et délicat adolescent, qui porte avec aisance l'uniforme de l'infanterie hellénique.

Vers minuit, on fait les préparatifs du cotillon. Hélas! c'était autrefois le triomphe d'Hadji-Petro. Le bon colonel s'établissait solidement au milieu de la grande salle, et plaçait les danseurs et les danseuses, en veillant à ce qu'il n'y eût point de tumulte, et surtout pas d'amours-propres froissés. Il frappait dans ses mains, et une valse languissante entraînait, en tourbillons, les couples aux yeux noyés. Parfois, dans l'ardeur du plaisir, des valseurs perdaient l'équilibre, glissaient sur le parquet, et, plus d'une fois, une poitrine nacrée et frémissante est venue tomber entre les bras d'Hadji-Petro. Le colonel n'en était nullement ému, et consolait, de son mieux, les jeunes personnes bousculées. D'autres fois, des *bostonneurs* intempérants troublaient la belle ordonnance de la fête, envahissaient des espaces auxquels ils n'avaient pas droit. Alors le colonel se fâchait. On entendait sa grosse voix à travers les phrases de Strauss et de Métra : « Voyons! voyons! τόπον [1], messieurs, τόπον, mesdames! soyez raisonnables, que diable! Τόπον!... » On reculait d'épouvante; et, aussitôt comme le bon géant des contes de fées, le colonel reprenait, sous sa moustache hérissée, son sourire bienveillant.

1. De la place

Brave colonel! Bien qu'il n'ait jamais bien compris les calculs de la politique, il a contribué, j'imagine, à désarmer bien des haines et à écarter bien des questions irritantes. Lorsque Euthyme Hadji-Petro, Palikare, fils de Palikare, colonel d'artillerie, grand-officier de la Légion d'honneur et de plusieurs autres ordres, avait bien dirigé le cotillon de la cour, les Athéniennes étaient contentes, les Athéniens étaient calmés, la politique chômait pendant quelques heures, et les philosophes se disaient que ce gentil peuple aurait bien tort de chercher des aventures et de se forger des soucis, quand il lui est si facile d'être heureux.

4.

CHAPITRE III

La politique. — Le Palikare Delyannis et l'avocat Tricoupis. — Les élections. — Une séance de la Chambre. — Un grand ministre dans un petit pays.

Le 1ᵉʳ octobre 1888, j'allais sur un paquebot de la Compagnie hellénique, de Corinthe à Itéa, le port de Delphes. Tandis que je regardais avec un vif plaisir le profil des monts Géraniens, un groupe animé pérorait à côté de moi sur le résultat des dernières élections. On agitait la question de savoir lequel était le meilleur, le plus *kalos*, de Boufidis le tricoupiste ou de Georgantas le delyanniste. Le plus bruyant des interlocuteurs était un garçon de seize ans, étudiant en droit à l'Université d'Athènes, et plus occupé de manœuvres électorales que de commentaires juridiques. Il s'approcha de moi, devint mon ami au bout de cinq minutes et me fit des confidences.

— Monsieur, me dit-il, πολιτεύομαι, *je politique*. Mon grand-père a politiqué. Depuis de longues années, mon père politique. Moi-même j'ai commencé à politiquer et je politiquerai toute ma vie.

Personne autour de nous ne trouvait que ce jeune homme fût précoce. La loi grecque a fixé une limite d'âge qu'il faut atteindre pour être député. Mais il n'est pas nécessaire, apparemment, d'être majeur pour être candidat.

En Grèce, les partis sont innombrables, et pourtant ils ne sont point divisés par des différences de doctrine. Il n'y a en Grèce ni question religieuse ni question sociale. Tout le monde est à peu près du même avis, mais tout le monde n'a pas les mêmes intérêts. C'est pourquoi les uns votent avec celui-ci, les autres avec celui-là.

Chaque parti a un chef incontesté, entouré d'un état-major de députés influents et, comme nous disons dans notre jargon parlementaire, « ministrables ». Depuis quelques années, l'histoire politique de la Grèce se réduit à une espèce de chassé-croisé entre le clan de M. Tricoupis et le clan de M. Delyannis.

M. Tricoupis, qui a été plusieurs fois déjà président du Conseil, est un homme froid, taciturne, appliqué, Grec de race et de sentiments, Anglais par son éducation, son attitude et son aspect. Les juges impartiaux s'accordent à dire qu'il est incontestablement l'homme le plus remarquable de la Grèce contemporaine. Ses ennemis eux-mêmes rendent hommage à son zèle et à sa capacité de travail.

Son impopularité auprès de quelques-uns de ses compatriotes, vient de plusieurs causes générales qu'il est aisé de déduire. Les Grecs éclairés, ceux qui connaissent son désir de bien faire, son ardeur au travail, son dévouement à la chose publique, lui donnent par avance leurs suffrages. Mais il n'en est pas ainsi de la classe populaire, qui est la plus nombreuse. Pour des nécessités nationales que le peuple ne comprend guère, les impôts, sous l'administration de M. Tricoupis, étaient très lourds : le vin était cher, le pétrole était cher, les tarifs douaniers élevaient sans cesse le prix des objets de consommation quotidienne; il y avait disette de numéraire. Or, dans tous les pays du monde, Jacques Bonhomme réduit un peu la politique à une question de pot-au-feu. On a vu ailleurs qu'en Grèce des candidats remporter de très gros succès en énumérant aux paysans combien de sacs de blé le gouvernement leur prend chaque année. Dans tous les pays, les têtes campagnardes sont faites sur le même patron. Qu'il porte la blouse picarde ou la fustanelle d'Acarnanie, le paysan raisonne d'une manière à peu près uniforme sur les problèmes sociaux. Le parti delyanniste n'a pas manqué de faire appel à tous ces ressentiments, et les journaux satiriques ne se font pas faute d'appeler M. Tricoupis « l'homme au pétrole (*o petrelaios*), l'oppresseur du peuple, l'ennemi des petites gens ».

On lui a fait un autre reproche, que l'on ne

comprendrait pas bien si l'on ne connaissait pas l'attachement des Grecs pour les vieilles coutumes et les anciens usages. Par une disposition d'apparence contradictoire, le Grec veut se façonner aux habitudes européennes et garder en même temps l'originalité propre à sa race. Son amour-propre le pousse à imiter les manières et les modes occidentales. Mais, en même temps, il conserve pour les traditions locales un vieux fonds de tendresse dont il se séparerait difficilement. Chez les Grecs cultivés, cette sorte de dualité est frappante. Beaucoup ont passé leur première jeunesse dans quelque province où la vie est sobre et simple; plus tard, ils ont étudié à Paris, où ils se sont faits Parisiens par leur grande facilité à apprendre les langues et à s'adapter aux divers milieux sociaux. Ensuite, ils reviennent dans leur pays, où ils offrent un singulier mélange de culture raffinée et de fidélité à la rudesse des vieilles mœurs. Vous trouvez chez le même homme, sans pouvoir expliquer ces contrastes, un boulevardier et un Palikare, un sceptique achevé et un adorateur fervent de la Panaghia. On n'a pas manqué d'exploiter contre M. Tricoupis qui a été tout-puissant pendant de longues années, cette disposition particulière du caractère hellénique. M. Tricoupis voudrait donner à la Grèce une physionomie semblable à celles des puissances occidentales. Ses adversaires en profitent pour lui reprocher de n'être pas assez Palikare. On rappelle ses premières années passées loin du pays, son éducation anglaise, ses façons hautaines d'homme d'État européen, son esprit absolu. On l'accuse de ne pas connaître assez le pays qu'il gouverne, de n'être pas entré assez avant dans l'intimité familière des gens des campagnes, afin d'être au courant de leurs désirs et de leurs besoins. On connaît cette vieille histoire de Théophraste, arrêté sur l'agora d'Athènes par une marchande de légumes qui lui reprochait de ne pas avoir le pur accent attique. Quelques puristes feraient, paraît-il, le même reproche à M. Tricoupis ; il a beau être un très remarquable orateur, on prétend qu'il ne sait pas donner à certaines locutions locales le tour romaïque, la nuance particulière qui dénote un long séjour dans le pays. En vérité, ce peuple n'a point changé, il est bien le même qu'aux temps antiques. Il y a des jours où l'on croit voir l'histoire ancienne ressusciter et s'animer devant soi.

M. Tricoupis, qui n'oublie aucune des revendications de l'hellénisme, mais qui entend procéder avec ordre, voudrait, pour commencer, faire de la Grèce une puissance européenne. C'est une besogne malaisée. Sans partager le pessimisme d'un voyageur qui appelait les Grecs des « nègres blancs », on peut dire qu'ils ont encore beaucoup à faire pour ressembler aux nations policées et que, souvent, le bout de l'oreille du Palikare dépasse un peu trop le rebord du chapeau de feutre dur importé d'Occident. Il serait injuste de les critiquer trop vivement sur ce point, à l'exemple de certains attachés d'ambassade, qui tombent en Orient comme mars en carême et à qui les Grecs servent de têtes de Turcs. Les Hellènes ont eu tout juste cinquante ans pour se reciviliser. C'est peu. M. Tricoupis voudrait les rendre tout à fait dignes d'entrer au plus vite dans le concert européen. Il s'est efforcé surtout de rendre son pays présentable aux étrangers qui le visitent et commode pour les voyageurs qui veulent concilier le confortable avec le pittoresque. Il a multiplié les chemins de fer et les routes, aménagé les ports de commerce, allumé des phares dans les parages dangereux, habillé les soldats avec du drap neuf et des boutons bien astiqués. Il a décrété que la marine hellénique ne manœuvrerait plus à terre et que la cavalerie hellénique ne marcherait plus à pied. Tout d'abord, le peuple souverain, le λαός, comme on dit là-bas, se déclara satisfait. Les Palikares montèrent en chemin de fer, grimpèrent au promontoire de Munychie, pour voir évoluer, dans la baie de Phalère, leurs légers torpilleurs, admirèrent, les jours de revue, le défilé de leur vaillante armée, et sourirent de pitié en pensant aux guenilles des soldats turcs. Hélas! cette bonne humeur fut de courte durée. Quand il fallut payer toutes ces belles choses, les bergers d'Arcadie furent exaspérés. Ils mirent leurs drachmes entre leur peau et leur veste, et se sauvèrent dans la montagne. Les percepteurs du fisc furent accueillis, dans les villages, par des injures et des lamentations. On lâcha des chiens à leurs trousses, et plusieurs de ces fonctionnaires purent éprouver, aux dépens de leurs culottes, qu'Homère n'a pas tort lorsqu'il dit que les molosses d'Étolie ont la dent dure. Ce bon peuple de Grèce, malgré ses brillantes qualités, est encore plus démocratique, plus égalitaire, plus impérieux que le nôtre. Il veut, à toute force, contrôler, sans trêve ni répit, la besogne de ses mandataires. Il paye les taxes avec la plus grande répugnance, et seulement lorsqu'il est réduit à la dernière extrémité. Puis, quand il les a payées, il ne tient compte ni des arriérés, ni de la dette, ni des fonctionnaires à payer, ni des mille charges qu'un budget doit supporter. Un jour, mon excellent domestique, Ianni le Crétois, me disait d'une voix larmoyante : « *Kyrie*, sous Delyannis, on payait moins d'impôts, et on achetait tout de même beaucoup de navires, πολλὰ πλοῖα. » — « O étranger ! me disait le maître d'école de Lidoriki, en Doride, *imétha gaïdouria fortôména; dem boroumé pléon.* » (Nous sommes comme des ânes qui plient sous le faix; nous n'en pouvons plus.)

Pour doter la Grèce d'une armée, d'une marine et d'un réseau suffisant de chemins de fer et de routes, M. Tricoupis avait pour collaborateurs un certain nombre d'officiers et d'ingénieurs français. La mission militaire, commandée par le général

Vosseur, qui avait sous ses ordres les capitaines Chevalier, Perruchon et de Prez-Crassier, quitta la Grèce en 1888. La mission navale, à laquelle avaient appartenu le capitaine de frégate Vidal, le commissaire de marine Préaubert et M. Dupont, ingénieur en chef des constructions navales, était placée sous la direction du contre-amiral Lejeune. L'œuvre de ces missions était difficile. Tout était à faire, aussi bien dans l'armée que dans la marine, pour l'instruction du personnel et l'organisation du matériel. Les efforts de la mission navale ne furent peut-être pas récompensés selon leurs mérites. Les Grecs, qui sont des gens de mer tout préparés pour la guerre de corsaires, mais qui sont peu initiés aux exigences de la marine moderne, ne furent ni assez dociles aux conseils de l'amiral Lejeune, ni assez reconnaissants pour son zèle. L'honorable amiral quitta la Grèce pendant l'été de 1890, entouré de toutes les marques officielles du respect et de la gratitude, un peu découragé peut-être par les attaques puériles dont il avait été l'objet, mais pouvant se donner à lui-même ce témoignage qu'il laissait à la Grèce des cuirassés nouveaux et des équipages capables de les manœuvrer. La mission des travaux publics, dirigée par MM. les ingénieurs Gotteland et Quellennec, fut l'objet des critiques les plus vives. En l'atteignant, on voulait atteindre surtout M. Tricoupis. Il est permis de regretter que les Grecs, dans la violente campagne de presse dont la mission a été victime, aient montré un sentiment si peu juste du mérite des autres et de leur propre inexpérience. L'esprit de parti ne devait pas s'attaquer à des hommes qui aiment la Grèce, qui ne songent qu'à faire leur besogne, et qui la font bien. Mais quand on veut renverser un ministère, tous les moyens sont bons. Le Parlement hellénique n'a rien à envier à certaines fractions de notre gauche radicale.

La Chambre hellénique, la Βουλή, est une grande bâtisse qu'un architecte allemand a plantée de travers, on n'a jamais su pourquoi, au coin de la rue du Stade et de la rue Colocotronis. La salle des séances ressemble à une classe assez mal tenue, et les débats manquent tout à fait de solennité. L'hémicycle est envahi par toutes sortes de gens, cousins de députés, parents d'huissiers, ou, simplement, flâneurs philosophes, qui sont venus par la porte principale, et qu'on a laissé entrer à cause de leur grand air. Les députés, même ceux que le suffrage universel a tirés du fond de la Messénie ou des villages perdus dans les îlots des Cyclades, ont presque tous adopté les modes d'Europe, et se sont fait faire des « complets » chez les tailleurs de Syra, d'Amphissa ou d'Athènes. Quelques-uns sont restés fidèles au costume national, et portent avec crânerie la veste soutachée d'or, la fustanelle blanche, les guêtres brodées, le bonnet rouge à gland de soie. Le plus pittoresque de tous est, sans contredit, le vieux Dimitri Calliphronas, député de l'Attique. Tout le monde connaît, à Athènes, ce vieux Palikare, tout blanc et tout ridé, qui promène incessamment par les rues son flegme désœuvré, ses broderies et ses cnémides homériques. Ce vieillard, qui n'est pas encore las de s'entendre comparer à Nestor, a présidé la Chambre pendant d'innombrables législatures. Il se vante d'avoir été chargé, après l'insurrection de Nauplie, de signifier au roi Othon son congé définitif.

Sauf d'assez rares exceptions, les sièges à la Chambre des députés sont à peu près héréditaires, et l'indemnité parlementaire (deux mille drachmes par session) est le pain quotidien de certaines familles. Des dynasties de politiciens se perpétuent, comme on dit, par droit de primogéniture, dans les vallées du Parnasse et sous les lauriers-roses de l'Alphée. Certains districts sont des fiefs qu'on se lègue, de père en fils, depuis les guerres de l'Indépendance. A l'origine de toutes les familles puissantes, il y a un vieux Klephte, qui a tiraillé plus ou moins, dans les montagnes, avec un long fusil albanais. Ses descendants portent des redingotes, font des affaires, prononcent des discours, vont prendre les eaux en Europe, mais passent, chaque année, deux ou trois semaines dans la maison de famille, afin d'élever leur âme par de grands souvenirs et de se retremper dans le sein de leurs électeurs. Hydra appartient, sans conteste, à un *bouleute*, dont l'arrière-grand-père a donné la chasse aux Turcs dans l'Archipel. Coumoundouros est roi à Messène, et si l'on touchait un cheveu de sa tête, tous les montagnards de l'Ithôme se soulèveraient. Dans certains cantons, il y a un Montaigu tricoupiste et un Capulet delyanniste. Ils se regardent de travers, et occupent alternativement le pouvoir, selon les caprices du suffrage universel. Tandis que l'élu du peuple légifère, à Athènes, quatre années durant, le « blackboulé », comme nous disons dans notre argot peu attique, le mine sourdement dans sa circonscription, et lui enlève peu à peu toutes ses voix. Lorsque le malheureux député revient, il trouve des visages maussades, des poignées de main tièdes et hésitantes. Il échoue aux élections générales, et, à son tour, il emploie ses loisirs à ruiner l'influence de son concurrent, auquel il est sûr de succéder, un jour ou l'autre. Ce jeu des députés alternés, qu'un diplomate spirituel appelait la « balançoire électorale », plaît à l'esprit grec, qui, de tout temps, a été ami des combinaisons symétriques et des rythmes réguliers.

Si l'on voulait regarder les choses par le menu, on trouverait, en Grèce, autant de partis que d'hommes politiques. La carte électorale de l'Hellade est divisée et subdivisée à l'infini. Lorsque trois ou quatre électeurs sont unis entre eux par le lien de parenté le plus frêle, ou par le plus mince intérêt d'ambition et de vanité, ils « se mettent ensemble », comme dit, dans sa langue enfantine, ce peuple qui a le génie de l'association commerciale. Ils forment un syndicat politique, un *comma* (parti), et cherchent immédiatement un chef, un *commatarque*. Kharalambos Eugénidès, de Mitylène, qui est attaché à l'École française en qualité de domestique et d'écuyer des archéologues en voyage, et qui fut mon fidèle compagnon sur les routes d'Asie, était en même temps un des commatarques les plus influents du royaume. Ces petits groupes, une fois constitués, se rapprochent les uns des autres selon leurs affinités, mettent en commun les phrases, les exclamations et les convoitises qui leur tiennent lieu de programme, et se mettent en quête d'un mandataire d'un *archi-commatarque*, qui sera le chef de tout un *nome*, et qui représentera, comme il pourra, des intérêts ainsi composés. La Chambre grecque devient, de la sorte, l'expression simplifiée de plusieurs milliers de partis minuscules, aussi nombreux que les vallées et les villages de ce pays, qui n'a pas quitté, depuis les temps les plus reculés, ses habitudes de querelles locales et d'individualisme municipal.

Les députés, à leur tour, se séparent en fractions diverses sous la direction des hommes importants qui ont été ministres ou que leur faconde destine aux plus hauts emplois. Ces *leaders* sont appelés, quotidiennement, par la presse, les *archèges* de tel ou tel parti. Quand un archège a la majorité, il devient immédiatement premier ministre, πρωθυπουργός : malgré les tentatives de M. Rhalli, de M. Pappamichalopoulo et de quelques autres pour devenir archèges, il n'y a en réalité que deux partis dans la Chambre grecque. Le *rhallisme* n'est pas né viable; le *pappamichalopouloïsme* n'a pas même existé, les Athéniens ayant déclaré que la première condition, pour un chef de parti, c'est d'avoir un nom à peu près euphonique. Lorsque le 3 mars 1892, M. Delyannis et ses collègues furent soudain révoqués par le roi, tout le monde pensa que le nouveau cabinet, présidé par M. Constantopoulo, était un ministère de transition. M. Constantopoulo, depuis qu'il a goûté du pouvoir, n'est plus de cet avis.

M. Tricoupis et M. Delyannis se disputent, ardemment, les suffrages des 245 *bouleutes*. Quand l'un d'eux est au pouvoir, l'autre devient archège de l'opposition, et on lit dans tous les journaux du royaume des nouvelles comme celle-ci : « L'archège de l'opposition était hier dans le dème d'Acharnes. Il a parlé pendant deux heures, et a montré combien la politique du premier ministre était funeste et scélérate, etc. »

Les chefs des deux partis qui divisent l'Hellade interviennent assez rarement, de leur personne, dans les débats parlementaires. Ils ont des lieutenants qui se querellent à leur place. M. Typaldo, député de Céphalonie, s'est chargé, il n'y a pas longtemps, d'incriminer la politique extérieure de M. Tricoupis, et d'énumérer, à la tribune, toutes les atrocités du « martyrologe » de Candie. M. Coumoundouros est un interpellateur toujours prêt, et M. Delyannis l'a récompensé, en lui confiant, dans le cabinet du 26 octobre 1890, le portefeuille de la marine. M. Carapanos a prouvé, par la gestion de ses propres affaires, qu'il avait une capacité spéciale pour l'étude des finances, et c'est lui qui s'est chargé, dans les crises décisives, d'attaquer, par d'habiles statistiques, les budgets de M. Tricoupis. Derrière cet état-major, il y a des troupes légères, que M. Delyannis charge de harceler l'ennemi par des interruptions opportunes et des interjections bien placées : plusieurs députés retentissants sont, en Grèce, ce qu'ont été ou sont encore, en France, MM. Baudry d'Asson, Le Hérissé, Paul de Cassagnac, Margue.

Quand une joute oratoire doit mettre aux prises les deux ennemis irréconciliables dont la discorde fait, depuis de longues années, tout le fond de l'histoire grecque, les tribunes sont prises d'assaut plus de deux heures à l'avance. Des figures étranges arrivent du faubourg de Patissia et du fond des rues qui grouillent, au pied de l'Acropole, autour des paroisses de Saint-Sotère et de Saint-Siméon.

Ces gens ont des sifflets et des casseroles de fer-blanc, destinés à exprimer bruyamment les passions qui les agitent. Ils saluent, par les manifestations les plus diverses et les plus cacophoniques, l'arrivée des *bouleutes*; acclament, par des *zitô* fort énergiques, les favoris de l'enthousiasme populaire et marquent leur mépris par des *katô! katô!* lancés d'une voix aiguë et modulés par des chevrotements variés. Parfois, lorsque le tumulte des tribunes scandalise les députés eux-mêmes et rend toute discussion impossible, l'officier de service prie un de ses soldats d'aller rétablir l'ordre. On voit entrer alors, dans le grouillement noir et vociférant de l'amphithéâtre, un petit fantassin tout bleu, avec un plumet blanc. Le représentant de la force publique essaye de froncer les sourcils et de prendre des mines bien sévères; mais il ne résiste pas au plaisir de laisser plaider les délinquants, et une discussion socratique, fertile en arguments et abondante en paroles, s'engage au-dessus de la tête des mandataires de la nation.

En Grèce, l'abus de l'éloquence apaise toujours les esprits. Quand le public a beaucoup parlé, il consent à écouter, et les orateurs peuvent monter à la tribune.

M. Tricoupis a le tempérament oratoire. Il est né pour haranguer une assemblée délibérante. Il parle avec beaucoup d'aisance, et s'empare de la tribune avec le calme et le flegme des orateurs anglais. Son attitude est celle d'un homme qui est sûr de lui, qui n'avance rien sans le prouver; et quand il voit que l'attention de ses auditeurs est un peu lasse, il imite M. Thiers, qui avait coutume, en pareil cas, de faire une lecture statistique, pendant laquelle il était permis de s'assoupir.

M. Tricoupis parle avec élégance une langue sonore, épurée, un peu trop savante peut-être, mais dont le parfum d'antiquité ne déplaît pas. La rencontre soudaine de certaines expressions, gracieuses ou fortes, que la langue grecque avait désapprises, fait oublier quelque peu, aux auditeurs lettrés, le regret de trouver, à la place de la Pnyx antique, une salle obscure, meublée de pupitres, où une assemblée incommodément assise écoute un orateur en redingote noire et chargé de dossiers. M. Tricoupis, lorsqu'il est président du Conseil, se montre volontiers très optimiste : c'est le rôle ordinaire des premiers ministres. Il est plein de confiance dans les forces matérielles et morales de la nation. Cette confiance est affirmée, par lui, en termes si nobles, que les plus audacieux n'osent pas y contredire, et que M. Delyannis, lui-même, en est parfois désarmé.

M. Delyannis parle avec une égale facilité, avec des gestes plus fréquents et une moindre maîtrise de lui-même. Il est disert, harmonieux, rompu aux habiletés de la rhétorique et initié à tous les secrets de la tactique parlementaire. Il s'est beau-

5.

coup occupé de politique extérieure. Il a représenté la Grèce à Paris, où il a été longtemps ministre plénipotentiaire, et au Congrès de Berlin, où il réussit à fléchir la morgue des grandes puissances et à faire entendre aux faiseurs de traités les doléances de son pays. Il put, grâce à l'appui du représentant de la France, rapporter à ses compatriotes un protocole qui leur donnait la Thessalie et une partie de l'Épire. Cette bonne fortune le rendit très populaire; et, depuis ce temps, il représente, aux yeux de beaucoup d'électeurs, les espérances du panhellénisme intransigeant, de la *Grecia irredenta*.

Les affaires de Crète vinrent à point, au cours de l'année 1890, pour l'aider à triompher de son concurrent. Chaque jour, dans les journaux delyannistes, des correspondances avidement lues, des télégrammes datés de la Canée, et dont l'authenticité n'était pas toujours certaine, décrivaient complaisamment des actes de pillage et de meurtre, commis par les zaptiés albanais, avec la complicité du gouverneur. Le « martyrologe » de Candie était ce qu'on appelle, dans le barbare jargon des parlements, une bonne plate-forme électorale, et M. Delyannis sut en profiter dans la vive campagne qui précéda les élections générales du 26 octobre 1890.

En temps ordinaire, la Grèce a la fièvre politique; en temps d'élections, cette fièvre aboutit à un délire vociférant. Cette nation, qui a si peu de choses à faire, semble ravie et comme transportée de trouver, à cette époque bénie, l'occasion d'occuper toutes ses heures et d'employer tout ce qu'il y a, en elle, de ressort et d'activité. Lire, du matin au soir, des journaux, des circulaires et des programmes; commenter, dans la rue, des affiches et des proclamations; disserter, à perte d'haleine, sur la question de savoir si tel ou tel candidat est καλός (bon) ou κακός (mauvais), cela constitue, pour le Palikare, cette espèce de plaisir achevé que l'on éprouve, au dire d'Aristote, à suivre exactement sa vocation.

Longtemps avant la lutte électorale (ἐκλογικὸς ἀγών), les candidats adressent au peuple souverain l'exposé, généralement verbeux, de leurs idées, suivi du catalogue, très minutieux, des défauts de leurs concurrents. Ces circulaires sont antiques et solennelles par leurs métaphores, et cependant, par endroits, des brusqueries très savoureuses rappellent le temps, peu éloigné, où les Palikares n'allaient pas à l'école et possédaient, pour tout bien, la liberté sur la montagne.

La nuit, des processions de gens, porteurs de torches et de drapeaux, promènent, dans les rues d'Athènes, un vacarme assourdissant de chansons patriotiques. Parmi ces chansons, que le nez des Palikares détaille avec une application féroce, il faut citer surtout la *Marche des Klephtes* :

« La neige tombe dans la montagne; le Klephte tire son sabre flamboyant... »

Cette chanson, que beaucoup de Turcs, au dire des historiens nationaux, entendirent avant de rendre le dernier soupir, est une espèce de marche lente, très rythmée, coupée par les coups sourds des *daouls*, tambours en peau de chien, sur lesquels les Palikares tapent à tour de bras. Pendant ce temps, des flûtes rustiques se lamentent en cris déchirants, bêlent et vagissent, ou s'amusent à moduler des trilles inouïs; et cette musique enragée, qui saute comme une chèvre folle, d'une octave à l'autre, traîne derrière elle, le long des maisons bien alignées, des cortèges d'hommes et de choses : fiacres pavoisés, portraits de candidats sur des voitures-réclames, compères et cousins de députés, préfets de provinces lointaines, venus pour soutenir par leur influence et par leurs cris le ministre qui leur a promis de l'avancement; fustanelles considérables, accourues des bords du Pénée et de l'Eurotas, saints higoumènes, venus de Saint-Luc ou des Météores, afin de prêcher pour leurs couvents, ou de raccourcir, par un vote habilement calculé, le chemin qui les mène à l'épiscopat.

Tout cela marche en bel ordre, comme autrefois la pompe des Panathénées. Ce peuple aime toujours les processions et les *lampadophories*. Seulement Phidias hésiterait avant de sculpter, sur la frise intérieure du Parthénon, le profil, dénué d'eurythmie, des électeurs contemporains.

Enfin, après beaucoup de cris, de discussions, d'apostrophes, de discours en plein vent, prononcés devant un auditoire de rencontre, par des orateurs improvisés; après bien des paroles, bien des cigarettes, bien des pétards, et de nombreuses descentes aux gares ou au Pirée, pour accueillir par des fanfares des bandes de vlaques en capes blanches et de démagogues aux belles cnémides, le soleil se lève et le peuple souverain voit poindre aux cimes du Pentélique le grand jour impatiemment attendu.

Le jour du vote, les électeurs, très affairés, parcourent les rues, et parfois se toisent, les uns et les autres, d'un air de défi. Les tricoupistes portent, en général, au chapeau ou à la boutonnière, en signe de ralliement, de petites branches, cueillies aux oliviers de Colone. Les delyannistes ont pris pour symbole le laurier, cher à Phœbus.

On vote dans les églises. L'entrée de la métropole est gardée par des soldats qui luttent, à grand' peine, contre la poussée des curieux. Dans le narthex est installé le bureau du contrôle. Les électeurs présentent leurs cartes; la vérification faite, ils sont admis à défiler devant les urnes, et des escouades de citoyens, choisis parmi les amis de l'un et de l'autre candidat, surveillent l'opération du vote, qui est fort délicate et très compliquée.

Ces « urnes » ne rappellent nullement les nobles formes des vases anciens. Ce sont des boîtes carrées, divisées en deux compartiments, l'un peint en noir pour les *non*, l'autre en blanc pour les *oui*. Chaque candidat a sa boîte sur laquelle il écrit son nom, et qu'il décore, le mieux qu'il peut, de guirlandes et de trophées, symboles de sa victoire future. Un tuyau est adapté en avant de l'embouchure, de sorte que la main, engagée avec tout l'avant-bras, peut verser, à droite ou à gauche, dans la case des *oui* ou dans celle des *non*, par un mouvement imperceptible, la balle de plomb qui représente un suffrage.

Chaque électeur, muni de ce bulletin de vote primitif et antique, passe devant chaque urne. Les contrôleurs sont défiants; les illettrés prennent des précautions infinies pour éviter toute erreur, de sorte qu'il faut un temps assez long pour bien voter selon les règles. Ajoutez les hésitations de la dernière heure, le besoin irrésistible de discussion, que le Grec apporte dans tous ses actes. Les vieux villageois à moustaches blanches et à bonnets rouges défilent cérémonieusement. Ils se penchent sur les étiquettes, déchiffrent, avec des yeux malicieux, les noms des candidats, saisissent délicatement la boule de plomb, engagent, avec des airs mystérieux, leur main dans le tuyau, multiplient les faux mouvements à droite et à gauche, pour donner le change aux curieux. Pendant ce temps, un sous-officier, flanqué d'une escouade, maintient l'ordre, expulse les gens trop fougueux, et calme les énergumènes qui poursuivent jusqu'à la dernière minute la conscience de l'électeur.

M. Tricoupis a été maintenu au pouvoir, pendant deux années, par une majorité qui semblait tenace et fidèle. Le suffrage universel s'est lassé d'une stabilité si prolongée; le 26 octobre 1890, 106 delyannistes furent élus, tandis que 44 tricoupistes seulement réussirent à entrer au Parlement. M. Tricoupis remit au roi sa démission et celle de ses collègues, et un nouveau ministère fut constitué par M. Théodore Delyannis.

M. Delyannis, qui est Moraïte de naissance et de cœur, et qui parle, avec une égale aisance, le patois romaïque de l'agora et la langue épurée de la Jeune-Grèce, s'est efforcé, en toutes circonstances, de paraître plus « Palikare » que son prédécesseur. On n'a pas vu, pourtant, que, pendant sa présence aux affaires, les Crétois fussent moins dolents, les évêques bulgares de Macédoine moins audacieux et les journalistes d'Athènes moins irrités. De plus, l'exercice du pouvoir a montré clairement que la discipline était absente de son camp. M. Delyannis était bien, comme Agamemnon, le roi des rois; mais les Achéens étaient divisés, et son autorité était contrariée par d'autres « chefs des hommes », moins féroces qu'Ajax et Diomède, mais aussi bouillants et indociles. Il s'est honoré en demandant éloquemment à la Chambre de ne pas s'associer à une inepte demande de mise en accusation du précédent ministère, formulée par une commission d'énergumènes. Mais, par là même, il a mécontenté bien des rancunes. Tant qu'il ne s'agissait que de renverser un ennemi commun, MM. Rhallis, Carapanos, Typaldo, Pappamichalopoulo montaient derrière M. Delyannis, à l'assaut du pouvoir. Quand Troie fut prise, ils se querellèrent. M. Rhallis essaya de former un parti à lui tout seul. M. Carapanos quitta le ministère, en faisant claquer les portes. Finalement, le roi a mis fin à ces rivalités homériques en se privant volontairement des services de M. Delyannis et de ses amis.

M. Delyannis est le représentant officiel des Palikares. C'est là sa force, et c'est là sa faiblesse. Il lui est impossible de réaliser le programme vraiment trop héroïque de son parti.

La profession d'un Palikare, c'est d'être un héros et un fils de héros. Les vieux Klephtes et les intrépides « brûlotiers » qui ont pris part à la « guerre sacrée » sont tous morts ou peu s'en faut. L'année dernière, les journaux grecs prononçaient, en termes un peu vagues, l'oraison funèbre des « combattants » Myconios et Baïras, compagnons du colonel Fabvier, et dernières reliques d'un passé mort. Les montagnards de Thessalie, descendants des rois sauvages de la Phthiotide, ont suspendu aux murs leurs vieux fusils, terribles aux Turcs. Les Klephtes ont quitté le *liméri*, le bivouac où le chef et ses hommes faisaient rôtir des moutons tout entiers devant un feu de branches et de feuilles sèches. N'importe. Noblesse oblige, et ce n'est pas en vain que des familles se lèguent, de génération en génération, des pistolets ayant appartenu à Miaoulis. Pour les Palikares, hommes généreux, qui ont à la fois des candeurs d'enfant et toute la ruse de l'ingénieux Ulysse, la politique grecque doit se résumer en ceci : aller à Constantinople. Un patriarche de Thessalie, à qui j'exposais timidement la nécessité où est la Grèce de réorganiser ses finances, d'affermir son crédit, de payer ses dettes, me répondait :

— Très bien, mon enfant; mais il faut d'abord que nous allions à Constantinople. Quand nous serons allés à Constantinople, nous verrons...

Être un héros, en Grèce, cela dispense de tout. On jure qu'on a sauvé la patrie ou qu'on la sauvera. On promet, avec une certaine sincérité, de mourir pour elle. Cela donne le droit de jouir, en attendant, du plaisir de vivre sans rien faire. Boulgaris, Coumoundouros l'Ancien étaient des hommes d'État tout à fait « héroïques ». Ils ne fléchissaient pas sous le poids des dossiers et des rapports. Oh! que ceux-là étaient bien du pays, et comme le Moréate, le Palikare, fumeur de narghileh et buveur de raki, cordial et taquin, très aimable et trop avisé, bon compagnon et rusé compère, reparaissait entre eux quand ils avaient quitté la morgue diplomatique des salons officiels! Ils avaient le mot pour rire, une tasse de café et une plaisanterie toujours prêtes pour l'électeur en fustanelle, qui venait du Magne ou des montagnes de l'Étolie, voir son ministre et lui apporter des nouvelles du village natal. Ils n'étaient pas avares de leur temps, et donnaient volontiers de longues heures aux causeries oisives. Les bureaux s'ouvraient quelquefois, à des heures vagues, quand l'employé passait et qu'il ne résistait pas au plaisir d'entrer, pour tuer le temps. C'était un royaume unique au monde, un collège en vacances, dont l'insouciance sublime se moquait des banqueroutes et narguait les déficits.

Essayez de faire comprendre à des braves gens qui sont dans un pareil « état d'âme » qu'il est utile d'établir un budget, indispensable de tenir registre des recettes et des dépenses, et salutaire, si l'on veut avoir de bons soldats, de leur faire faire l'exercice, à des heures régulières, « en décomposant »! Ils vous répondront que, lorsqu'on est Hellène, on n'a que faire de ces inventions d'Européens, que Canaris n'avait jamais mis les pieds dans une école navale, que Colocotronis ne connaissait pas les principes de l'école du soldat, et qu'avec du cœur, un bon fusil et un bon rocher derrière lequel on tire à son aise, on vient facilement à bout de toute horde d'Osmanlis. Il faut du courage pour aller à l'encontre de ces idées, qui sont solidement ancrées dans la tête des Maïnotes. L'illustre Capo d'Istria, au lendemain même des guerres de l'Indépendance, osa le tenter. Il entreprit d'apprivoiser les farouches libérateurs du territoire. Il voulut, avec une fermeté et un courage admirables, donner à la Grèce, encore toute chaude et frémissante des premières ivresses de la liberté, l'allure tranquille, reposée et régulière des États civilisés. C'est pour cela que George et Constantin Mavromikhali, fils du bey du Magne, le tuèrent, d'un coup de pistolet et d'un coup de couteau, devant l'église de Saint-Spiridion, à Nauplie.

Ce tragique exemple n'a pas découragé M. Tricoupis. Il veut, lui aussi, réformer les mœurs antiques, dont la fantaisie est tour à tour aimable et féroce; il appartient décidément à la catégorie que les descendants des Klephtes appellent dédaigneusement le parti des « avocats ». Épris d'assiduité, passionné pour sa tâche, cet homme ressemble aussi peu que possible aux rhétoriciens narquois et philosophes, parfois amusants et toujours amusés, dont il a pris la place et recueilli la lourde succession.

Ses compatriotes sont de grands enfants qui rient de nos fièvres, de nos soucis d'exactitude, de notre empressement. L'âpreté de M. Tricoupis, son acharnement au travail, son air tragique et fatigué les jettent dans la stupéfaction. Il leur semble qu'il a une étrange conception de la vie, et qu'il a dû prendre ces façons dans les pays moroses où le soleil ne sourit pas. Pourquoi s'accable-t-il de si lourdes occupations? Ses ennemis l'accusent d'être un *xénos* (étranger). Il ne doit pas s'en émouvoir, car au fond c'est peut-être ce préjugé qui plus tard fera sa force. Si ses compatriotes ne le sentaient pas si différent d'eux-mêmes, il passerait sans doute le reste de sa vie à aligner en théorie, et simplement pour le plaisir, ses projets d'équilibre budgétaire. Un roi grec serait impossible en Grèce. Par suite des liens de parenté, aussi nombreux que ténus, qui unissent les Palikares les uns aux autres, et à cause des idées d'égalité qui sont communes à tous les Hellènes, le palais serait le rendez-vous de tous les laboureurs de la plaine et de tous les bergers de la montagne. Les cousins les plus imprévus viendraient complimenter le malheureux monarque, qui n'aurait même pas la ressource de fermer sa porte sans provoquer une révolution. Pareillement, un ministre de façons populaires, un *adelphos* (frère), ne peut rester au pouvoir, à moins de se faire pardonner son élévation par d'incroyables faiblesses. Mais, justement, le paysan d'Alopèce ou d'Acharnes, qui descend en ville le matin en poussant devant lui un petit âne rétif qu'il pique avec un bâton pointu, n'éprouve point la tentation d'appeler *adelphé* cet homme soucieux et peu abordable, et de lui tendre le bouquin d'ambre d'un narghileh, après l'avoir préalablement essayé. L'éloquence sobre et bien informée de ce remueur de dossiers déconcerte la faconde des maîtres d'école, les épouvante et les met en fuite. De toutes ces impressions éparses est née dans l'esprit du peuple grec, sinon une sympathie bien décidée pour M. Tricoupis, du moins l'idée d'une supériorité incontestable, contre laquelle toutes les polémiques ne sauraient prévaloir. C'est pourquoi l'ancien ministre peut attendre sans trop de découragement dans sa modeste maison de la rue de l'Académie, les retours de la fortune. Il a, pour le soutenir dans son œuvre et le consoler de ses échecs, le voisinage réconfortant d'une âme égale à la sienne. Mlle Sophie Tricoupis a renoncé à tout pour partager la destinée de son frère. Il y a quelque chose de touchant dans cette noble intimité. Ils vivent tous les deux loin de la foule, unis par le culte de leur père, qui fut, lui aussi, un bon serviteur de son pays, et associés par la même confiance aux destinées de l'hellénisme. Elle a, autant qu'elle a pu, allégé le labeur de son frère, prenant pour elle la tâche la plus ardue et la plus rebutante, celle d'apprivoiser les électeurs influents et les « commatarques » réputés pour leur intarissable bavardage. Elle ne sort jamais et reçoit du matin au soir un défilé d'étudiants qui voudraient bien être préfets, d'avocats qui sollicitent un siège à l'aréopage, de pappas qui aspirent au patriarcat œcuménique, d'instituteurs qui exigent une ambassade. Elle les calme, les apaise, et réussit presque toujours à les renvoyer assagis et contents. Depuis les élections du 26 octobre 1890, les visites sont devenues moins nombreuses. Mais ceux qui sont restés fidèles à cette maison, — hospitalière, quoi qu'on ait dit, à tout ce qui vient de France, — se rappellent ce vaste salon où flotte un parfum composite de plantes rares et que décore, à côté de l'Hermès de Praxitèle, une Victoire ailée offerte au ministre par les Grecs de Turquie, meilleurs juges que les politiciens d'Athènes de ce qui est conforme aux intérêts de leur nation. Il est impossible d'oublier cet accueil affable et souriant, auquel la gravité singulière de la maîtresse de la maison et son deuil éternel donnent une mélancolie quelque peu hautaine, où l'on sent les angoisses d'un patriotisme inquiet et trop souvent méconnu. M. Tricoupis est de ceux que la retraite ne diminue pas. Dans l'Europe actuelle, où les premiers rôles sont presque tous occupés par des comparses, il est, comme M. Gladstone, comme M. Jules Ferry, comme beaucoup d'autres envers qui le suffrage populaire doit réparer ses injustices, ses cruautés et ses niaiseries, un de ces hommes d'État dont il faut regretter l'inaction. Si petit que soit son pays, il donne l'idée d'un grand ministre.

CHAPITRE IV

Questions de grammaire. — La *diglossie*. — Hellénistes et romaïsants. — M. Jean Psichari. — Les journaux. — Querelle des Grecs et de M. Georges Ohnet.

Le souci de faire revivre, malgré tout, la figure de l'antiquité, a engagé les Grecs en des fantaisies philologiques qui inquiètent, et quelquefois scandalisent les grammairiens. Le moindre avocat du tribunal des Éphètes veut bavarder aussi purement qu'Isocrate, et il n'est pas de journaliste qui n'ait auprès de lui, lorsqu'il fait le récit des dernières élections, une *Histoire* de Thucydide, où il se retrempe de temps en temps.

Les Turcs, les Latins et les Slaves ont laissé, dans la langue des Grecs, encore plus de traces et de souillures que sur leur sol. Trois mille ans ont passé sur le vocabulaire d'Homère, et, pendant ces trois mille ans, le jardin des racines grecques a été envahi par les plus étranges végétations. On reconnaît encore confusément, en écoutant parler les gens de l'Attique, la langue de Périclès. Mais le va-et-vient des tribus errantes, la survenue des conquérants, en ont altéré la pureté première. Les Tosques et les Guègues d'Épire, les Zinzares du Pinde y ont mis quelques-uns de leurs vocables barbares. On y trouve toute une végétation de mots turcs, comme il y a des minarets et des hammams sur les assises des temples grecs.

Les Hellènes, lorsqu'ils revinrent brusquement, à l'existence légale, se demandèrent s'il convenait de faire de ce patois composite une langue littéraire et officielle. Quand on lui rendit l'indépendance, le peuple grec était dénué de tout, comme un homme qui sort de prison. Ce nouveau venu, qu'on voulait faire entrer d'emblée dans le concert des nations européennes, n'avait rien de prêt, ni capitale, ni routes, ni police, ni armée, ni langue. Il fallait improviser tout cela. Maintenant, les Grecs ont, comme tout le monde, une capitale et des chefs-lieux de canton, des routes et des chemins de fer, des sergents et des généraux, des gardiens de la paix et des commissaires de police, des boulevards et des omnibus. Mais ils n'ont pas encore un idiome fixe et définitif; ou plutôt ils sont bien embarrassés : ils ont plusieurs langues, et ne savent laquelle choisir. Les savants et les hommes de lettres travaillent encore, pour lui donner deux choses indispensables à un peuple qui a de l'amour-propre : un lexique et une grammaire.

Pour un grammairien et pour un philologue, ce spectacle est plein d'attrait. Nous observons un phénomène qui se produit, pour l'ordinaire, aux époques primitives où il n'y a ni philologues ni grammairiens. Nous assistons à la formation d'une langue. Seulement, comme nous vivons au XIXe siècle, et que les choses doivent prendre nécessairement un tour moderne, cette éclosion n'est pas le résultat d'un travail caché et inconscient; elle n'est pas l'œuvre naïve et spontanée des foules, mais la besogne d'une société de professeurs et de savants. Des érudits fort respectables ont entrepris de faire une langue comme on détermine une combinaison chimique. Ils pèsent, dosent, mesurent, rapprochent savamment les éléments les plus divers. Ils ne s'entendent guère; ils échangent des injures, le plus souvent académiques. Chacun a son idée et sa formule. Malgré la diversité des opinions personnelles, on peut réduire toute cette discorde à deux camps nettement tranchés : d'une part les partisans du *romaïque*, de l'autre, ceux qui veulent revenir aux traditions antiques, et faire entrer dans les formes analytiques du langage moderne, les expressions des auteurs anciens.

Le peuple, qui est poète, en Grèce comme partout ailleurs, parle une jolie langue, un peu menue, mais toute fleurie d'expressions gracieuses. La fréquence de l'*i*, qui pourrait être une cause de monotonie, lui donne — surtout dans la prononciation chantante des femmes — un joli cliquetis de sons aigus. Les chansons romaïques, quelquefois un peu maigres comme un chant de cigales, abondent en images vives. Les gens de peu, les agoyates, les laboureurs, ont des façons de parler que les faiseurs de phrases ne trouveront jamais. En cheminant, par les sentiers pierreux, il est amusant d'écouter les agoyates qui chantent des chansons populaires, récits de guerre et d'aventures, madrigaux farouches, où les belles jeunes filles sont comparées à des cyprès flexibles, et où les yeux de la bien-aimée sont « aussi perçants que ceux d'un chat sauvage ». Seulement, cette langue est trop restreinte et limitée. Elle suffit aux besoins d'un Palikare ; elle exprime tous les objets que sa vue peut saisir, tous les sentiments et toutes les idées qu'il peut éprouver et concevoir. Mais les Grecs ont depuis peu une Chambre, des ministères, un Foreign Office. Comment exprimer, avec le babil des bergers d'Arcadie, toutes ces inventions moroses, que la belle vie sauvage ne connaissait pas, le budget, la plate-forme électorale, le concert des puissances, et l'équilibre européen? A cela, les *hellénisants* farouches et les philologues de profession répondent qu'ils ne sont point embarrassés. Il suffit, disent-ils, de ressusciter simplement le langage classique. Là-dessus, ils biffent de l'histoire les siècles qui les gênent. Ils affirment que, depuis Périclès jusqu'à M. Constantopoulo, il ne s'est rien passé. Pour eux, le tramway de Phalère n'est pas un tramway; c'est un *hipposidérodromos*. Ils remplacent *kapello* par *pilos*, *canoni* par *télébolos*, *revolvéri* par *polykroton*. *Mandili* (mouchoir) est une importation latine; quelques-uns voudraient mettre à la place *rhinomaktron (essuyeur-de-nez)*. Ce zèle de réformation s'étend à ces choses spéciales où les savants n'ont que faire. Ainsi les Vénitiens et les Génois avaient légué aux marins grecs une sorte de sabir, spécialement à l'usage des gens de mer. Les vieux patrons des Cyclades disent bonnement, selon les circonstances : *trava, hissa, vira, maïna, funda*. Canaris ne parlait pas autrement, quand il brûla, dans les eaux de Chio, le Capitan Pacha. Aujourd'hui, les officiers de la marine royale, lorsqu'ils veulent faire jeter l'ancre, crient académiquement du haut de la passerelle : *Pontison!* (littéralement : *Immerge!*) On eut toutes les peines du monde à faire entendre aux équipages de la flotte cet impératif aoriste. Les inscrits maritimes, gens sans malice, venus d'Andros, d'Anaphi ou de la lointaine Amorgos, s'obstinaient à croire que *Pontison* était un lord anglais. Et puis, est-il bien sûr qu'Ulysse, lorsqu'il aborda dans l'île de Calypso, eut recours à ces élégances pour commander les manœuvres du mouillage? Autre exemple : la plupart des armées européennes ont adopté, dans leurs exercices, le *arche* énergique de nos sergents instructeurs. C'est cette joyeuse et allègre exclamation qui fait défiler les nizams et les bataillons nègres devant le Sultan le jour du Sélamlik; le même cri accélère le pas des efzones sur le Champ de Mars, à Athènes. Cela déplaît à M. Hadjidakis. Pour lui, ce cri barbare est un blasphème, puisque l'hipparque Xénophon ne l'employait pas dans ses *raids* de cavalerie. Il enjoint aux officiers et sous-officiers d'employer, conformément aux lexiques les plus autorisés, le mot : *embros*. Notez que cette exclamation, molle et sans force, est peu faite pour enlever une compagnie à l'assaut d'une redoute, et qu'il serait désolant, malgré tout, de perdre une bataille pour des raisons grammaticales. On voit aisément jusqu'où peut aller cet excès de scrupule. Ces puristes entreprennent de faire une langue comme on fait un thème, à coups de dictionnaires. Ils ont mis la nation grecque au collège, et lui font faire impitoyablement sa rhétorique. Le gouvernement, complice de leurs méfaits, n'accorde l'estampille officielle qu'aux grammaires orthodoxes. De nombreux élèves font honneur à ces doctes leçons. Les gens du monde parlent une langue facile, abondante, mais terne, dépourvue de relief et de couleur, moins antique que vieillotte, empesée et gauche comme un habit neuf et mal taillé qui fait des plis. Les romans nombreux qui paraissent à Athènes manquent de vie; on sent que l'auteur a pour unique souci d'éviter les formes renouvelées qu'il prend pour des barbarismes, que la peur de hasarder un mot suspect lui ôte la vue nette des choses, et qu'il a, sur sa table, un cahier de bonnes expressions.

Un Grec érudit et lettré, M. Jean Psichari, que ses travaux sur la phonétique des patois, véritables chefs-d'œuvre de micrographie philologique, ont fait connaître ailleurs qu'en Grèce, a entrepris de plaider, auprès de l'opinion publique, la cause du romaïque trop méprisé. De cette langue indocile et familière, qui a couru les aventures, et dont les instincts bohèmes effarouchent les docteurs, de ce dialecte, dédaigneusement relégué, avec le tcherkesse et le kurde, parmi les baragouins qu'on n'écrit pas, il voudrait faire un idiome littéraire, un langage écrit. Il a fait valoir avec une infatigable ténacité et la science la plus ingénieuse, les preuves théoriques par lesquels il avait l'espoir de faire accepter ses doctrines; puis il a tâché de joindre l'exemple au précepte; il a publié un petit récit de voyage où il a essayé de conformer son style à la simplicité populaire et de parler comme un *Rômios* [1]. On pourrait peut-être lui reprocher de reproduire trop fidèlement la prononciation et

[1]. C'est par le mot *Rômios* (pour ῥωμαῖος, romain) que les gens du peuple, en Grèce et dans les provinces grecques de la Turquie, désignent leur nationalité.

l'orthographe des illettrés, mangeurs d'olives et buveurs de raki ; on dirait qu'il s'est mis en coquetterie de vulgarité, comme ses adversaires se mettent laborieusement en quête de solennité et de noblesse. Certaines de ses formes de langage ont l'air surprises d'être imprimées. Les pensées les plus graves prennent, dans cette langue, un petit air jeunet et naïf, comme les récits de Plutarque dans le français d'Amyot. Il y a, dans cet idiome novice, quelque chose de zézayant. Séduisante comme les fruits précoces, cette langue est quelquefois d'une saveur âcre, comme les fruits trop jeunes, dont la verdeur agace les dents. Sa nouveauté, qui n'est pas sans grâce, est un peu débile; sa mièvrerie a souvent un charme d'enfance, parfois une nuance de puérilité. Je n'insiste pas sur cette mauvaise querelle. Il serait peu raisonnable de reprocher à l'auteur ces incertitudes d'une langue toute neuve, à qui la maturité viendra certainement, avec l'âge.

Somme toute, pour ceux qui ont vécu dans l'intimité des Palikares, ce livre est une très agréable lecture. Il provoque un délicieux éveil de souvenirs et de visions, moins par ce qu'il dit que par la façon dont il le dit. Cela sent les olives fraîches, le fromage de chèvre et les barils de poissons salés. On retrouve, dans ces pages, l'accent du peuple grec, et comme son geste habituel, sa vivacité éveillée, son lyrisme narquois, son scepticisme et son enthousiasme, sa bonne humeur que les plus terribles aventures n'ont pas altérée, son mépris philosophe pour les conquérants de hasard qui ont planté leur tente dans son domaine, son orgueil du passé et sa confiance ingénue dans l'avenir. On pense à des courses anciennes, à des causeries avec de vieux bateliers qui clignaient de l'œil pour souligner leurs plaisanteries et qui égrenaient entre leurs doigts, par manière de passe-temps, un chapelet d'ambre; on se rappelle des propos d'agoyates, en d'étroits sentiers, le long des pentes sèches, à peine vêtues par les bruyères en fleur; on songe aux khanis de montagnes, où le vin blanc a un goût de résine; on entend l'écho des cantilènes klephtiques, psalmodies traînantes, pleines de notes nasales, de chevrotements savants et de défaillances voulues, étrange musique où triomphe, les jours de fête, devant les fiancées attendries, la fantaisie des galants en fustanelle. On voit surtout, bien que le livre n'y insiste guère, le merveilleux décor, le ciel fin, la lumière légère, délicatement posée sur le profil des montagnes dentelées, la nappe bleue et lustrée des eaux calmes, les caïques de l'Archipel, qui glissent, toutes voiles déployées, comme de grands oiseaux sur la mer souriante, les îles lointaines, couleur de mauve, de lilas et d'améthyste pâle, le frisson de lumière, où les couleurs resplendissent, les crépuscules roses, la clarté des nuits étoilées, le doux pays où tout invite à l'allégresse, à la joie, à l'insouciance.

Ce livre est un bon exemple. Comme M. Psichari, il faut dire aux Grecs : Laissez ce bagage livresque qui gêne la liberté de votre esprit naturel; regardez votre ciel, vos mers, vos montagnes; lisez, autour de vous, dans les yeux et sur les visages; observez ce qui est réel, vivant; tâchez d'apercevoir, par delà l'extérieur des choses, l'intérieur des âmes; racontez, décrivez, analysez; donnez-nous des œuvres et non des dissertations. La langue naîtra de ces efforts successifs, et non des doctes mémoires de M. Kondos. Les philologues viendront toujours assez tôt pour cataloguer vos trouvailles et faire l'inventaire des richesses acquises. Les peuples ont l'habitude de commencer par la littérature et de finir par la grammaire. Prenez garde d'aller à rebours.

Et pourtant, ce petit livre, qui a l'air inoffensif, a valu à son auteur de vives contradictions et de violentes injures. Les feuilles graves ont discuté solennellement les doctrines de M. Psichari. Les journaux plaisants ont donné sa caricature et parodié son style. Il a excité peu de sympathies et beaucoup de colères. Les *bakals*, les ouvriers, les bergers qui savent lire (ils sont nombreux), se sont amusés à la lecture de son livre, écrit dans leur langue, et qu'ils ont compris sans peine. En revanche, dans toutes les écoles du royaume, les instituteurs l'ont voué, en termes nobles, aux dieux infernaux. J'ai vu les lettrés de Chio tout troublés par ses hardiesses. M. Psichari entreprend de prêcher une révolution en matière de langage. Il veut convertir ses compatriotes à des doctrines qui semblent très naturelles, et, en beaucoup de points, fort séduisantes; il aura de la peine à les faire triompher, ayant contre lui la mode, les habitudes prises, le patriotisme, et surtout la propagande infatigable de l'enseignement primaire qui débaptise lentement tous les objets qui tombent sous le sens des Palikares.

Les poètes seuls se servent de la langue populaire, pour chanter leurs amours, leurs douleurs ou leurs joies, que la langue scolaire ne daigne pas exprimer. Les versificateurs sont nombreux dans le royaume. Ils improvisent sans fatigue, et récitent volontiers leurs œuvres, qui ne leur coûtent pas beaucoup, et leur rapportent peu. Tous ceux qui fréquentent les Muses graves ou les Muses folles, patoisent sans vergogne, et font la joie des petites gens qui n'ont pas eu le temps de lire les savants ouvrages de M. Pappadimitracopoulo. Mais les prosateurs sont graves, sacerdotaux, solennels, et pourraient, pour la pureté du langage, en remontrer à Démosthènes ou au savant grammairien Léon le Thrace. Entre eux, les Grecs parlent ordinairement le *romaïque*. Mais dès qu'ils s'adressent à des étrangers ou au oublic, le ton de leur langage se hausse, et ils pérorent avec une correction d'instituteurs. Qu'ils soient *leaders* politiques, organes du ministère public, avocats, romanciers, ils sont les esclaves de la syntaxe et les malheureuses victimes du mot-à-mot.

D'ailleurs les Grecs modernes, tout comme les Grecs anciens, sont doués d'une facilité d'improvisation dont le bavardage de nos publicistes les plus incontinents ne peut donner l'idée. Ils savent parler sans balbutiement et écrire sans ratures. Ils ont l'art d'envelopper dans des phrases harmonieuses, des raisonnements subtils. Ils ont l'esprit oratoire et classique, clair et court comme l'horizon d'Athènes. Rien n'est plus facile à un Athénien que de bâcler, en quelques heures, un exposé bourré de statistiques qui semblent exactes et de chiffres qui ont l'air précis. Il ne faut pas s'étonner s'il y a, en Grèce, presque autant de journalistes que de lecteurs.

Le royaume hellénique souffre d'un excès de presse. Il semble succomber sous l'avalanche de papier imprimé qui pèse sur lui. Il n'est pas de ville de province qui n'ait sa feuille locale. Tous ces chefs-lieux, qui se touchent, veulent parler à l'univers sans aucun intermédiaire, et l'on assiste, surtout en temps d'élections, à des échanges d'insultes homériques, entre l'*Etoile* de Larissa, le *Phénix* de Patras, la *Thémis* de Céphalonie, et *la*

Sentinelle d'Argos. La ville d'Athènes, à elle seule, possède plus de la moitié des feuilles publiques. Les plus considérables sont *l'Acropolis*, *la Prôia*, *l'Epithéorisis*, *l'Asty*, l'*Eon*, etc.

Un joyeux compère, Souris, bien connu, depuis le cap Matapan jusqu'au mont Olympe, est en quelque sorte, dans cette miniature de république athénienne, un raccourci d'Aristophane. Il publie, toutes les semaines, un petit journal satirique, *le Rômios*, où les gaudrioles et les pasquinades abondent. Avec une verve intarissable, Souris raconte, en petits vers, parfois boiteux ou bancals à dessein, la chronique amusante de la cour et de la ville. Il a beaucoup d'esprit et encore plus de malice. Sa plaisanterie n'est pas toujours attique; elle n'est jamais ennuyeuse, prétentieuse ou lugubre. Quand je le compare à notre Xanrof ou à notre Bruant, mon amour-propre national est humilié.

Cette presse est libre. Elle n'abuse pas trop de sa liberté; ce peuple heureux ignore encore les maux de la pornographie. Il serait téméraire d'affirmer que, dans l'effervescence du combat, elle n'ait pas quelquefois recours à la calomnie qui, pour les troupes légères de la politique, est la plus commode des munitions. Mais les journalistes athéniens, qui sont évidemment des enfants, ne connaissent pas encore cette invention qui est venue, dit-on, d'Amérique en Europe et qui s'appelle le chantage financier. A Athènes, la presse n'enrichit pas, ce qui est bon signe. J'ai eu l'honneur de connaître personnellement un des premiers, le plus remarquable peut-être des publicistes athéniens, M. Spyridion Paganellis, actuellement député des Cyclades. C'était un homme simple, qui allait à pied dans les rues, et qui abritait, sous des vêtements modestes, une âme innocente. Je l'étonnai, en lui disant que, dans certaines capitales de l'Occident, on voyait des hommes qui n'avaient ni sou, ni maille, ni talent, et qui, le lendemain de leur entrée dans certaines officines, roulaient carrosse sans qu'on sût pourquoi, mettaient un monocle pour avoir l'air plus impertinents, engraissaient à vue d'œil et sans rien payer, faisaient de nouvelles dettes sans qu'on osât les poursuivre, et trouvaient des tailleurs anglais, trop heureux de les habiller des pieds à la tête, en échange de quelques menus services.

— Mais, par Jupiter, interrompit le député des Cyclades, ces hommes, dont vous parlez, profanent donc la parole, le plus beau don qui ait été fait aux mortels? Ils vendent donc leur plume?

— Vous l'avez dit, ô étranger!

Voici comment on s'y prend, dans les bureaux de rédaction de la rue de Sophocle ou de l'impasse Agamemnon, pour faire un numéro de journal. Le calendrier de la sainte Église orthodoxe, avec le saint qu'il faut chômer ou la fête carillonnée qu'il faut célébrer, fournissent d'ordinaire les premières lignes. Depuis quelque temps, plusieurs journaux, pleins de mépris pour les hérétiques qui n'ont pas voulu approuver le schisme du patriarche Photius, refusent même de donner les indications du calendrier grégorien, que les Francs d'Europe s'obstinent à conserver. Après cet hommage dévotement rendu à la religion nationale, on imprime les dépêches des agences télégraphiques chargées de renseigner l'Orient sur les faits et gestes de lord Salisbury, du comte Kalnocky, du chancelier de Caprivi, de M. de Freycinet ou de M. Loubet. Les noirs desseins du Bulgare et du Serbe occupent, naturellement, dans ces dépêches, une place considérable, et l'écho en retentit dans tous les cœurs vraiment hellènes. De grands articles politiques suivent ces informations. Même quand il ne se passe rien, il faut que ces articles soient touffus et copieux. Quels articles! Trois, quatre, quelquefois cinq colonnes de petit texte, avec des apostrophes, des exclamations, des interrogations, des métaphores et des épiphonèmes, des litotes, des hyperboles, des synecdoches et des catachrèses, toutes les figures les plus effroyables de la rhétorique des classes. Parmi tout cela, des invocations aux dieux immortels et aux héros des Thermopyles; s'il s'agit de corruption électorale, des allusions aux jardins de Cimon; s'il s'agit de concussion, un souvenir à l'affaire d'Harpale; s'il faut faire trembler de frayeur un homme trop puissant, des dissertations sur l'anneau de Polycrate, l'exil de Pausanias et la mort de Périclès; s'il faut enfin épouvanter, à Sofia, à Bucharest, à Constantinople ou à Belgrade, les ennemis de la patrie, des péans en l'honneur de ceux qui ont vaincu à Marathon ou qui sont morts à Salamine.

Dans l'intervalle des sessions, quand les interpellations et les apostrophes ne peuvent retentir à la tribune de la Βουλή, la passion politique se dédommage amplement dans les journaux. L'ouverture de la session, l'approche de la lutte, cette sorte de fièvre qui précède les grands combats, excitent l'ardeur de la presse et exaspèrent son humeur batailleuse. L'éloquence politique prend toutes les formes. Ce sont des récriminations, des invectives, des philippiques virulentes, des poèmes entiers. Pendant quelques jours, l'éloquence de Démosthènes et la satire d'Aristophane courent les rues, éparpillées en morceaux oratoires, en épigrammes, en scènes dialoguées, en une foule de petits journaux et de feuilles éphémères, qui ne vivront pas au delà de leur premier numéro. On adresse aux députés des requêtes pathétiques. Les ennemis du ministère comparent la Chambre au Messie, à la Némésis vengeresse, à l'Erinnys, qui va chasser au plus vite « les pseudo-patriotes, les sangsues, les traîtres, les *chiens noirs* ». Parmi les qualifications diverses que les delyannistes adressent à M. Tricoupis, les plus anodines sont celles de « sycophante » et de « satrape ». Au fond, il y a dans tout cela plus de littérature que de malice, plus de réminiscences que de ressentiments. Le caractère de la race n'a pas changé. Quand les orateurs anciens se jetaient à la face les accusations que vous savez, et devant lesquelles les crimes que se reprochent l'un à l'autre M. de Freycinet et M. Constans ne sont que des péchés véniels, ils étaient bien les ancêtres des Dimitri et des Nicolas qui griffonnent, maintenant, sur une table de café, leurs prosopopées vengeresses. L'Athénien n'a jamais résisté au plaisir d'invectiver ses adversaires en belles phrases. Quand une grosse injure lui paraît terminer d'une manière retentissante une longue et harmonieuse période, il la lance gaiement, à l'étourdie, sans songer aux conséquences, sans même s'imaginer qu'on puisse lui en garder rancune.

Après ces efforts d'éloquence, il faut bien retomber sur terre, comme le magnanime Icare, et parler un peu de ce qui se fait tous les jours. Ce sont des amis qui se chargent de cet office, car on ne connaît pas, à Athènes, les reporters qui interviewent pour de l'argent : les nouvellistes y sont assez payés de leurs peines par le plaisir d'écouter aux portes et de rapporter ce qu'ils ont entendu. On expédie rapidement l'épluchage du *Journal officiel*, relatant les noms des stratèges, éphores, navarques, aréopagites, épimélètes, higoumènes et archimandrites récemment nommés ou révoqués, et les services, plus ou moins exceptionnels, des dignitaires nouvellement nommés ou promus dans l'Ordre national du Sauveur. On raconte, en termes respectueux, ce qui s'est passé à la cour et, en termes souvent injurieux, ce qui s'est dit au Conseil des ministres, et on laisse le plus de place possible au chroniqueur mondain. C'est lui qui raconte, avec le plus d'esprit qu'il peut, les bals récents, les réceptions du Stade, les divertissements du corps diplomatique et de la belle société. Il est parfois difficile d'exprimer en un grec suffisamment classique et congru les mystères du *boston*, et de reproduire, dans la langue de Xénophon, la blague parisienne, ἐκεῖνο τὸ *chic*, comme disait un brave rédacteur de *l'Ephimeris*, âme candide qui se figurait que l'esprit français habite exclusivement les environs du café Américain et de la terrasse de Tortoni.

Quand on est en règle avec la chronique du Pirée et avec les faits divers que les gamins des rues ont trouvés un peu partout, en battant le pavé de marbre de la noble Athènes, on accueille les communications et, comme on dit à Paris, les « prières d'insérer », venues de tous côtés. Ce n'est pas une petite affaire. Le Grec a l'amour de la publicité; il aime, comme autrefois, à vivre en plein air. Tous les Grecs ont un secret à confier à la Renommée aux cent bouches, et tout lecteur est un collaborateur. Les uns écrivent pour raconter aux siècles futurs les révolutions intestines d'Amphissa ou de Lamia. D'autres protestent contre la tyrannie de leur démarque ou l'insupportable insolence du brigadier de gendarmerie. Tel épicier de Corinthe accuse son voisin, le coiffeur, d'être un sycophante.

Parfois des candidats malheureux se plaignent d'avoir été victimes d'irrégularités électorales. Il y a quelque temps, *l'Éphiméris* publiait la requête suivante, adressée au roi par un Thessalien vexé :

« Almyro, le 18 décembre 1891, dix heures du soir.

« Sire,

« Le brigand Tsoulis, agent électoral de Panaghopoulo, candidat officiel à la démarchie, sachant qu'on allait procéder à une élection complémentaire dans la deuxième circonscription du dème d'Almyro, vient, avec quatre complices, d'emmener dans la montagne Constantin Siamétis, Jean Siamétis, Athanase Siamétis, Basile Episcopos, Christos Dinos, Constantin Konviouni, Constantin Loritis, Dimitri Siamétis. Quelques jours avant, il avait fait prisonnier George Zikas. Ces malheureux, qui sont tous de Karakatzana, sont mes amis politiques. Ils se préparaient à voter pour moi ! Le brigand ne les a relâchés que lorsqu'il fut informé de la réussite de mon rival Panaghopoulo !

« Le même brigand, la veille de l'élection, a emmené dans la montagne les bergers Athanase Karakitsou, Dimitri Karakitsou et cinq boucs. Il a menacé les bergers de les massacrer avec leurs troupeaux et leurs familles, s'ils descendaient en ville pour voter. Ainsi, j'ai été frustré de leurs suffrages, et, si j'ajoute leurs voix à celles des amis énumérés plus haut, cela fait en tout 18 suffrages ! Quand je pense que Panaghopoulo ne m'a battu que de 13 voix !

« Ensuite, pour assurer le succès de Panaghopoulo, on a fait venir du dème de Phères (province de Volo), Stéphanos Giannopoulo, Dimitri Georgostopoulo, Nicolas Dimopoulo, George Constantatopoulo... Ces gens-là sont inscrits à la fois sur les registres électoraux de Phères et d'Almyro : aux dernières élections législatives, ils ont voté à Phères, comme on peut s'en assurer par les procès-verbaux déposés aux archives.

« J'ajoute encore que Théodore Métropoulo et Jannakis Soutis, bien qu'ils soient morts, ont voté pour mon rival. De même, Dimitri Constantin, qui est en prison, a voté contre moi, par l'intermédiaire d'un certain Dimitri Nicolas, son ami.

« Ainsi, on a fait voter pour le candidat du gouvernement des gens qui étaient morts et des malfaiteurs. Tout compte fait, je devrais avoir battu mon adversaire de huit voix. Je demande l'envoi d'un commissaire royal. Je déclare cette élection illégale et nulle.

« J'ai l'honneur d'être, sire, l'infortuné candidat de l'opposition aux élections municipales d'Almyro,

« Triandaphyllos Arghyropoulo. »

Les Palikares aiment à écrire aux journaux pour mettre le public au courant de leurs affaires de famille. Par exemple, tous les Grecs, tous les fils respectueux de Sa Sainteté le Patriarche, ont l'habitude de recevoir leurs amis le jour de leur fête, à moins d'en être empêchés par un deuil, par le désir de rester tranquilles ou par quelque autre raison. C'est pourquoi, le jour de la fête de saint Athanase, les journaux publient la liste de tous les Athanases qui reçoivent et de tous les Athanases qui ne reçoivent pas.

Les lettres de faire part arrivent, le plus souvent, à leurs destinataires, par la voie du journal. On lit dans l'*Éphiméris*, dans l'*Acropolis*, dans *la Palingénésia*, des annonces comme celle-ci :

Avis. — « Nous ensevelissons aujourd'hui notre

cher cousin Christo Koutraphouris, mort hier dans le Seigneur. De la part de..., etc. »

Les Grecs, qui ont toujours aimé le discours public, prononcent souvent des oraisons funèbres. Il n'est pas de négociant dont on ne prononce le panégyrique et dont on ne vante, après sa mort, les vertus privées et publiques. On n'a jamais oublié, à Athènes, cette phrase de Thucydide : « Quand le corps est recouvert de terre, un citoyen, recommandable par ses talents, prononce l'éloge que méritent les vertus du défunt... » On sait que les anciens nous ont légué cinq discours funèbres, qui furent très admirés dans le temps où ils furent entendus : on ferait un recueil infiniment plus gros et (que l'on me pardonne si je commets un blasphème) presque aussi intéressant, en collectionnant les oraisons funèbres qui paraissent quotidiennement à la troisième page des journaux athéniens. On y retrouverait, à propos des plus minces sujets, l'apothéose généreuse de la patrie, le même éloge des vertus civiques, le même stoïcisme oratoire, les mêmes exagérations, touchantes et attendrissantes à force de naïveté.

Les examens universitaires fournissent aussi beaucoup de copie gratuite à la presse grecque. On lit à chaque instant qu'un très distingué jeune homme, espoir de la patrie, fils d'un très riche banquier, vient de passer brillamment son examen de droit devant les très honorables professeurs de l'Université. Exemple :

« Nous rapportons avec beaucoup de plaisir qu'Antoni Hadji-Antoni, de Mitylène, et George Tziovas, de Janina, ayant passé avant-hier, devant les professeurs de l'École de médecine, les examens réglementaires, ont été proclamés, en raison de leur science, docteurs, avec cette note que l'on envie : λίαν καλῶς (*très bien*). Ils ont reçu les félicitations des seigneurs professeurs, particulièrement celles du seigneur Afendoulis, qui a salué leur succès avec enthousiasme. Nous souhaitons à ces remarquables savants de réussir aussi bien dans la pratique de leur art (εἰς τὸ πρακτικὸν στάδιον). »

Citons encore ceci :

« Avec quelle joie nous apprenons que le jeune, populaire et éloquent Simonide Pappamarco, natif de Corinthe, vient d'être proclamé docteur en droit! Honneur au nouveau fonctionnaire de Thémis (θέμιδος λειτουργός)! Puisse-t-il, dans la pratique de son art, justifier les espérances de ses amis! »

De plus, la société athénienne est tenue, avec une exactitude scrupuleuse, au courant de ce que nous appelons chez nous, les « déplacements et villégiatures ». On apprend que le très distingué Polybe Tsitsiclès, de l'illustre famille des Tsitsiklès, vient de partir avec sa famille pour les bains d'Ædipso ou pour les eaux du Cyllène; que l'excellente demoiselle Chariclée Diamantis vient d'arriver de Thessalonique, et est descendue à l'hôtel du Grand-Alexandre ; que le grand négociant de Thèbes, Thémistocle Macaronas, marchand d'oignons, parcourt les îles de l'Archipel, pour remplir ses magasins. Les fiançailles et les mariages sont annoncés longtemps à l'avance. On lit, entre un fait divers et une réclame pour le bon κονιάκ ou le bon τσοκολάτο βανίλλιας de la maison Paulidis, 111, rue d'Éole, des avis comme celui-ci :

« Télégraphiquement nous sont annoncées de Patras les fiançailles magnifiques de la demoiselle Sophie Andricopoulo-Boucaouri, jeune fille délicate. ornée par les grâces les plus enviables, avec le très distingué et très noble jeune homme Stephanos Tatarakis, qui est, là-bas, sous-directeur de la banque ionienne; nous souhaitons au jeune et heureux couple un couronnement [1] très prochain, au milieu de l'allégresse de leurs parents, de leurs alliés et de leurs amis. »

Ou bien :

« Il faisait froid hier, et le vent soufflait sur la ville et le port de Pirée. Mais les roses du printemps fleurissaient, à Tripolis, dans le cœur de Miltiade Koukoulézas, riche marchand très considéré, et dans celui de la très belle vierge de

1. Dans la célébration du mariage selon le rite orthodoxe, le prêtre couronne de fleurs les mariés.

Cythère, Nausicaa Tsiropinas, car leur mariage a été célébré. Nous leur souhaitons, à tous les deux, une vie pure et sans nuage, et tous les biens que désirent leurs nobles âmes.

« Le paranymphe [1] fut Théodose Tsakopoulo, démarque de Mantinée. »

Dans certains cas, lorsqu'il s'agit de très grandes dames et de très nobles seigneurs, le ton est un peu plus solennel. Exemple :

« Au milieu d'une assistance choisie, où l'on remarquait beaucoup de descendants de la race héroïque qui a illustré la ville de Souli, fut célébré hier le mariage du remarquable George Kollas, scolarque de Corcyre, avec la vertueuse Anghéliki Sekhos, jeune fille ornée de rares qualités, et qui est, de plus, la cousine de Joannis Sekhos, député de Corcyre. Nous souhaitons à ce couple harmonieusement uni une vie longue, jonchée de fleurs et remplie de prospérité. »

On lisait dernièrement, dans un des journaux les plus répandus d'Athènes :

« Athènes, couronnée de violettes, sera bientôt abandonnée par toutes les belles Errhéphores qui sont sa parure et son orgueil. De même que lord Elgin enleva les statues du Parthénon, de même

1. Garçon d'honneur.

les diplomates étrangers descendent sur nos rivages pour ravir et emmener au loin nos plus charmantes cariatides. Vous connaissez cette Athénienne dont les cheveux sont si noirs, les yeux si brillants, le teint si blanc, cette déesse, aussi *callimorphe* qu'Aphrodite, nous voulons dire Mademoiselle Fôfô K.... Eh bien, un secrétaire de légation l'enlève à l'affection de sa famille et à l'amour de ses concitoyens. Qui, dans notre ville, n'a pas formé le projet de valser avec elle ? Qui ne s'est pas efforcé de la retrouver au bal, de la disputer aux orgueilleux prétendants, au milieu de la mêlée du cotillon ? Maintenant, elle part pour l'Hespérie. Accompagnons-la de nos vœux et de nos larmes. Qu'elle porte, dans les cours européennes, l'éclat de la beauté hellénique. Mais qu'elle revienne un jour, sur un vaisseau rapide, au pied de l'Acropole et sur les bords de l'Ilissus. »

Parfois, malgré cette abondance d'informations, familiales, élégamment rédigées comme des épigrammes de l'*Anthologie*, le rédacteur en chef aperçoit des blancs dans son journal, et le prote vient lui dire d'un air navré : « Frère, nous n'avons plus de copie ! » Alors le rédacteur en chef prend son chapeau et sa canne, court au café, et avisant le premier étudiant venu :

— Mon enfant, couches-tu chez toi, cette nuit?
— Peut-être. Pourquoi me poses-tu cette question?

— Si tu couches chez toi, mon enfant, ne dors pas, je t'en supplie !

— Par la Panaghia, que veut dire ce discours?

— Il veut dire, mon enfant, que je n'ai pas de copie, que mes abonnés attendent, qu'il leur faut de la nourriture... Pourrais-tu me traduire quelque chose?

— Certainement.

Là-dessus, on trinque avec deux petits verres de raki et deux grands verres d'eau. L'étudiant rentre dans le sous-sol qui lui sert de chambre, allume sa lampe, et, stimulé par l'espoir de quelques drachmes, compulse des dictionnaires et griffonne des pages jusqu'à ce que les étoiles s'éteignent et que les coqs chantent dans la pâleur fraîche du matin. Le lendemain, les Athéniens lisent dans leur journal, sans trop de surprise, un fragment de l'*Histoire du Consulat et de l'Empire* de M. Thiers ou quelque drôlerie surannée de Nestor Roqueplan.

Le feuilleton est presque toujours traduit du français. Guy de Maupassant, Octave Feuillet, mais surtout Jules Mary, Émile Richebourg, Paul Saunière, Alexis Bouvier sont les auteurs préférés des Athéniens. Les Grecs ont l'âme romanesque, mais ils ne l'ont ni tragique ni profonde. Ils estiment Victor Hugo comme philhellène, mais son tintamarre les épouvante. Aucun écrivain ne peut

balancer, sur les bords du Céphise, la gloire de
M. Georges Ohnet.

Une fois seulement, la bonne entente faillit être
troublée entre les Palikares et l'auteur de *Lise Fleuron*. M. Georges Ohnet s'était avisé d'interdire à
ses héros le voyage de Grèce. Il avait dit du mal
de l'Hellade, au grand scandale des Athéniens.
Dans un roman intitulé *Volonté*, Clément Thauziat, un maître homme qui ne fait pas mentir le
titre du livre, estime (et l'auteur parle sans doute
par sa bouche) que la Grèce est un « petit pays
d'aspect grisâtre ».

Les Grecs furent attristés et affligés de ce jugement téméraire. *L'Éphiméris* releva cette phrase
d'un ton fort aigre, où son ressentiment se conciliait tant bien que mal avec l'admiration que lui
inspire M. Georges Ohnet. Elle fit remarquer à
l'auteur qu'il était honteux « pour un candidat à
l'Académie » de se livrer à des réflexions si inconsidérées, et que, « malgré son talent hors ligne »,
il prouvait à ses amis que son cœur n'était pas à la
hauteur de son esprit. Les Grecs auraient pu faire
valoir des arguments meilleurs encore. Ils auraient
pu dire à M. Georges Ohnet que, sur les collines
de Phalère et de Munychie, la bourgeoisie commerçante, celle qui, à son avis, doit régénérer le
monde, lit ses œuvres en famille, après dîner.
Pendant longtemps, sur la place de Jupiter Olympien, à deux pas du théâtre de Dionysos, la repré-

sentation du *Maître de forges* a soulevé un enthousiasme qui ressemblait à du délire. Dans les vitrines de la rue d'Hermès, la plus belle œuvre de M. Ohnet s'étale avec ce titre imité de l'antique : ὁ κύριος τοῦ σιδηρουργείου. Si M. Ohnet causait avec les jeunes Athéniennes, s'il pouvait voir ce qui se passe dans ces jolies têtes brunes aux yeux pleins de soleil, il y verrait grandir l'image démesurée d'un maître de forges idéal et fantastique, soigneusement boutonné dans sa redingote, parlant en phrases héroïques, sauvant un ouvrier par jour, se battant en duel pour des motifs invraisemblables, puis serrant dans sa forte main une petit main gantée, et finalement épousant devant le pappas, sous l'étincellement des lustres, dans toutes les splendeurs de la métropole d'Athènes, une Kathina ou une Polyxène, nullement disposée à faire la sotte comme Claire de Beaulieu.

CHAPITRE V

Le théâtre populaire et le théâtre des gens du monde. — Botzaris et la pantomime patriotique. — Histoire d'un officier de marine et d'un chef de thiase. — Aventures extraordinaires de Coquelin dans la mer Égée et dans le pays des Palikares.

Il y a deux sortes de théâtre à Athènes : le théâtre des gens du monde et le théâtre populaire. Il y a de grands exemples pour préférer celui-là, et de fortes raisons pour aimer mieux celui-ci.

Les gens du peuple et les petits bourgeois qu habitent la ville Neuve, aux environs de Saint-Nicolas-des-Petits-Pins, se répandent le soir, à la fin des chaudes journées de l'été, dans les cafés-concerts qui avoisinent la gare de Laurium ou les colonnes de Jupiter Olympien. On chante des chansonnettes au jardin Orphanidis et au concert de la Tour-Eiffel (ὁ πύργος τοῦ Εἰφφέλ). Au Théâtre du Peuple (θεάτρον τοῦ λαοῦ), on joue la pantomime patriotique. Quatre sous d'entrée pour voir l'horrible explosion du monastère d'Arcadi, les touchantes aventures de la Paparouna, favorite d'Ali-

Pacha, ou les *Exploits extraordinaires de Marcos Botzaris*. C'est cette dernière pièce qui soulève le plus d'acclamations.

Les spectateurs sont assis en plein air, dans un enclos de vieilles planches. Les acteurs jouent dans une espèce d'édicule, qui ressemble à une boîte que l'on aurait mise debout. Un orchestre attaque des airs nationaux. Ils sont là cinq ou six, autour d'un pupitre, les joues gonflées, soufflant à perdre haleine dans leurs cuivres. Le chef serre contre sa poitrine un saxophone fort oxydé, dont il tire, dans les grands moments, des sons graves; le piston a de brusques éclats, la clarinette des soupirs ironiques; à la fin des phrases, les notes en retard arrivent comme elles peuvent, ainsi qu'un troupeau de moutons affolés; les dernières phrases sont assourdissantes, tonitruantes. On est si content d'arriver au bout, qu'on souffle double...

Mais voici Botzaris. Il a de longues moustaches, un air fier, des souliers rouges dont les bouts sont aussi recourbés que la lame de son sabre, des jambes maigres et une magnifique fustanelle. En quelques gestes, il exprime à ses compagnons et à l'assistance les sentiments généreux dont son âme est embrasée. L'orchestre reprend, en trémolo, la *Marche des Klephtes*.

Deuxième tableau : les nobles philhellènes; le colonel Fabvier et ses compagnons. Par un scrupule de couleur locale, l'impresario a acheté, chez les brocanteurs du Pirée, un lot de tuniques et de shakos du second empire, défroque déjà vénérable de la guerre de Crimée. Le piston de l'orchestre entreprend courageusement de jouer *Partant pour la Syrie.*

Troisième tableau : l'armée turque. Un pacha bouffi, bedonnant, affublé d'un turban énorme et d'une robe flottante. Derrière lui, cinq ou six bachi-bouzouks à face scélérate, traînant après eux, en roulant des yeux terribles, le blanc troupeau des captives. Le pacha fait signe qu'il a faim. Aussitôt on fait bouillir des chaudronnées de pilaf, et ces imbéciles s'alourdissent de ripaille, sans se douter que Botzaris et les bons Grecs sont à deux pas, derrière les buissons. Le vizir et son escorte s'endorment comme des brutes. Les captives font des signes à quelqu'un qu'on ne voit pas. Sourdine à l'orchestre. Éclats de rire dans la salle.

Quatrième tableau : la bataille. Botzaris s'avance. Il regarde le pacha qui dort; il secoue la tête d'un air pensif, met la main sur son cœur, et prend à témoin le ciel et la terre. Puis, il s'approche sans faire de bruit, abaisse lentement son long fusil... Le coup part. Le pacha, lourd de pilaf, expire dans un hoquet... Frissons dans la foule... Alors, de toutes parts, à travers les buissons et les halliers, les Hellènes accourent, lestes comme de joyeux chevreaux. Les Turcs n'ont pas encore eu le temps de s'étirer, que déjà chacun d'eux voit un yatagan levé sur sa tête. Fusillades, estafilades, fanfaronnades. Les mahométans serviront de pâture aux chiens et aux oiseaux. Ceux des mécréants qui échappent à la mort se sauvent comme des brebis bêlantes devant le lion, et les héros, n'ayant plus de poudre, les poursuivent à coups de pierres. Quand les philhellènes arrivent, la bataille est gagnée, ce qui prouve, clair comme le jour, que la Grèce s'est sauvée toute seule. L'orchestre ronfle l'hymne national. Délire, trépignements, cris d'enthousiasme, bouquets jetés aux captives. Apothéose.

Tout à côté, l'*Antre des Nymphes* offre au public des divertissements moins belliqueux. Parfois, des chanteuses d'Occident, divas italiennes ou étoiles de France, chevronnées et un peu pâlies par les anciens combats, apprennent aux Grecs le répertoire de Paulus et d'Yvette Guilbert, ou les belles manières de l'Europe. Un soir, une horrible drôlesse donnait aux épiciers athéniens une leçon de géographie en leur faisant voir comment on danse dans tous les pays civilisés. L'Allemagne était symbolisée par une valse languissante, des poses molles et des yeux noyés. Une vive-cachucha, toute claquetante de castagnettes, et pimentée de savoureuses attitudes, évoquait les nuits espagnoles, les bords du Guadalquivir, les œillades des manolas, les sérénades des étudiants de Salamanque, les jalousies soulevées par des mains mignonnes, les déclarations incendiaires et les duos d'amour inter-

rompus par la brusque venue des alguazils...
Tout à coup, le piano boiteux sur lequel tapait un
artiste pâle et chevelu, attaqua courageusement les
premières mesures du quadrille de *la Belle Hélène*.

« En France! » s'écria la ballerine, d'une voix
brûlée par les petits verres. Et, tout aussitôt, ce fut
une épilepsie de bras dégingandés et une détente de
jambes folles, lancées à l'aventure, dans un nuage
de jupes envolées. Le cancan des boulevards exté-
rieurs débridait, en face de l'Acropole, ses énergies
et ses impertinences, plus orgiaques mille fois que
les gesticulations des Bacchantes lorsqu'elles déva-
laient, comme des chèvres, le long des pentes parfumées du Ménale. Les Palikares arrondissaient
leurs yeux noirs. Mon voisin dit à sa femme :

— Ἔτσι χορεύουν εἰς τὰ Ἐλυσία. C'est ainsi que
l'on danse à l'Élysée.

Mais l'Antre des Nymphes, malgré ces importa-
tions étrangères, est réservé presque exclusivemen
à la comédie hellénique. C'est là qu'il faut aller,
si l'on veut assister aux faits, gestes et propos
saugrenus de Phasoulis, le Calino des Grecs. Il
parle du nez, mange de l'ail, roule son voisin, bat
sa femme ; et voilà de quoi mettre en joie, pour
toute une soirée, les bons commerçants du faubourg de l'Ilissus. La gaîté morose des Hellènes
est infatigable et ne recule devant aucun sujet.
J'ai assisté, je ne sais combien de fois, à la *Mort
de Phasoulis*. Le pauvre homme est dans son lit,

fort mal en point. Il se tient les côtes, tant ses coliques sont lancinantes; ses dents claquent la fièvre, et il appelle, avec des sanglots entrecoupés, un dieu guérisseur, qui, en Orient, a définitivement remplacé Esculape : « Quinina! Quinina! » Il appelle sa femme et l'envoie chez le pharmacopole. Il boit, dans un verre d'eau, la drogue libératrice, la poudre blanche qui le soulagera. Vains efforts :

— Femme, apporte-moi encore Quinina!

Phasoulis regarde la poudre blanche, et invoque aussitôt, en faisant de nombreux signes de croix, tous les saints du paradis; il met un peu de cette drogue sur sa langue. Horreur! Scandale! Le pharmacopole est un voleur. Ce n'est pas du sulfate de quinine, c'est de la vieille farine.

Phasoulis tourne vers sa femme un œil désolé :

— Femme, va dans la montagne, au couvent. On dit que les caloyères franques ont des secrets pour guérir toutes les maladies.

Un instant après, la porte s'ouvre, et une sœur de Saint-Joseph, modeste et rougissante sous son bonnet blanc, entre dans la chambre, avec un léger bruit de chapelets et de médailles bénites. Phasoulis ne sait ni comment ni dans quelle langue la remercier :

— Bonzour! Bonzour! s'écrie-t-il. Merci! Merci! Moua non parlar franceso. Moua Greco, Greco, non Latino!

— *Kaliméra*[1], répond une voix douce, sous le grand béguin. Va bene, va bene. Vous, malado, malado?

— Si, si, malado, beaucoup malado!

La religieuse lui fait boire un remède, puis elle lui tient un discours où le bonhomme comprend qu'elle veut le convertir à la religion du pape de Rome. Alors, il se lève sur son grabat, et, en bon grec, cette fois, il exprime son indignation :

— Ah! chienne de Franque! Ah! parce que vous autres les Gaulois vous n'êtes pas chrétiens, vous voulez que personne ne croie en Dieu! Ah! scandale! scandale!

Et il retombe, brisé, sur sa couche, tandis que la religieuse se sauve, effarée...

Cette fois, c'est fini. Phasoulis est mort, et il ira s'asseoir dans le paradis avec les confesseurs de la foi orthodoxe. On vient le chercher pour le porter en terre. Sa femme module en trilles suraigus le chant des funérailles. Les parents viennent s'asseoir en rond autour de la chambre, se donnent les uns aux autres des paroles de consolation, et se réconfortent en trempant leur pain dans une terrine d'huile où nagent des poissons salés. On cause de Phasoulis, de son esprit, de sa sagesse, de ses grandes vertus.

— S'il avait voulu, dit l'un, il aurait pu être député, car il parle bien mieux que Dimitri.

---

1. *Bonjour*, en grec moderne.

— S'il eût été pappas, reprend un autre, il serait devenu, pour sûr, patriarche de Constantinople.

— Oh! oui, ajoute la veuve éplorée, quel bon homme! quelle éloquence! quelle habileté dans son commerce! Il avait l'air bête, mais il le faisait exprès pour n'être pas trompé par les autres. Il aurait eu toutes les qualités, s'il ne m'avait pas donné tant de coups de bâton!

A ces mots, un grognement sort du lit mortuaire. Phasoulis n'est pas mort, il faisait semblant, pour savoir ce qu'on dirait de lui. Et alors c'est un beau tapage :

— Ah! la peste de femme! Ah! je t'ai donné des coups de bâton! Eh bien! tu en mangeras du bois vert! Tu en mangeras!

Et, saisissant une trique, Phasoulis, terrible et guéri, met en fuite toute sa famille en deuil.

Quel est l'auteur de ces fantaisies funèbres? On ne sait; ou plutôt, c'est tout le monde, et personne. Ces tableaux d'intérieur, où apparaissent si nettement les traits essentiels du caractère grec, sont l'œuvre de la foule anonyme et inconsciente, qui s'amuse à se regarder elle-même dans ces comédies pleines de saveur. Il serait vain de vouloir en fixer le texte. Chaque représentation les allonge, les raccourcit ou les modifie, et les comédiens loustics y ajoutent largement de leur propre fonds.

Les troupes nomades qui promènent dans le Levant ces farces nationales, s'appellent encore, comme au temps des artistes dionysiaques, des *thiases*. Ces thiases, hommes et femmes, vivent, paraît-il, assez vertueusement, en famille. Les Grecs d'ailleurs, qu'ils soient comédiens de profession ou simples citoyens, ne s'amusent qu'entre eux.

Un de mes amis, officier de marine, embarqué à bord du *Météore*, n'était pas insensible aux charmes de la jeune Héléni Krassopoulou, jolie Thessalienne qui était chargée, dans les pantomimes patriotiques, de représenter la Grèce triomphante et régénérée.

Elle avait une petite figure à la fois régulière et un peu chiffonnée, des sourcils très nets qui se rejoignaient presque, au-dessus d'un nez mignon, le front étroit de la Vénus de Cnide, des lèvres rouges, relevées par une moue dédaigneuse et charmante, des cheveux noirs comme le plumage d'un corbeau, et des yeux à rendre fous tous les agrégés de l'École française et tous les enseignes de la division navale. Quand elle apparaissait, dans l'apothéose finale, les cheveux épars, et balançant sur Fabvier et Botzaris, agenouillés, les plis du drapeau d'azur à croix d'argent, les vieux Palikares fredonnaient la célèbre chanson où sont célébrées les vertus de la Paparouna, maîtresse d'Ali-Pacha.

L'officier du *Météore*, aussitôt qu'il avait fini son quart, descendait à terre, et se hâtait vers la vallée de l'Ilissus. Lorsqu'il eut assisté quinze fois aux exploits de Botzaris et jeté sur la scène quarante-cinq bouquets de violettes de Képhissia, il crut s'apercevoir, sans toutefois en être tout à fait sûr, que la Grèce régénérée et triomphante n'était pas indifférente à ses hommages. Là-dessus, il se tint à lui-même le discours suivant : « Voyons! Il ne faut pas mollir, comme dit le second du *Seignelay*. Donc, ne mollissons pas; larguons tous les scrupules et allons de l'avant! »

Le lendemain du jour où il se faisait à lui-même ces sages remontrances, le jeune officier arriva au théâtre un peu avant l'heure, applaudit, d'un cœur fort ému, la vaillance des Klephtes, et attendit, après le dernier acte, que la foule indifférente se fût écoulée. Il avisa un gamin des rues qui se promenait le long des banquettes en vendant des pistaches, et lui dit :

— Prends cette drachme. Je t'en donnerai une autre, si tu vas dire à la kyria Héléni, qu'une voiture et un Français l'attendent à la porte, pour la mener, si elle veut, dans une belle chambre, à l'hôtel de la Grande-Bretagne.

Dix minutes après, le gamin revenait, et disait à l'officier :

— La kyria Héléni vous attend derrière le théâtre. Venez avec moi.

Une fanfare de triomphe sonna dans l'âme du jeune homme. Il suivit, tout joyeux, son marchand de pistaches jusqu'à une porte basse qui s'ouvrait sur les boues desséchées de l'Ilissus.

— C'est là, lui dit son guide, en mettant un doigt sur sa bouche.

L'officier entra dans une misérable chambre, éclairée d'une chandelle fumeuse, et dans laquelle il n'aperçut d'abord que des paquets informes, qui gisaient à terre, comme des sacs.

Mais, tout à coup, ces paquets remuèrent, se levèrent, et quinze drôles presque nus — les compagnons de Fabvier et ceux de Botzaris — apparurent, agitant comme des ailes de chauves-souris leurs couvertures blanches, dardant des yeux terribles vers l'étranger, et déclamant, pour lui faire peur, des tirades incohérentes.

Notre ami ne se troubla pas pour si peu; il s'adossa contre le mur, et, comme il savait un peu de grec, il s'écria :

— Seigneurs, je reconnais que ce n'est pas vous que j'attendais. C'est sans doute une méprise. Malgré tout, je m'en réjouis dans mon cœur. Car vous déclamez fort bien; vous êtes des artistes et je vous admire.

Il n'en fallut pas davantage. Les « artistes » se regardèrent les uns les autres d'un air satisfait. Quinze mains se tendirent, cordiales, vers le Gaulois qui était si prompt à la repartie.

— Nous voulons boire à ta santé, reprirent les Hellènes.

On fit venir des petits verres, que l'officier paya.

Le lendemain, le vaguemestre du *Météore* apportait au carré une lettre dont l'adresse était ainsi conçue : *A l'officier français qui a trinqué hier soir avec les artistes du Théâtre du Peuple*. Il ne fut pas difficile de trouver le destinataire. Voici la traduction de la lettre :

« Monsieur, puisque tu es intelligent, et que ma fille te plaît, je consens à te connaître. Tu feras plaisir à moi et à mes amis, en venant dîner avec nous, demain soir, à l'auberge de l'Hymette, avant la représentation.

« Signé : Patrocle Krassopoulo,
« Chef de thiase. »

Un éclat de rire accueillit cette lecture. Seul, l'officier mécanicien resta grave, et déclara que c'était peut-être un guet-apens. Mais notre enseigne était fort curieux de causeries avec les indigènes; s'il voulait se donner la peine d'écrire, il serait un Loti spirituel et véridique; et il prit la résolution de se rendre à l'invitation du seigneur Krassopoulo.

Le repas eut lieu dans une grande salle claire, d'où l'on voyait le cap Kolias et un bout de mer bleue. Le thiase était à peu près au complet. Fabvier versait à boire avec entrain, et Botzaris, n'ayant plus de fustanelle, avait quitté ses airs tragiques. L'officier remarqua seulement, non sans regret, que les femmes de la troupe étaient absentes, et tous les engageants sourires du chef de thiase ne pouvaient le consoler de ne point voir la jeune Héléni. Lorsqu'on eut mangé en silence le pilaf et les petites boulettes d'agneau rôti, le seigneur Patrocle leva son verre de Clos-Marathon, et tint ce discours :

— Jeune étranger, je bois à ta santé, à ta prospérité, à ton avancement, à ton prochain mariage, à ton retour dans ta patrie, au bonheur de tes enfants! Les hommes qui sont assis auprès de toi m'ont dit que tu étais intelligent. Cela ne m'étonne pas : les Gaulois ressemblent aux Grecs. On m'a dit, de plus, que tu trouvais ma fille jolie. Je n'en suis pas surpris. Je t'avoue que j'avais pris la résolution de ne pas la marier avec un étranger. Mais, puisqu'elle te plaît, je consens à ce sacrifice. Dis-nous donc ce que tu possèdes. As-tu, en France, un champ et une maison? Que vend ton père?

L'enseigne ne s'attendait pas à d'aussi fortes émotions. Toutefois, il se remit bien vite, et répondit :

— Seigneur Patrocle, je bois d'abord à ta santé, à ta prospérité, à l'accroissement de tes richesses, ainsi qu'à la santé des honorables seigneurs ici présents! Lorsque vous m'avez convié à manger du pilaf en cabinet particulier, je ne m'attendais pas à l'honneur que vous me faites. Vous me demandez ce que je possède. Eh bien! je possède mon sabre, le sabre de mon père, qui lui-même le tenait de ses aïeux!

— C'est tout? interrogea Patrocle.

— Eh quoi! n'est-ce pas assez?

— Je ne dis pas non. Mais enfin.... Tenez, seigneur étranger, vous feriez peut-être mieux d'épouser une femme de votre pays.

— Hélas! je prévois qu'il faudra m'y résigner.

— Voyons! voyons! ne vous désolez pas! L'homme ne fait pas toujours ce qu'il veut. Il faut qu'il se soumette à sa destinée.

Et, subitement attendris, Patrocle, Bótzaris et Fabvier emplirent de pilaf l'assiette du jeune homme, pour le consoler.

Quand l'officier fut parti, après avoir payé la note, Patrocle Krassopoulo, chef de thiase, s'écria :

— Qu'on ne me parle pas de ces militaires! Qu'ils soient Grecs, qu'ils soient Français, ils n'ont jamais un para dans les poches de leurs habits dorés. Ah! notre maître, le grand Aristophane avait bien raison : « Bien du plaisir, dans vos expéditions de guerre... Tandis que nous buvons, couronnés de roses, vous allez geler et monter la garde pendant la nuit... » Ma fille épousera, je le jure, un petit épicier de Pharsale, notre chère patrie.

Au rebours des spectacles populaires, le théâtre des gens du monde s'efforce toujours d'être « éminemment parisien ». Les petites capitales de l'Orient sont comme des écolières en classe. Elles se jalousent fort, et Athènes meurt de dépit lorsque Bucharest a expliqué Chivot et Duru sans faute.

8.

Le « thiase » de Mme Judic est arrivé récemment à Athènes, et les journalistes athéniens ont isalué sa venue par des hymnes.

Les Athéniens ont applaudi *Paris fin de siècle, le Voyage de M. Perrichon, la Cagnotte, la Roussotte, la Femme à papa.*

Coquelin, lui aussi, vint à Athènes, et ses aventures méritent d'être racontées en détail.

« Arrivera-t-il ? N'arrivera-t-il pas ? » Telle était la question qui se peignait, un jour d'hiver, sur le visage anxieux de tous les Athéniens. Du haut de l'Acropole, comme jadis le vieil Egée, des guetteurs inquiets interrogeaient l'horizon, pour voir si la voile espérée n'allait pas apparaître sur l'azur lointain. Et Coquelin n'arrivait pas ! La représentation annoncée n'aurait pas lieu ! Il faudrait renoncer à cette soirée si longtemps attendue, rentrer dans l'armoire les toilettes étalées et les fracs dépliés ! Les uns se lamentaient ; d'autres commençaient à gronder sourdement, se demandant si l'illustre comique n'avait pas eu quelque caprice imprévu, une fantaisie, un accès d'inconstance, que sais-je ? Les imaginations allaient leur train, et l'on bavarda plus que d'ordinaire sur les trottoirs du Stade et dans les salons du boulevard Amélie. Quelques optimistes faisaient entendre timidement la voix de la conciliation, parlaient des risques de mer, des sautes du vent, du passage dangereux des Dardanelles, du terrible Vorias, que trouble si souvent la bonne humeur des mers orientales. Les faits donnèrent gain de cause aux plus indulgents. La tempête seule avait écarté, pour quelques jours, des rives de l'Attique, l'hôte qui allait faire frémir dans son tombeau l'ombre d'Aristophane.

Les aventures qui arrivèrent à Coquelin dans la mer Égée sont tragiques : elles font partie de l'histoire contemporaine; mon devoir est de les rapporter.

Après avoir joué devant le sultan, après avoir reçu le cordon de l'*Osmanié* et une grande quantité de livres turques, — ce qui lui interdit à tout jamais de figurer dans le *Bourgeois gentilhomme*, — Coquelin songea, non sans regret, à quitter les rives enchantées du Bosphore, où il venait de passer six journées, bercé par le chuchotement de la mer, l'acclamation des foules et le bruit réjouissant des sequins. De gros paquebots, amarrés dans la Corne d'Or, des *Messageries*, majestueux, portant des noms chinois, des *Fraissinet* bonasses et sans façon, des *Lloyd* aux noms mythologiques, se disputaient l'honneur de recevoir le prince des Comiques. Coquelin en décida autrement : il fréta, pour lui tout seul, un bateau, arbora le pavillon tricolore au mât de misaine, comme font les amiraux et les ambassadeurs, et mit le cap vers le sud. Tout alla bien, tant qu'on aperçut à l'horizon les prodigieuses découpures de Stamboul. Mais bientôt, la ville merveilleuse se perdit dans les brumes, et un certain malaise commença de régner à bord.

La mer de Marmara, — un tout petit bout de mer grand comme la main, une manière de lac qui veut se donner des airs d'Océan, — la mer de Marmara a des colères de femme, des fantaisies rageuses, de subits accès d'humeur très noire. La troupe s'en aperçut à ses dépens. Entre la côte de Roumélie et le petit archipel dont Proconnèse est l'îlot le plus étendu, le vaisseau qui portait Coquelin et sa fortune se mit à danser d'une étrange façon. Le pavillon, au mât de misaine, décrivait lamentablement des arcs de cercle désespérés. La tempête hurlait dans les cordages. Le ciel était noir. C'était un admirable décor de cinquième acte; mais la troupe ne pouvait tenir les planches; elle avait disparu, comme par des trappes, dans les troisièmes dessous du paquebot. Coquelin, lui, se tenait dans la chambre du capitaine et faisait face au danger [1]. On entra cahin-caha dans le détroit des Dardanelles. L'Hellespont rugissait. De guerre lasse, le bateau se mit au plein, comme disent les marins, et s'échoua misérablement sur une rive inhabitée. Comment se tira-t-il de ce mauvais pas? On n'en sait rien. Il est probable qu'un de ces petits remorqueurs anglais, qui vont d'île en île, cherchant des épaves à recueillir et des naufragés

---

1. Entretien de Coquelin avec un reporter de *l'Acropolis*.

à exploiter, l'aperçut dans cette désagréable posture, s'attela par de fortes amarres au navire en détresse, et le remit d'aplomb sur sa quille. Nos comédiens n'étaient pas au bout de leurs déboires. A peine avaient-ils dépassé les deux forteresses turques qui montent la garde, d'un air très renfrogné, à l'entrée des détroits, qu'il fallut relâcher à l'île d'Imbros.

Imbros! Je la connais pour avoir frôlé de très près ses flancs tourmentés, âpres, stériles, mais enluminés par le soleil d'Orient d'une divine couleur violette. Auprès, Samothrace dresse son pic aigu, poudré, tout en haut, de neiges étincelantes. Lemnos se profile vaguement à l'horizon. On aperçoit la forme confuse du mont Athos. Qui eût pu prévoir qu'un jour ces noms classiques, qui de loin semblent à peine répondre à des réalités, prendraient place dans la vie moderne, et pourraient presque figurer dans une revue de fin d'année, à côté du nom immortel de Coquelin? Braves insulaires, patrons de caïques aux culottes bouffantes, Turcs assoupis, caïmacans paternels, administrant avec une vingtaine de zaptiés en guenilles, de dociles raïas, quel ne fut pas leur étonnement, quand ils virent débarquer dans le port étroit, près du mouillage des galères homériques, ce masque gouailleur, étiré et verdi par le mal de mer, l'état-major des comédiens glabres et blêmes, tout ce prodigieux roman comique en perdition dans des parages inconnus! Ces pauvres gens, qui ne connaissent en fait de divertissements dramatiques, que les tristes facéties de *Kara-gheuz*, ne virent pas l'occasion unique qui s'offrait à eux. Ils ne comprirent pas, ouvrirent des yeux étonnés de sauvages curieux, et laissèrent partir les gaietés exubérantes, les rires étincelants qui passaient à leur portée.

Les vents se calmèrent. Quelques heures après, on longeait non sans secousses les côtes de l'Eubée; le mercredi dans l'après-midi, le vaisseau entrait au Pirée. Les navires de guerre rangés en ligne, le *Vauban* et le *Seignelay* de la marine française, le *San Martino* italien, le *Dagmar* danois, apercevant ce diable de pavillon au mât de misaine, faillirent mettre la garde sur le gaillard d'avant et tirer des salves retentissantes.

Les premières heures passées par Coquelin au pied de l'Acropole furent délicieuses. D'abord il cheminait sur terrain solide, oubliait ces duretés du roulis et ces brutalités du tangage, qui vous envoient d'un bord à l'autre et vous jettent au bas de votre couchette, sans le moindre respect de votre qualité. Ensuite, des reporters vinrent le voir, le firent causer, notèrent ses mots avec des exclamations admiratives, firent la description de sa figure et de ses vêtements. L'un d'eux le suivit à une distance respectueuse dans ses promenades, marqua les devantures où il s'arrêta, et écrivit qu'il jetait des regards « parisiens » sur les beautés athéniennes. Bref, c'était le commencement d'une lune de miel.

Hélas! ce charmant marivaudage devait durer ce que vivent les anémones de pourpre sur les collines de Daphni. Pour commencer, lorsque Coquelin et le public se présentèrent au perron délabré du théâtre, on trouva portes closes. Un des deux propriétaires du local, un ingénieux impresario qui se nomme Kephalopoulo, irrité du retard de Coquelin, était allé sournoisement prendre l'air à Kephissia, en emportant les clefs dans sa poche. Les dames aux épaules frissonnantes, les jolis messieurs aux boutonnières fleuries, battaient la semelle dans la boue. Il fallut forcer le portail vermoulu et prendre d'assaut la salle de la rue Ménandre. Après ce coup de force, on joua *Gringoire* et *les Précieuses ridicules* et l'on ajouta à ce menu fort appétissant quelques monologues qui, nous devons l'avouer à la honte des spectateurs, eurent un succès beaucoup plus marqué. Malgré tout, on trouva généralement que cette première représentation n'allait pas trop mal. Les journaux consacrèrent à Coquelin des articles enthousiastes; le rédacteur littéraire d'une des feuilles les plus répandues écrivit que « les abeilles de l'Hymette avaient déposé leur miel le plus doux sur ses lèvres divines ». Mais, en somme, le meilleur juge c'est Coquelin lui-même; or Coquelin n'a pas été satisfait. Il a été mécontent du peuple grec, du roi, de la famille royale. Il l'a dit tout en faisant sa barbe, à un rédacteur de *l'Ephiméris* qui est allé recueillir au petit lever ses amères doléances. Ce n'est pas seulement une malédiction, c'est un testament politique qu'il a laissé aux Grecs. Le récit de cette interview est un morceau de choix. J'en ai traduit les passages les plus saillants :

« Le théâtre était vide! a dit Coquelin. Sur le nombre total des spectateurs, un quart à peine m'avaient vu jouer autrefois à Paris. Les autres étaient des curieux, ne faisant nulle attention à la pièce, incapables de comprendre la fantaisie ailée de Banville, applaudissant à tort à travers, et laissant passer les jolies choses. A Constantinople, j'avais un public bien supérieur. Je ne vous parle pas de Bucharest : j'avais là-bas un public parisien. Ensuite, à Bucharest la famille royale me portait un si grand intérêt!

« La reine me faisait appeler chaque matin, et causait avec moi deux heures durant. Femme supérieure, parée des grâces les plus hautes! Ici, le roi ne m'a pas adressé un seul mot.

« Quand je suis venu à Athènes, je comptais sur une chaleureuse réception, non pas seulement parce que je suis Coquelin, mais parce que j'étais l'ami de cœur de Gambetta. Si l'on faisait le compte des heures qu'ont passées avec lui ses amis les plus intimes, j'occuperais le premier rang! Tout cela n'a servi de rien. J'ai trouvé, je le répète, une indifférence glaciale. Je remercie la presse de l'enthousiasme qu'elle témoigne pour moi. Mais si cet enthousiasme avait été partagé par le public, je n'aurais cure d'être soutenu par la presse.

« Autrefois j'ai joué pendant trois semaines en Angleterre. L'enthousiasme du public était si grand que, pendant la dernière semaine, je jouais deux fois par jour. Et, pourtant, le croiriez-vous, malgré cet enthousiasme de la société de Londres, le *Times* m'attaquait tous les jours. Tout cela, parce que, un jour, j'avais « remis à sa place » son correspondant Blowitz (suit une longue diatribe contre M. de Blowitz, que l'on ne s'attendait pas à trouver en cette affaire). C'est pour vous montrer que la presse ne peut rien contre moi. Elle peut écrire ; je ne m'en occupe guère, quand j'ai pour moi l'enthousiasme du public. Quand je ferai ma tournée en Amérique, vous verrez mon succès ! Je resterai un mois à New-York, et j'aurai tous les soirs salle comble. Pourquoi? Parce que là-bas le public me comprend. Je trouverai des spectateurs auxquels je pourrai m'adresser avec la certitude qu'ils sont capables d'apprécier la finesse de mon jeu. Ici on ne comprend pas. Pourquoi? Parce que l'éducation artistique manque. Le public athénien est habitué au vaudeville : il lui faut de grosses plaisanteries, des éclats de voix sauvages Pour les vers de Banville, votre public n'est pas assez avancé. Je regrette d'avoir perdu mon temps à venir ici, d'avoir écouté mes amis de Paris et de Constantinople, de m'être fié à ma renommée et à mon amitié pour Gambetta. Je partirai demain, à moins que le roi ne me fasse prier de jouer avant midi. S'il me mande après deux heures, il sera trop tard; je ne resterai pas, je pars pour Paris, par Brindisi. Je ferai une tournée en province; puis je visiterai l'Égypte. »

Ce message n'était pas fait pour calmer les esprits et pour opérer la concentration des spectateurs. La seconde représentation fut plus froide que la première. L'assemblée, peu nombreuse et comme troublée par ces événements successifs, couvrait d'applaudissements des passages fort ordinaires, faisait fête au ronron tragique des compagnons de Coquelin, et ne donnait que de rares signes d'intelligence quand le maître ouvrait la bouche. Des épisodes bizarres viennent encore accroître le désarroi général. Un gazier récalcitrant se plaignit de n'avoir pas été payé, fit une scène bruyante au sieur Jatridis, associé de Kephalopoulo, et menaça d'éteindre le gaz s'il n'était payé sur l'heure. Il fallut réduire à l'impuissance et mener au poste ce créancier turbulent.

Enfin, une dernière amertume était réservée à Coquelin. Quand il rentra, brisé de fatigue, à son hôtel, il y trouva M. Loyal en personne : un huissier l'attendait et lui remit cérémonieusement un exploit rédigé en grec. C'était l'inévitable Kephalopoulo qui, non content d'avoir emporté dans sa poche les clefs du théâtre, accusait Coquelin : 1° d'être arrivé seulement le 9 décembre, après avoir promis de jouer le 8/20 et le 9/21 ; 2° d'avoir joué le 9/21 et 10/22.

C'en était trop. Coquelin boucla ses malles et, comme le roi, insensible à son ultimatum, ne le fit pas appeler avant l'heure fixée, il partit, en montrant le poing aux Palikares.

CHAPITRE VI

L'administration. — Les forêts brûlent. — La justice. — Histoire d'un crime. — Les douaniers en cour d'assises. — Une exécution capitale au Pirée. — Théorie du brigandage.

Il y a quelques années, les Grecs avaient encore des sous-préfets, qu'ils appelaient des *éparques*. Plus courageux, sur ce point, que beaucoup de ministres occidentaux, un ministre grec les a supprimés. Les nomarques, préposés à l'administration des seize nomes du royaume, suffisent, par la pompe de leur titre, à satisfaire l'amour-propre de leurs administrés, et, par leur zèle, à maintenir, à peu près, l'ordre public. Ce sont, d'ailleurs, des hommes de manières simples, moins gourmés que les moindres conseillers de nos moindres préfectures. Les *nomarchies* ne rappellent nullement le luxe de nos palais administratifs. Elles sont si modestes et, quelquefois, si peu habitables, que les nomarques sont plus souvent au café que chez eux.

La surveillance des préfets grecs, aidés par les maires élus des 443 dèmes, s'exerce principalement sur trois choses qui, parfois, menacent de tourner au tragique : les opérations du recrutement, la conservation des forêts domaniales, et la loyauté des élections.

Le Grec, bien qu'il soit bon soldat, et quelquefois flatté par la perspective de porter un uniforme, regimbe assez souvent contre la conscription. A l'approche du tirage au sort, les bergers qui sont de la classe se sauvent dans les rochers, le plus haut qu'ils peuvent et, pendant des semaines, ni promesses ni menaces ne peuvent les en faire descendre. Il faut mettre à leurs trousses des brigades de gendarmes, et les assiéger en règle dans les maquis où ils se nourrissent de fromage et d'agneau rôti. Quand ils sont serrés de trop près, ils reculent jusqu'aux frontières, qui, dans ce petit royaume, ne sont jamais loin. La plupart des brigands qui coupent des bourses, et quelquefois des gorges, sur les routes de Roumélie, sont d'anciens réfractaires, échappés de Grèce.

L'ingérence de l'État répugne au libre esprit des Hellènes. Ils ne peuvent s'habituer à l'idée qu'il ne suffit pas, pour repousser les Turcs, de décrocher le vieux fusil, pendu derrière la porte par les ancêtres. On ne leur fera jamais comprendre, non plus, que tout ce qui est en plein air n'appartient pas à tout le monde, et que les arbres du chemin ne sont pas la propriété du passant. Il y a peu de forêts en Grèce, parce que les passants les brûlent en allumant leur cigarette, quand les bergers n'y mettent pas le feu, pour avoir, à bon compte, de commodes pâturages.

Heureux les touristes qui ont fait, il y a quelques années, la classique excursion du Pentélique! Il faudra laisser passer bien des années, avant que ce paysage ait retrouvé sa grâce première. A vrai dire, l'auguste montagne était bien quelque peu encombrée : elle recevait parfois des visiteurs profanes et des adorateurs imprévus. Certains touristes laissaient, sur le registre régulièrement présenté aux voyageurs par les bons moines, des réflexions qui manquaient de sel attique. Le chapeau de M. Perrichon troublait trop souvent le recueillement de ces solitudes, et gâtait, par son profil, des lignes de l'horizon. Mais les vallées étaient si coquettes, avec leur vêtement de verdure pâle!... On traversait, pour se rendre au monastère, un si joli bois d'oliviers, tout bourdonnant d'abeilles! Maintenant, c'est fini. Les pentes lumineuses sont peuplées de troncs calcinés, lamentables. Un soir d'été, les Athéniens, occupés à prendre le frais sur le toit de leurs maisons, aperçurent une lueur intense qui embrasait le ciel. Des curieux montèrent au Lycabète, et virent une gigantesque fournaise. C'était, tout simplement, le Pentélique qui flambait.

L'opinion publique accusa tout de suite de ce

méfait, et avec grande raison, les bergers vlaques qui infestent la contrée.

Il n'est pas nécessaire de voyager dans l'intérieur de la Grèce pour être édifié sur leur compte : il suffit d'aller jusqu'au Laurium, ou plus simplement, jusqu'au col de Daphni : ils sont couchés sur le rebord de la route, entourés de chiens qui sont de la race antique des molosses. Couverts d'un grossier manteau de poils de chèvre, avec leur grand bâton d'olivier, qui rappelle le sceptre des rois pasteurs, leur barbe inculte et leur arsenal de pistolets et de couteaux, ils sont à la fois homériques et rébarbatifs. Ils font penser à l'*Iliade* et au *Roi des Montagnes*. Le voyageur novice, qui tient à pouvoir mettre sur son carnet des choses terribles, les prend volontiers pour des brigands, et interroge avec anxiété les cochers goguenards qui font le service d'Eleusis et de Képhissia. Les bergers vlaques ne guettent pas les voyageurs au détour d'un chemin; mais, quand un bois les gêne, ils le brûlent, pour avoir, l'année suivante, de beaux pâturages. Les historiens attribuent généralement à ce procédé le déboisement qui a décharné la Grèce au moyen âge. Si le gouvernement n'y met bon ordre, le pays reviendra, sur ce point, aux beaux temps de la domination vénitienne. Si la police et les tribunaux voulaient rechercher et punir les auteurs de ces incendies volontaires, tous les gardes et tous les juges du royaume n'y suffiraient pas. Ils ont malheureusement d'autres occupations. Les crimes contre les personnes sont nombreux en Grèce. Ils ont presque tous la même origine. Les mobiles des meurtres sont, quatre fois sur six, la colère, la vengeance, la jalousie. Les vols avec préméditation et guet-apens sont relativement rares. Mais les idylles deviennent souvent sanglantes.

Ces sortes de crimes ne sont pas considérés comme déshonorants. La *vendetta* divise encore les familles arcadiennes, et fournit de nombreux accusés à la cour d'assises du nome de Tripolis. Quand deux bergers d'Akladocambo s'en veulent, ils vont dans un endroit écarté, tirent leurs longs couteaux, et s'ouvrent le ventre, non pas respectivement, comme au Japon, ce qui est absurde, mais réciproquement, ce qui est plus raisonnable.

Parmi les crimes et délits, ceux qui sont regardés comme les plus honteux sont l'infanticide, le rapt, le parricide, le trafic des antiquités nationales. Il y a quelques années, le vol du Musée numismatique faillit causer une petite révolution. Il s'agissait d'un certain Périclès Raftopoulo, qui a fait parler de lui ailleurs que dans son pays, et qui fut arrêté à Paris, par les agents de M. Goron, au moment où il venait de forcer le coffre-fort de MM. Feuardent et Cie, collectionneurs et marchands d'antiquités.

On n'a pas su très exactement, en France, l'émotion qui fut causée à Athènes par les mésaventures de ce voleur de vieilles monnaies. Presque tous les jours, une correspondance, datée de Paris et insérée dans *l'Ephiméris* ou *l'Acropolis*, avertissait la nation hellénique, qu'un frère indigne, arrêté par la police parisienne, regrettait, à Mazas, dans une cellule morose, la mer Egée, le ciel de satin bleu, le profil lointain des Cyclades couleur d'or. Pendant une quinzaine, Raftopoulo fut, sur toute la surface du royaume, le sujet de toutes les conversations et le héros du jour. Sa biographie se vendit à des milliers d'exemplaires; les journaux illustrés donnaient son portrait, et vantaient sa beauté.

La curiosité populaire était aiguisée par ce fait que tous les Athéniens, ou à peu près, l'avaient connu. Quiconque avait fréquenté les salles de l'Université ou de la Bibliothèque nationale, retrouvait dans ses souvenirs ce rusé compère, dont l'inclination naturelle était de voler, et qui avait joué à sa famille de fort bons tours, avant de tomber aux mains implacables de M. Goron.

Raftopoulo était poète à ses heures : il jouait de la cithare, et célébrait, sur le mode lyrique, avec des mots éthérés, les charmes très matériels d'une beauté locale, l'opulente Phrosô [1]. Il l'appelait sa « fraise », *fraoula*; il ajoutait qu'il aurait bien voulu être la feuille du fraisier; en attendant, il compa-

---

1. Abréviation pour Euphrosyne.

rait le regard de la bien-aimée à une épée flamboyante qui traversait le cœur de l'amant, et il refusait de vivre « loin de ses cheveux ».

Quand il publia le recueil de ses poésies, quelqu'un fit l'inventaire de ces tendresses passionnées, et déclara que l'auteur les avait « empruntées » à plusieurs de ses amis, amoureux et poètes comme lui, et qui revendiquèrent bruyamment leurs droits de propriété littéraire.

Raftopoulo était journaliste. Sa copie, abondante et facile, alimentait plusieurs recueils périodiques et beaucoup de feuilles quotidiennes. Il fut un reporter sublime : le lendemain du jour où il avait dévalisé le Cabinet des médailles, il interviewa le sous-directeur, M. Svoronos, et se fit raconter l'événement par le menu. Enfin, Raftopoulo faillit devenir diplomate : il s'était fait inscrire au concours pour un poste d'*acolyte* du ministère des affaires étrangères. Sûr du succès, il avait commandé son épée, son frac et son tricorne. Malheureusement, la veille de l'examen, il s'attira une méchante affaire. Pour un petit vol, pour une peccadille sans importance, l'astynomie se mit décidément en colère, et le jeta en prison, justement ce jour-là, pendant quelques heures. Le roi George frémit encore, en pensant qu'il aurait pu être représenté auprès des cours étrangères par cet habile homme trop aventureux.

A ce moment, Périclès Raftopoulo, ennuyé du séjour d'Athènes, et désireux de se produire sur un plus vaste théâtre, résolut d'aller à Paris. La grande ville le fascinait; il voulait dépayser sa mauvaise réputation; il espérait se perdre dans cette cohue d'hommes et de choses, où les coffres-forts sont plus impersonnels et les porte-monnaie plus anonymes. Comme il jugea nécessaire, avant d'aller à Paris, de se munir d'un titre retentissant, il prépara, en quelques nuits, l'examen du doctorat en droit. Il connaissait les lois mieux qu'un juge d'instruction : le Code pénal, qu'il avait étudié comme un ennemi dont il faut connaître toutes les ruses, n'avait pas de mystères pour lui. L'Université d'Athènes, avec une admirable philosophie, lui donna la mention *très bien*, λίαν καλῶς, et lui délivra un diplôme, signé par le prytane et par tous les cosmètes. Ce fut le dernier succès de cette rapide et brillante carrière. Dès son arrivée à Paris, il se faisait prendre, comme un renard au piège, par M. Goron.

Il est dommage que M. le préfet de police et M. le chef de la sûreté n'aient pas eu, à cette époque, le loisir de lire, dans les journaux athéniens, le récit de leurs prouesses. Ils auraient trouvé à ces récits une saveur imprévue et très rare. Cela prenait, sous la traduction en langue byzantine, une couleur lointaine et un parfum de Bas-Empire, qui faisaient songer aux temps de Jean Zimiscès et de Nicéphore Phocas. Nos fonctionnaires en habit noir apparaissaient, déguisés en dignitaires des chancelleries impériales. Le préfet de police était *archège de l'astynomie*; le brigadier Rossignol était *décarque* et *archiphylaque*; nos commissaires de police étaient *astynomes* : les gamins de Paris n'auraient pas reconnu, sous ce travestissement historique, la silhouette coutumière des gardiens de la paix. Il est désirable que M. Victorien Sardou consulte ce catalogue de dignités. Il y trouvera, pour la reprise de *Théodora*, des titres encore plus étranges que ce fameux « centurion des gardes scholaires », qui a fait la joie des chroniqueurs érudits, et le ravissement des petites comédiennes fortes en histoire.

Le sentiment qui poussait les Grecs à tant s'occuper de Raftopoulo, était composé des éléments les plus contraires. On y trouvait, avec la satisfaction d'avoir enfin, comme tous les peuples qui se respectent, un voleur célèbre, un certain dépit de voir aux mains de la police parisienne un maître fripon, pour qui la police athénienne avait eu de grandes indulgences, et presque des égards. La vanité nationale n'admettait pas que M. Goron fût un limier plus exercé que l'excellent astynome d'Attique. Cette arrestation en pays étranger satisfaisait la morale et de justes ressentiments, mais elle froissait la bonne opinion que les Grecs ont d'eux-mêmes. La *Néa Éphiméris* déclara tout net que, sans doute, la police parisienne avait des qualités, mais qu'enfin le premier mérite de cette capture appartenait aux magistrats athéniens, qui n'avaient laissé partir Raftopoulo, que pour se dispenser de prononcer contre lui la peine de l'ostracisme. D'autres journaux ajoutèrent que la justice française avait trop de mansuétude, et que la cour d'assises d'Athènes aurait montré, dans cette affaire, une plus intraitable sévérité.

La magistrature grecque est organisée à peu près sur le modèle de la nôtre. On trouve, dans la salle des Assises, un président, deux assesseurs, un greffier, un avocat général, et des gendarmes. Mais on n'y remarque ni robes, ni toques, ni attributs allégoriques. Les Grecs, gens pratiques, et d'un bon sens tout à fait américain, ne veulent pas s'exposer à saluer, en pure perte, l'hermine d'un magistrat ignorant. On juge, on requiert, on plaide, on condamne en redingote ou en veston.

J'ai assisté, en Phthiotide, à un procès retentissant. La cour d'assises de Lamia était chargée d'examiner la conduite de tout le personnel des douanes du Pirée. La loi veut, en Grèce, que les accusés soient toujours jugés ailleurs que dans le lieu où ils ont été pris. Comme les habitants d'un même canton sont, à peu près tous, parents ou alliés, le législateur a craint que l'esprit de famille ne l'emportât, dans l'âme des jurés, sur le souci de l'équité. Solon, qui connaissait bien son pays, eût approuvé cette sage mesure.

Les jurés de Lamia avaient été tirés au sort un

peu partout. On espérait que la conscience des insulaires, unie à celle des Hellènes de la Grèce continentale, formerait une moyenne, tout à fait impartiale et suffisamment garantie contre les tentatives de brigue et de corruption. Ce jury, où tous les patois du royaume se mêlaient et se confondaient, montra en effet le plus vif désir d'appliquer aux coupables la rigueur des justes lois.

Les débats avaient lieu dans une grande salle carrée, blanchie à la chaux, et emplie d'une odeur de fustanelles. Sur le mur du fond, une chromolithographie, de fabrication autrichienne, et encadrée dans quatre baguettes de bois, représentait le roi George.

Le « proèdre » était assis derrière une espèce de comptoir, assez semblable à celui de nos magistrats. C'était un petit brun, mal rasé, d'aspect jovial et bienveillant. Les deux assesseurs, contrairement à l'usage adopté par nos juges, ne dormaient pas. Ils remuaient, au contraire, avec obstination, et se consolaient de ne pas parler en faisant beaucoup de gestes.

Les accusés, entourés par un piquet de gendarmes, étaient fort nombreux. Le plus considérable de tous était un grand vieillard à barbe blanche, d'aspect bourgeois, correctement boutonné dans une redingote noire. Les autres, évidemment des sous-ordres, avaient des habits communs et des mines sournoises, et affectaient de rejeter sur le vieillard toute la noirceur de leur méfaits.

L'interrogatoire fut très long. Le « proèdre » devait lutter d'habileté avec des gaillards subtils, très habitués à la pratique du syllogisme, et experts aux prouesses du raisonnement. Parfois, le digne homme perdait patience, et lançait à ses impertinents interlocuteurs, des apostrophes, remarquables par la correction de la syntaxe et l'heureux choix des expressions.

Cette conversation dura trois jours. Tout Lamia était dans l'attente. Les témoins cités à la requête du parquet, étaient entourés et choyés dans les cafés, et ne résistaient pas au plaisir d'échanger contre quelques verres de raki des confidences auxquelles ils essayaient de donner un air important.

Enfin, l'avocat général prit la parole. Il parla fort bien, sans craintes des menaces qu'on lui avait faites, et des représailles terribles que lui avaient annoncées les familles des prévenus. Il se sentait soutenu par le premier ministre, qui était alors M. Tricoupis. Le gouvernement voulait en finir une bonne fois avec des voleries et des pillages qui menaçaient de déconsidérer la Grèce aux yeux de l'Europe. Le ministère public requit fort courageusement l'application du maximum de la peine.

Le jury délibéra pendant douze heures, médita

sur un énorme questionnaire, et rapporta de la salle des délibérations, où on l'avait enfermé, un verdict sévère. Le directeur général des douanes, reconnu coupable de malversations, fut condamné à plusieurs années d'emprisonnement. Les coupables furent reconduits à leur geôle par une forte escorte de gendarmerie, au milieu d'une foule un peu étonnée que l'on prît si fort au sérieux des péchés qui, jusqu'alors, avaient passé pour véniels. Mais le directeur des douanes était, en même temps, un personnage politique. Il est probable que le premier soin du gouvernement qui a succédé à M. Tricoupis a été d'ouvrir sa cellule, et de lui donner de l'avancement.

Les cours criminelles du royaume de Grèce prononcent assez souvent la peine capitale. Depuis quelques années, surtout, quand M. Tricoupis est au pouvoir, les sentences sont exécutées.

L'exécuteur des hautes œuvres est lui-même un condamné à mort. On n'a jamais pu trouver, en Grèce, un homme respectable qui consentît à cette profession. On eut même de la peine à trouver, parmi les scélérats les plus authentiques, un bourreau de bonne volonté. Il y a quelques années, un assassin, que l'on mit en demeure de choisir entre la nécessité de monter à la guillotine et l'office d'exécuter les autres, prit le premier parti. Sa femme était venue le trouver dans sa prison, et l'avait adjuré, par tous les saints de l'Église orthodoxe, de ne pas accepter une pareille infamie, et de laisser, du moins, un nom honorable à ses enfants.

Le bourreau est relégué dans une petite tour, autrefois bâtie par les Vénitiens, sur un îlot, devant le port de Nauplie. Tous les matins, un batelier lui jette un pain, et se sauve bien vite, en ayant soin de ne pas échanger une seule parole avec le maudit. Deux fois par an, un vaisseau de la marine hellénique vient le chercher; on le hisse à bord, avec le couteau et les bois de justice, et en une tournée, tous les condamnés qui attendent dans les prisons du royaume sont exécutés. Il y a quelque vingt ans, dix-sept brigands furent décapités en une matinée, sur le Champ de Mars, près de la route de Patissia. C'était la bande du fameux Davellis, qui avait emmené, dans la montagne, de nombreux Anglais, et tué, avant de se rendre, une trentaine de gendarmes. Les témoins de cet effroyable massacre ne peuvent, encore aujourd'hui, le raconter sans horreur.

Il y a quatre ans, neuf coureurs de grands chemins furent guillotinés à Larissa. Ils étaient entrés de nuit dans un moulin, avaient tué la meunière et chauffé les pieds du meunier pour qu'il leur livrât son avoir.

Plus récemment, trois pirates furent exécutés au Pirée, et comme j'ai assisté à cette scène, je demande la permission de la raconter.

Nous étions en rade du Pirée, sur le pont du *Seignelay*. Le second, ancien et rude combattant des mers de Chine, parlait de l'amiral Courbet. Il recommençait un récit qui nous était très cher : « Un jour le père amiral... » A ce moment, le timonier de service s'approcha de l'officier de quart, le bonnet à la main :

— Capitaine, l'*Eurotas* passe à tribord et salue.

— Bien, mon ami, qu'on lui rende...

Tout à coup, nous vîmes les quais du Pirée s'emplir d'une foule grouillante et vociférante. Des gamins couraient le long de la berge, en criant, de toutes les forces de leurs poumons : — Ἔρχουνται!... Ἔρχουνται!... Ils viennent! ils viennent!

Le médecin du bord, qui était au courant de la politique et des nouvelles récentes (on le soupçonnait de correspondre avec un journal parisien), nous expliqua que l'*Eurotas* était attendu depuis longtemps par tous les badauds de l'Attique, parce qu'il amenait les pirates.

— Quels pirates?

— Mais les pirates condamnés à mort, il y a un an, par la cour d'assises, le fameux Vlakhopanayotis, Gourbas et Micheletos, surnommé l'Ange. Ils ont attaqué un caïque dans la mer de Marmara, égorgé le mousse, noyé le patron et pillé la cargaison. Le consulat grec les a fait arrêter au moment où ils faisaient la fête dans les bouges de Galata. L'*Eurotas* vient de les extraire du pénitencier d'Égine, où ils étaient détenus; et demain, au petit jour, ils vont, comme on dit, « payer leur dette à la société ».

Les malheureux étaient entassés sur l'*Eurotas*, petit aviso à peine plus grand qu'un canot à vapeur, pêle-mêle avec le bourreau, ses aides et la guillotine. L'*Eurotas* mouilla dans la baie des Russes; et, du bord, les trois misérables pouvaient voir le cimetière où leur dépouille devait être enfouie le lendemain.

Dieu, que cette nuit me parut longue! La lune était claire. Les étoiles brillaient. La ville et le port étaient bleus. La rade argentée clapotait avec un petit bruit tranquille. La silhouette de Salamine se fondait dans des pâleurs azurées. Et parmi ce silence et cette clarté, derrière l'enchevêtrement des mâts et des cordages, on voyait le fanal de l'*Eurotas*, qui oscillait au vent, indiquant le point précis où veillaient, au milieu du sommeil des hommes et des choses, trois horribles misères.

Nous étions restés sur le pont, quatre ou cinq, fumant des cigares, et évoquant, à propos de cette triste aventure, des souvenirs lugubres.

— Oui, disait l'enseigne G...., un Parisien très fin et très frêle, un jour, à Hanoï, j'ai vu décapiter six pirates. Ils étaient agenouillés à terre. Devant eux, des paillasses faisaient des singeries et tiraient la langue pour les distraire. Le bourreau était derrière eux, avec un grand sabre. Il alluma une cigarette et leur donna la permission d'en faire autant. Quand il eut fini de fumer, il leur fit signe que le moment était venu. Alors il enfonça son doigt dans sa bouche, où il mâchait une chique de bétel, et avec la couleur rouge de sa chique, il leur traça à tous un cercle autour du cou, afin de bien viser et de ne pas se tromper d'endroit. Il les décapitait d'un seul coup, fort adroitement. Je m'approchai trop près du dernier. Le sang jaillit jusqu'à moi. Justement j'étais en blanc. J'ai été obligé de me changer et de prendre un *tub*. C'était très embêtant.....

Quand je fus rentré dans ma chambre, mille fantômes me poursuivirent. Je ne pus dormir. La cloche du bord sonnait lugubrement les quarts d'heure. Vers minuit, je remontai sur le pont. La lune était toujours claire, dans la nuit transparente, et le fanal de l'*Eurotas* clignotait un peu sous la brise qui fraîchissait. Une fine rosée couvrait le plancher et me faisait glisser. Je me heurtais contre des rouleaux de cordes et contre les circulaires des canons. J'étais obligé d'enjamber les hommes de quart, qui ronflaient, étendus comme des paquets, près de la coupée.

Une main se posa sur mon épaule, et je vis l'officier de quart, enveloppé dans sa pèlerine, la casquette enfoncée jusqu'aux yeux. Il me dit, à voix basse :

— Eh bien! vous êtes malade?

— Ma foi non, mais je ne puis dormir.

De fait, des rêves fantastiques me tenaient éveillés. La lune ronde me faisait l'effet de la lunette d'une guillotine, et le feu rouge, qui veillait à l'entrée du port, ressemblait, cette nuit-là, à la plaie sanglante d'un cou fraîchement coupé.

Je retournai très tard dans ma chambre, où je finis par m'endormir d'un sommeil lourd.

Je m'éveillai, ma porte était ouverte; j'apercevais, dans l'entrepont, la baïonnette d'un factionnaire, qui brillait près d'un falot; une lanterne s'approcha de moi; je vis que quelqu'un allumait ma bougie. C'était un timonier qui me dit :

— Monsieur, il est cinq heures. Dans cinq minutes, on arme le you-you. L'officier de quart vous fait demander si vous voulez allez voir guillotiner.

Cinq minutes après, le you-you poussait de l'échelle de tribord, et quatre hardis garçons souquaient ferme du côté de la baie des Russes.

Dans le petit jour, la mer était inerte et terne; la côte, sans arbres, était désolée et morne, les maisons du Pirée étaient toutes grises. Le feu rouge et le feu vert, qui marquaient l'entrée de la rade, pâlissaient lentement. Nous passâmes, à toucher, le long de l'échelle de l'*Eurotas*. Rien ne semblait remuer à bord. Évidemment, l'heure n'était pas encore venue. Le bourreau dormait.

A terre, le long de la berge, trois landaus de

louage attendaient. Les lanternes étaient allumées. Les cochers causaient, en surveillant du coin de l'œil, leurs chevaux maigres et assoupis. L'un d'eux me demanda du feu pour allumer sa cigarette, et me dit, avec un frisson narquois :

— Il ne fait pas chaud, *kyrie*, le couteau sera froid, ce matin.

Il fallut cheminer un bon quart d'heure, dans les pierres, le long des antiques fortifications du Pirée, où les archéologues faisaient justement des fouilles à cette époque, pour retrouver un temple de Vénus. Les ouvriers étaient déjà arrivés, et piochaient nonchalamment, en regardant du côté de l'*Eurotas*. Mon domestique Sotiri était avec eux; il mangeait du pain et du fromage, et nous dit bonjour en passant. Peu à peu, le ciel blanchissait. Quelques oiseaux de mer tournoyaient dans l'air blême. Les montagnes d'Eleusis sortaient de l'ombre. Nous rencontrions des gens de plus en plus nombreux, à mesure que nous approchions du cimetière. Dans un terrain vague, un peu en avant de la ville, une foule épaisse et noire grouillait. Au-dessus de la houle des têtes et des visages qui étaient blafards, dans cette pâleur de l'aube commençante, deux vilains morceaux de bois se dressaient, tout rouges. C'étaient les deux montants de la guillotine. On ne voyait pas le couteau. Par une attention délicate, on l'avait recouvert d'un morceau de toile rouge. De loin, cela ressemblait à une petite porte basse et honteuse. C'est par là que trois hommes allaient entrer dans l'éternité.

De temps en temps, les gendarmes poussaient les curieux, et la foule oscillait en remous prolongés. Un superbe officier, empanaché de blanc, cavalcadait, sabre au poing, en gants blancs. Son cheval se cabrait, avec un bruit de gourmettes, d'éperons et de sabre. Et visiblement cela faisait plaisir au cavalier.

Il y avait là toute l'écume du Pirée, des faces de corsaires et des mines de brigands. Mais le beau monde d'Athènes était venu aussi. Les trains arrivaient, bondés, et déversaient des cargaisons de beaux jeunes gens, de jolies femmes. Quelques-uns arrivaient en voiture, et grimpaient sur les banquettes pour mieux regarder.

On voyait, tout à côté de l'échafaud, une grande bâtisse neuve, isolée comme un lazaret. C'était la « maison carrée » du Pirée, bien connue des matelots de toutes les nations. Cet horrible bouge, dont la porte de fer était martelée de coups de pierre et de coups de talons, était le rendez-vous presque quotidien des permissionnaires, qui y laissaient leur paye, leur raison, et souvent leur santé. Des rixes effroyables y avaient lieu les jours de grandes bordées. Une nuit, des matelots russes et des matelots français y avaient assiégé presque tout l'équipage d'un croiseur anglais. On fut obligé d'envoyer sur le champ de bataille un enseigne et un détachement, pour rétablir la paix.

Les fenêtres de cet établissement avaient été louées, plusieurs jours d'avance, par des gens d'Athènes. Quelques-uns y couchèrent : badauderie héroïque. Je voyais, dans l'embrasure de la porte, un des plus élégants danseurs des bals de la cour, à côté d'une horrible négresse qui avait un bandeau sur l'œil.

Le bel officier, voyant que nous cherchions à nous faufiler à travers la cohue, commanda à ses gendarmes d'écarter la canaille et de nous laisser passer. Le jour devenait clair. L'aurore illuminait de rose la crête des montagnes. La mer bleuissait. Quelques oiseaux, dans les arbres du cimetière, se mirent à chanter.

Tout à coup, une large ondulation courut à travers la foule. Toutes les têtes se tournèrent du même côté. Des gamins couraient en criant :

— Τοὺς φέρνουν, τοὺς φέρνουν (On les amène! on les amène!).

Les trois landaus, lanternes allumées, arrivaient à fond de train, roulant, de cahots en cahots, à travers les pierres, au milieu d'un escadron de gendarmes, qui galopaient, sabre au clair. On entendait des voix dolentes qui psalmodiaient des paroles indistinctes. C'étaient les condamnés qui, du fond de leurs voitures, chantaient pour eux-mêmes l'office des morts. Quand ils furent au milieu de la foule, ils se penchèrent hors des portières, en criant :

— Frères! Priez pour nous! Priez pour nous!

A quoi le peuple répondait :

— Nous prions! Nous prions!

Arrivée au pied de la guillotine, la première voiture s'arrêta, tandis que les deux autres se rangeaient par derrière. Un grand gaillard en descendit. Il avait une épaisse chevelure brune, une barbe longue et noire, de grands yeux dont le regard était assuré et doux. Avec la camisole blanche qui lui liait les mains, il avait l'air si ascétique, que je le pris d'abord pour le pappas chargé d'apporter aux condamnés les secours de la religion. C'était le condamné Vlakhopanayotis. Il était réputé le moins coupable des trois. Le public sentait de la sympathie pour lui. Quand le greffier eut achevé la lecture de la sentence, il se tourna du côté des assistants, et dit :

— Je suis innocent du meurtre dont on m'accuse. J'ai voulu voler et faire de la contrebande; mais je n'ai pas trempé ma main dans le sang chrétien.

Les deux aides du bourreau le lièrent alors sur la planche. Puis, ils l'embrassèrent l'un après l'autre sur le front, tendrement. La planche bascula, et la tête disparut dans la lunette. Il y eut, dans la foule, une longue minute d'angoisse.

— Ah! dit près de moi une femme fort élégante, j'ai le mal de mer...

Entre les deux bras de la guillotine, le ciel était clair, et le Parnès souriait, tout rose. Enfin, le couteau tomba. Quand il remonta, hissé à coups saccadés, par une poulie grinçante, deux raies rouges marquaient, sur le métal, la place des deux artères...

On alla chercher, dans son landau, le deuxième condamné. C'était Micheletos, surnommé l'Ange. Il était blond, et tout jeune; de loin, on lui eût donné quinze ans. Il avait, sur la tête, une vieille casquette, qu'on lui ôta. Il désirait parler. Les deux aides se querellèrent, l'un voulant en finir tout de suite, l'autre inclinant à l'indulgence. On entendit fort distinctement l'Ange qui disait :

— Laisse-moi, *mes yeux*, afin que je dise deux mots.

Il se tourna vers la foule et s'écria :

— Je n'avais pas de mauvaises intentions, mais j'ai été entraîné. On me *coupe* avec raison. Voyez où cela m'a mené. Ne faites pas comme moi.

Quand il fut lié sur la planche, il demanda à boire. On lui tendit l'arrosoir, qui devait servir à laver la guillotine. Il but longuement. Il faisait grand jour; le soleil apparaissait derrière le Pentélique, éblouissant les yeux du condamné.

Quand la planche eut basculé, l'Ange eut un mouvement d'horreur. Sous ses yeux, dans le panier, il voyait la tête sanglante de Vlakhopanayotis. Le couteau tomba; le corps se retira brusquement, en un recul convulsif.

C'était le tour du troisième, un vieux à moustache grise, une figure de loup de mer, comme j'en avais tant rencontré dans l'Archipel. Il était si petit, qu'il était obligé de relever le menton pour qu'on le liât sur la planche. On lui apporta un tabouret.

Il répétait machinalement :

— Ce n'est pas moi qui ai tué le capitaine! Ce n'est pas moi qui ai tué le capitaine! Ce n'est pas moi qui...

Le couteau lui coupa la parole.

Quand on eut lavé la guillotine, un des landaus repartit au grand galop, dans un tourbillon de chevaux, de plumets et de sabres. C'était le bourreau qui s'en allait. Le bel officier tâchait de maintenir l'ordre ; mais, selon l'usage, la foule jetait des pierres au maudit, en criant : — *Raca!*

La famille de Vlakhopanayotis vint chercher son corps pour l'ensevelir en terre sainte.

Quand nous accostâmes à l'échelle du *Seignelay* le factionnaire nous apprit que le pauvre Michaut, gabier de deuxième classe, venait de tomber de la grand'hune, et s'était cassé la tête sur les panneaux du carré.

Les hommes furent tout tristes, car Michaut était un bon marin et un brave cœur.

— Ben vrai! dit le quartier-maître Le Bail, si on lui *aurait dit* hier soir, qu'il s'en irait en même temps que ces canailles, il l'aurait pas cru, n'est-ce pas, capitaine?

Grâce à ces rigueurs, et à quelques autres, la sécurité est à peu près absolue en Grèce. On peut y voyager sans escorte et en toute tranquillité. Ce n'est pas qu'il n'y ait encore des brigands parmi les Grecs. Mais ils considèrent désormais leur emploi comme une espèce de fonction politique. Pendant les périodes électorales, ils font pencher savamment, du côté où il leur plaît, les préférences du suffrage universel. Quand les brigands ont élevé au pouvoir leurs candidats officiels, ils décampent sans bruit et passent en Roumélie. La gendarmerie turque ne leur fait pas peur, et ils ne peuvent songer aux *bim-bachis* sans avoir envie de rire aux éclats. Puis, sur cette terre profanée par les mécréants, on peut vider les poches trop pleines sans risquer sa part de paradis. Et d'ailleurs les brigands grecs de la Roumélie n'oublient jamais que, tout en détroussant les voyageurs, ils doivent s'appliquer à faire triompher les idées qui sont chères à leur nation.

On n'a pas oublié que l'année dernière, l'Occident fut ému par les exploits d'un magnifique seigneur : l'illustre et très pittoresque capitaine Athanase, qui arrêta, aidé par quelques Palikares, sur la ligne de Constantinople à Andrinople, la civilisation européenne, représentée par plusieurs clients de l'agence Cook, et par un banquier, nommé Israël. Si je ne me trompe, Athanase est bien le même qui avait enlevé sur la grande route, à deux pas de Silivrie, un Turc très considérable, qui était, dit-on, neveu du sultan. Le pauvre Turc ne put ravoir sa liberté qu'en abandonnant à Athanase le produit de ses *tchiflicks* pendant une année. Au retour, il raconta, sur son séjour dans la forêt et sur les habitudes de ce nouveau *roi des montagnes*, les histoires les plus étonnantes. Il paraît qu'Athanase, ou, comme ses amis l'appellent familièrement, capitan Thanasi, est un homme fort lettré et ami des lumières; il abonne sa bande à trois journaux, l'un en langue française, l'autre en langue anglaise, le troisième en langue grecque; les deux premiers lui permettent d'être au courant de la politique, à laquelle il s'intéresse fort, et lui apprennent l'arrivée des voyageurs illustres, porteurs de banknotes et donneurs de rançons; le troisième satisfait son ardent patriotisme.

Thanasi est Grec de nation et Grec de cœur. Il porte la fustanelle blanche; il est coiffé de la calotte rouge des Klephtes, et chaussé des tsarouks à houpettes de laine. Ses compagnons sont Grecs. Les chroniqueurs d'Europe, qui avaient besoin de « faire du pittoresque » à tout prix, les ont appelés successivement Kurdes, Albanais, Arabes, afin de leur donner un air plus féroce. Quelle sottise! Les journaux d'Athènes ont vivement protesté et ont donné à ces chroniqueurs, hantés par des visions vagues d'Abruzzes et d'opéra-comique, une bonne leçon d'histoire, en leur rappelant, une fois pour toutes, que, de tout temps, en Orient, les Grecs ont eu entre leurs mains tous les commerces.

Au reste, capitan Thanasi, bien qu'il soit un excellent homme d'affaires, est un gentilhomme, ce qu'on appelle là-bas un homme comme il faut, *kalos anthropos*. Il a des idées à lui, des opinions que nous n'avons pas à discuter, mais qui prouvent qu'il tient certaines doctrines pour vraies et qu'il veut les faire triompher. Sa méthode, comme celle de nos anarchistes, est la « propagande par le fait ». Par exemple, il est antisémite, et les juifs qu'il trouve sous sa main passent presque toujours un mauvais quart d'heure. Il les bat et quelquefois les tue; mais il leur fait rarement l'honneur de les voler.

A Tcherkess-Keui, dans un des wagons du train arrêté, il avise un changeur juif, nommé Pappo. Il couche en joue le pauvre diable, blême de peur, et qui, pour ne pas voir le danger qui le menaçait, tournait le dos. Le coup part; Pappo saute en l'air comme un lièvre; mais il n'est pas mort; il n'a presque rien, une blessure légère, ridicule en un endroit que Thanasi a visé volontairement, par un raffinement de mépris. Là-dessus, le capitaine se tourne vers ses hommes, et, avec un beau geste :

— Laissez-le tranquille ! Je ne veux pas de son argent.

Dans un compartiment de deuxième classe, un

autre juif attendait, fort inquiet, son heure dernière. Thanasi lui met sous le menton le canon d'un fusil Martini et lui dit :

— Tu es juif. Tu vas mourir.

— Aman, aman, capitan Thanasi! Aman, aga! Aman, petit agneau, répond l'autre. Je suis juif, c'est vrai. Mais je suis Grec de nation.

— Voyons ton passeport!

Le juif sort d'une poche de cuir, serrée entre sa veste et sa peau, un papier soigneusement plié. Les yeux de Thanasi s'éclairent de joie en lisant ces mots : *Consulat national et royal de Grèce. — Nous, proxène de l'Hellade*, etc. — Philoctète, reconnaissant dans la voix de Néoptolème la musique du parler natal, n'eut pas un plus délicieux ravissement.

— *Kala!* s'écria-t-il. Tu es citoyen grec. Tu vivras.

Je voudrais vous conter par le menu tout ce que mes amis de là-bas m'ont rapporté sur la délicatesse et la courtoisie chevaleresque du capitan Thanasi. Plusieurs de ses prisonniers sont revenus tout à fait enthousiasmés de ses belles façons, et ont attesté plusieurs traits dignes d'être transmis à la postérité par Plutarque. Un marchand qui voyageait en troisième classe, et qui avait donné aux brigands tout ce qu'il possédait, onze louis d'or, vint trouver Thanasi au moment où le train allait repartir :

— Aga, lui dit-il, j'ai besoin de deux louis pour continuer mon voyage. Pourrais-tu me les prêter? Je te les rendrai au retour.

Le capitaine ordonna qu'on lui rendît aussitôt tout son avoir.

— Sachez, dit-il à ses hommes, que je ne dépouille pas les pauvres!

Un Allemand, fort mélancolique, venait de déposer entre les mains d'un des brigands un petit médaillon d'argent. Thanasi l'ouvrit; il y trouva une mèche de cheveux, blonde comme les blés.

— Ce sont là des cheveux de ta fiancée? dit-il.
— Tu l'as dit.
— Eh bien! prends-les. Laisse-moi le médaillon. Il ne vaut pas cher, mais je veux le garder comme souvenir.

Une Italienne, en pleurs, vint réclamer une montre qui était, pour elle, un souvenir précieux; on la lui rendit avec toutes sortes d'excuses. Un ingénieur, nommé Frédézer, se lamentait parce qu'il avait oublié dans le train son pardessus. Thanasi lui fit apporter un manteau de feutre, impénétrable au froid et à la pluie, et, retirant de sa bouche sa propre pipe, il la lui tendit en disant :

— Frère, si tu n'as pas de tabac, demandes-en à mes hommes. Ils en ont beaucoup, et du bon, je t'assure, bien meilleur que celui de la régie.

Un commerçant de Constantinople se plaignait

de sa misère. Les brigands ne voulaient pas le croire et refusaient de le laisser partir.

— Laissez-le tranquille! dit Athanase. Je le connais, enfants! Comme nous, il est pauvre. Il ne faut pas faire de mal aux mortels malheureux.

Vous voyez que Thanasi est un homme des anciens âges; il parle comme le Chœur des tragédies; il est bien de la race du divin Ulysse; il aime, comme lui, les aventures, le beau langage et l'or jaune. On parlera de lui longtemps dans les veillées. Il risque la potence, mais il est sûr de l'immortalité. Il rejoindra, dans les litanies des chansons klephtiques, Andréas de Smyrne, terrible aux Anglais, et ce fameux Manoli d'Adramytte, dont les bonnes gens de Balouk-Hesser me racontaient l'histoire, et qui, pendant toute sa vie, féconde en razzias, n'a jamais touché un cheveu de la tête d'un Grec. Comme eux, il ne fait que de la bonne besogne; il ne gâche pas le métier, à la façon de ces mauvais drôles d'Arnautes qui s'embusquent derrière un buisson, et fusillent le passant comme un gibier, sans s'assurer d'avance qu'il a beaucoup d'argent dans sa poche.

— « O étranger! me disait un jour, sur le rivage de la mer retentissante, mon hôte Hadji-Christo, natif de Delphino en Epire, vous autres, gens d'Europe, vous ne nous connaissez pas. Nous ne sommes pas méchants; nous ne tuons jamais personne sans y avoir longuement réfléchi, et nous

ne prenons d'argent qu'à ceux qui en ont trop...
Et puis, ajoutait-il en me poussant le coude, et
en clignant d'un air de mystère ses petits yeux
féroces, nous avons *une idée*! Nous voulons que les
choses aillent mal en Turquie, *pour que ça change*.
Nous voulons brouiller tout, *faire une soupe*. Comprends-tu?... »

Les raisonnements de Christo m'induisaient en
diverses songeries. Cette *soupe* me donnait bien un
peu la chair de poule; puis, par une brusque association d'idées qui m'entraînait loin des aventures
pittoresques, elle me faisait penser à la politique
adoptée en France par certains réformateurs de
l'Extrême droite et de l'Extrême gauche. Je vous
rapporte ces souvenirs, non pour plaider la cause
de Thanasi, qui me semble un héros fort blâmable,
mais pour tâcher de comprendre son état d'âme,
en vous souhaitant, toutefois, de ne point rencontrer cet homme extraordinaire au détour d'un
chemin ou à la sortie d'un tunnel.

CHAPITRE VII

Le commerce et l'industrie. — Les finances. — Les « évergètes ». —
L'Exposition olympique. — Les touristes. — L'agence Cook.

Aux yeux des Grecs, le commerce n'est pas une besogne mercenaire, mais un plaisir divin. Depuis le jour où Hermès, messager des Dieux, vendit à son frère Apollon, en échange de quelques services, la lyre qu'il venait d'inventer avec une écaille de tortue et deux ou trois cordes de boyau, les Hellènes n'ont pas cessé de trafiquer.

Tout le long de la rue d'Hermès, on vend des nouveautés, des parapluies, des chapeaux, de la lingerie, des cravates, et même des suffrages électoraux. Les marchands athéniens ignorent la tyrannie du prix fixe. La valeur des choses vendues est calculée d'après la mine de l'acheteur. On demande beaucoup d'argent à ceux qui sont naïfs et candides. On en demande moins aux gens intelligents. Lorsque vous prenez un petit verre dans un café, si vous tendez au garçon un billet d'une drachme, je parie que, neuf fois sur dix, il retiendra quelques sous sur la monnaie qu'il vous rend. Si vous ne voyez pas la fraude, il empochera son bénéfice et vous méprisera. Si vous lui faites remarquer sa supercherie, il vous rendra ce qui vous revient; il marquera, par des signes évidents, son estime pour la subtilité de votre esprit, et vous verrez que sa fourberie recherche moins l'appât du gain que le plaisir de la victoire. Le plus sûr moyen de s'entendre avec un Hellène, c'est de lui montrer par des preuves certaines qu'on est plus malin que lui. Ce peuple, qui a eu souvent à souffrir des excès de la force brutale, honore, par-dessus tout, la réussite des hommes rusés.

Les Grecs, comme les Sept Sages, estiment que la suprême sagesse consiste à mettre les bonnes choses de son côté, et à faire rire la Fortune à force d'esprit. Ils pensent que l'économie politique ne peut se dispenser de faire entrer l'esprit en ligne de compte dans la répartition des richesses; et que, sans cette unité si précieuse, on ne peut donner à la balance du commerce, l'équilibre cherché si impatiemment par les hommes justes et bons. Faut-il blâmer ou envier un peuple chez qui l'imbécillité est frappée d'une amende, et qui oblige les sots à payer pour les autres?

Pour ces raisons, les Grecs s'efforcent particulièrement de gagner sans produire. Multiplier les piastres sans se donner beaucoup de peine et sans se fatiguer les mains : telle est la principale occupation de ce peuple, moins propre à l'industrie qu'à la banque.

Il y a bien quelques usines dans le royaume. On essaye, en Messénie, d'établir des fabriques de gaze pour moustiquaires; à Éleusis, on fait des savons. Deux ou trois filateurs tissent, au Pirée, quelques aunes de médiocre toile. Mais la Grèce, aujourd'hui comme dans l'antiquité, ne peut ni se nourrir, ni se vêtir, ni se parfumer elle-même. Les tableaux statistiques, publiés par les soins du ministère des finances, le prouvent surabondamment.

La France importe en Grèce des maroquins, veaux et chagrins, des parfumeries, des objets en bronze et en cristal, des médicaments, particulièrement de la quinine, enfin des chapeaux *bas de forme*. On ne porte, à Athènes, même dans le meilleur monde, que des chapeaux « melons ». Aussi, toutes les fois que nous signons un traité de commerce avec nos amis les Grecs, le gouvernement grec a le soin, pour nous marquer son amitié, d'exempter de droits de douane, au chapitre des chapeaux, les gibus et les *tubes* de fabrication française.

Comme on le voit, les échanges de la Grèce avec les pays étrangers seraient presque nuls, malgré les plombs du Laurium, l'émeri de Naxos et les éponges de la mer Egée, si le raisin national ne venait relever juste à point l'amour-propre des Palikares. Le raisin sec est la principale fortune de ce peuple qui, au temps où nos ancêtres erraient, tatoués, dans les forêts druidiques, honorait le divin Dionysos, comme s'il eût prévu qu'un jour les vignes qui mûrissent au soleil sur les coteaux de Corinthe, le préserveraient de l'humiliation et de la ruine.

Le jour où la Grèce produira et exportera, ce ne sont pas les moyens de transport qui lui manqueront; car elle a devant elle une route grande ouverte, la mer, où elle a su de tout temps se frayer un chemin.

Les finances de la Grèce sont en fort mauvaise situation, et le déficit est leur état normal. La Dette est énorme. Le pays souffre d'un mal que le ministre Carapanos a justement appelé l'*anémie métallique*. Une pièce d'argent est une rareté dans tout le royaume, et personne n'y a jamais vu de pièces d'or nationales. La monnaie d'or et d'argent suffit à peine à payer les intérêts de la Dette, et les drachmes sont symbolisées par de vilains morceaux de papier qui devraient valoir un franc et qui flottent entre quinze et dix-huit sous. Les étrangers qui ont des louis d'or font, surtout en temps de crise ministérielle, des affaires superbes chez les changeurs de la rue d'Éole.

Pourtant, les voyageurs constatent, lorsqu'ils arrivent à Athènes, que l'on bâtit, de toutes parts, des monuments publics. Qui paye les architectes, les entrepreneurs et les maçons? Le gouvernement en est bien empêché. Mais il y a en Grèce des bailleurs de fonds, que les autres pays ne connaissent pas assez, et dont la générosité est inépuisable : les bienfaiteurs publics, les *évergètes*.

Tout récemment mourait à Menton un évergète dont la perte fut, pour la Grèce, un malheur public, l'Épirote Constantin Zappas. Il avait employé la première partie de sa vie à faire une grosse fortune, et la seconde à dépenser noblement cette même fortune pour la cause de l'hellénisme.

Associé, pendant quelques années, avec son frère Evanghelis Zappas, il acheta des terrains en Roumanie et devint bientôt un des plus riches boyards du pays. Une idée fixe ennoblissait son labeur quotidien : le rêve de contribuer efficacement au relèvement matériel et moral de la Grèce. Ce vieux Palikare avait des idées très saines en matière d'enseignement. Lorsqu'il donna 1,200,000 francs à la communauté grecque de Constantinople pour la fondation d'une école de filles, il déclara qu'il comptait sur le bon esprit des maîtres et des maîtresses pour former des femmes qui seraient, avant tout, simples, courageuses et patriotes.

Il regrettait que les Hellènes eussent si peu de goût pour la culture du sol. Il donna 200,000 francs pour que l'on pût envoyer des jeunes gens dans les écoles d'agriculture les plus renommées de l'étranger.

Les deux frères Zappas ne se sont jamais mariés. On raconte qu'un jour Evanghelis dit à Constantin :

— Mon enfant, il est temps que tu choisisses une femme, et que tu te reposes. Nous avons beaucoup d'argent. Il faut que nous fondions une famille qui perpétuera notre nom.

— Evanghelis, répondit l'autre, tu ne t'es pas marié, toi. Tu as pris pour femme la Patrie. Je suivrai ton exemple. Je travaillerai, je me donnerai de la peine, j'amasserai beaucoup de richesses, et tout ce'a, je le donne d'avance à la Nation.

Ajoutez à cela l'offrande quotidienne des humbles, l'obole du pauvre, les souscriptions envoyées à Athènes, du fond de l'Asie Mineure, par de braves gens qui se consolent de leur misère en songeant à l'avenir de leur race.

Un pays où il y a de tels sentiments et de tels hommes ne doit pas s'affliger outre mesure, si les impôts rendent peu et si le trésor est souvent épuisé.

Grâce à Zappas, les Grecs ont eu leur Exposition « olympique » quelques mois avant la nôtre.

L'avenue des poivriers conduit au *Zappeion*, le palais de l'Exposition. Depuis des années, les touristes, qui allaient, près des colonnes de Jupiter Olympien, épier au coucher du soleil le moment fugitif où l'Hymette se décolore, étaient inquiétés par la vue d'une grande rotonde de marbre qu'ils prenaient pour un dépôt de locomotives. La bâtisse montait lentement, énigmatique et interminable, comme ces temples égyptiens auxquels on travaillait toujours et qui n'étaient jamais achevés. Un beau jour, on vit régner dans le chantier une activité insolite. Deux mois après, tout était prêt et le bâtiment terminé ; une grande esplanade remplaçait les monticules et les baraquements suspects qui déshonoraient les bords de l'Ilissus. Enfin (dernier mot de la civilisation), les inévitables montagnes russes serpentaient dans un terrain vague.

Les frères Zappas ont dépensé des millions pour ressusciter en Grèce l'institution des concours nationaux. Les Grecs modernes ont exposé dans le Zappeion les produits de leur industrie naissante, comme les Grecs anciens exposaient leurs muscles dans le stade d'Olympie.

L'idée d'exposition éveille chez les Parisiens des visions de ferrailles escaladant les nues, de travaux de Titans. Là-bas, point de prodige, point de tours de force, point d'attraction colossalement vaine. La nature a tout arrangé.

Le cadre était merveilleux. Le monument, bâti comme presque tous les autres, d'après les principes de l'esthétique allemande, était lourd et nigaud. L'intérieur était convenablement aménagé. Ce qu'il contenait ne rappelle que de loin les trésors de Golconde. M. Eiffel aurait eu un sourire protecteur pour la galerie des machines. En revanche, les gourmets étaient émus à la vue des alignements de fioles où riait le « vin archaïque » (*sic* sur les étiquettes) de Santorin ou de Décélie, des bocaux de miel du Pentélique (les abeilles classiques ont émigré de l'Hymette), des fromages de chèvre ou de brebis, etc. Les tapis de Tripolitza, d'Arakhova, les étoffes de Tyrnavo, les gazes brodées d'Athènes et des îles avaient bonne mine à côté des costumes brochés d'or des Palikares et des Mégariennes. La mégisserie et le tissage sont les industries nationales de la Grèce : on fabrique, dans toutes les familles, de la toile à fustanelle, des manteaux à longs poils, des cabans de feutre, des étoffes légères. Toute femme de Palikare est une Pénélope penchée sur une éternelle tapisserie. Il n'a pas semblé que la section des beaux-arts fût destinée à acclimater en Grèce la littérature salonnière. A part quelques aquarelles de Gallinas, d'une touche légère, et deux ou trois natures mortes, la peinture et surtout la sculpture étaient peu dignes des descendants de Praxitèle et de Zeuxis. La pauvreté d'invention et d'exécution était extrême : on eût dit des gravures de Leipzig mises en couleur. Il est à craindre que l'invasion de la chromolithographie germanique ne développe outre mesure de fâcheuses tendances chez les élèves du Polytechnion, l'École des Beaux-Arts d'Athènes.

Après les recettes des douanes, la plus grande source de revenu, pour la Grèce, c'est l'importation des touristes. Au printemps et en automne, l'agence Cook débarque sur le quai du Pirée un fort contingent de bonnes faces rougeaudes et admiratives, d'appareils photographiques, impitoyablement braqués sur l'Acropole, et de casques de liège, enveloppés de mousselines blanches, qui flottent comme des drapeaux. Tous les matins, sous le soleil déjà très ardent, des gens casqués, guêtrés et sanglés comme pour une expédition coloniale, grimpent le sentier des processions panathénaïques; ils ont la fièvre; ils ne veulent rien perdre des merveilles promises par Joanne, Murray et Bædecker; la sérénité du Parthénon, le grand apaisement des lignes symétriques et immuables ne réussissent pas à calmer leur inquiétude. Leur front est soucieux. Ils ont la préoccupation du Musée à voir, du Céramique à visiter, du Musée central auquel il faudra bien consacrer une après-dînée, et du bateau qui va partir. Visiblement, ils souffrent. On se prend de compassion pour ces lords richissimes et ces membres de la Chambre des communes, qui pourraient, après tout, s'épargner une si lourde corvée. Phidias ne les avait pas prévus, quand il inventa ces formes qui invitent au calme, au loisir, à la contemplation reposée et délicieuse. Si Socrate pouvait les saisir au passage et distraire une partie de leur temps, il les interrogerait adroitement et les amènerait, par de longs détours, à reconnaître que la flânerie est chose divine, sur l'Acropole plus qu'ailleurs. Quelques-uns vont par escouades, conduits, commandés et instruits par un drogman d'hôtel, à raison de quinze drachmes par jour. Quand on s'approche, on entend des bouts de conférence, on saisit d'étranges paroles prononcées avec cet accent grec, qui est du marseillais adouci : « Approssez-vous pour zouzer. Ictinus, il était pas bête. Vous croyez que c'est droit. Eh bien ! non, c'est courbe. » Et les petites misses, adorablement blondes, en toilettes couleur de printemps, ne sont pas les moins ardentes à noter, de leurs doigts fluets, sur le block-notes, les paroles du guide, et à constater bien consciencieusement l'existence de ces fameuses courbes d'Ictinus, d'autant plus chères à tout Anglais, qu'elles ont fait l'occupation, la renommée et la fortune de M. Penrose, architecte anglais. — Avez-vous remarqué que M. Perrichon, comme jadis le vieil Œdipe, est toujours suivi d'un ange dévoué, qui l'aide à supporter le vent glacé des pics et l'ardeur des pays chauds, s'entend avec les hôteliers, fait des aquarelles, règle les comptes, et chaque soir, très consciencieusement, rédige de sa mignonne écriture, fine et penchée, le journal du voyage ?

Je serais désolé que la respectable maison Cook and Son prît mes paroles en mauvaise part et m'accusât d'une malséante ironie. Je respecte l'agence Cook et je l'admire : je ne voudrais rien dire qui ressemblât à une réclame ; mais il faut bien avouer qu'elle est une des principales institutions du siècle. Quelle méthode! quelle organisation! Et quelle discipline! Un de mes amis qui a voyagé en Égypte, et qui a vu passer dans le désert, à dos de chameaux, des files d'Anglais, suivis du nombreux matériel indispensable à tout Anglais en voyage, m'a conté le fait suivant. Dans une petite station des bords du Nil, entre deux départs du bateau, le guide accrédité par l'agence se relâcha, pendant quelques instants, de sa surveillance. Les voyageurs en profitèrent pour s'émanciper et pour s'attarder outre mesure devant un coucher de soleil, vraiment merveilleux, qui n'était pas prévu par le cahier des charges. Un caprice inouï, un soudain accès de poésie, les tenaient là immobiles et fixes devant le Nil d'or, le désert de topaze, et ils regardaient, très loin au delà des dattiers clairsemés, un fin profil de montagne couleur d'améthyste. L'arrivée furieuse du guide les tira de leur extase : « Que faites-vous là, malheureux! Mais le bateau va partir; il est peut-être parti!... » Fort penauds, les touristes baissèrent la tête, laissèrent le soleil se coucher dans sa gloire, et marchèrent d'un pas précipité vers le steam-boat, qui soufflait et haletait, très impatient. Il fallait un exemple : le soir, à la table du bord, les coupables furent privés de côtelette. Cette rigueur rétablit l'ordre dans la caravane qui poursuivit sa route, sans encombre, jusqu'à la première cataracte.

11.

Désireux d'achever son œuvre et de la porter au plus haut point de perfection, M. Cook, dont l'âge n'affaiblit pas l'ardeur, est venu en Grèce, il y a quelque temps, en personne. Il est comme un général qui ne laisse rien à l'imprévu, visite lui-même ses postes avancés et vérifie de ses propres yeux les plus menus détails. Il a conçu un vaste programme : il se propose d'établir des hôtels « confortables » dans les sites les plus pittoresques de la Grèce, et de relier par des services réguliers les points les plus illustres. De fait, jusqu'ici, la Grèce n'était qu'à moitié conquise par son activité entreprenante et infatigable. Il y avait encore des *khanis* où de sveltes garçons en fustanelle, serrés comme des guêpes dans leur corselet, superbes et belliqueux comme Botzaris en personne, vous servaient le café turc avec un dandinement des épaules, et une politesse obséquieuse et intéressée qui était de la plus savoureuse impertinence. Il fallait, à la fin du jour, secouer la poussière de ses pieds à la porte d'un monastère, et demander l'hospitalité à des moines byzantins, éloquents comme Chrysostome, subtils comme Tribonien et moins désintéressés que saint Côme et saint Damien, surnommés les *saints anargyres* parce qu'ils exerçaient la médecine sans demander d'argent à leurs malades. L'higoumène vous introduisait dans le réfectoire, austère et d'apparence frugale comme il convient. Le saint homme invoquait la règle du couvent, la simplicité de la vie monastique, les vœux de pauvreté et d'abstinence, se confondait en excuses, et vous demandait pardon d'avance de vous traiter si mal. Mais peu à peu la glace se rompait; on vous expliquait que pour vous, uniquement à cause de vous, on allait changer l'ordinaire des bons moines, qui vivent de racines et boivent l'eau des sources. Alors les jattes de lait, écumeuses et chaudes, les grands plats de pilaf, l'agneau à la palikare, faisaient leur entrée. L'higoumène vous appelait *mon enfant* et vous faisait mille tendresses. Le père conseiller, les coudes sur la table, chantait du haut de sa tête, avec des intonations nasales, des cantilènes klephtiques. Le vin de Santorin, chaud et doré, déliait les langues et invitait aux effusions. On vous souhaitait, d'un air attendri, beaucoup d'années, une bonne femme et un heureux retour dans la patrie. Puis, à l'heure du couvre-feu, dans la petite chapelle ornée d'icones, les moines s'embrouillaient dans leurs litanies et disaient leurs oraisons tout de travers. Le lendemain, on vous reconduisait très loin, par les sentiers fleuris d'anémones et parfumés de lavande. Après les derniers attendrissements, on vous faisait comprendre, par de fines allusions, que l'église avait besoin d'être réparée, que l'école du monastère tombait en ruines, que vous seriez bien bon de contribuer à ces bonnes œuvres. On laissait à votre bon cœur le soin de fixer la somme, ce qui est, comme on sait, la plus profitable des quêtes et la plus habile des exigences.

L'esprit pratique de M. Cook changera tout cela. On mangera des côtelettes devant l'Acropole de Mycènes. On déballera le panier aux provisions dans le tombeau d'Agamemnon, et l'on dira son fait à cette abominable Klytemnestre entre la poire et le fromage. Beaucoup de personnes, très sensées, applaudiront à cette alliance féconde et bien moderne, du confortable et du pittoresque. L'hôtelier correct et pansu qui chassera le dernier khandji pourra écrire sur son prospectus, en anglais et en français : « Air salubre, et belle vue sur la porte des Lions. Prix modérés. Photographies. Cuisine bourgeoise. Émotions fortes et bon appétit. » D'autre part, certaines gens, évidemment un peu fous, ont des scrupules, et j'exprime leur opinion sous toute réserve. Ils disent qu'une Suisse suffit en Europe. Ils craignent que cette invasion n'ôte à la Grèce une partie de sa grâce et de son charme. Ils prétendent que le jour où les cache-poussière, les parasols américains, les valises perfectionnées et les *tubs* en caoutchouc, feront leur entrée dans les montagnes d'Arcadie, les hamadryades et les satyres aux yeux verts regarderont curieusement, entre les branches, cette étrange bacchanale, et que l'ironie des dieux éclatera en un large rire. Ils supplient M. Cook d'attendre un peu, de leur accorder un sursis, de laisser quelque temps encore aux artistes, aux rêveurs, à ceux qui ne sont pas pressés, la terre sacrée des montagnes violettes et les oliviers pâles. Ils protestent qu'ils ne tirent pas leur montre dans les solitudes de Tempé, qu'ils se passent de biftecks sur la cime du Parnasse; l'idée seule d'une voiture partant à heure fixe, gêne leur rêve et déconcerte leur admiration. Il est si charmant, lorsqu'on fait à Eleusis le pèlerinage accoutumé, de s'arrêter en route, et de faire l'école buissonnière dans la vallée de Daphni! Quels bons jours l'on passe, en Asie Mineure, à chevaucher sur les routes peu frayées, auprès du bon zaptié, caracolant auprès de vous avec un petit bruit de pistolets et de sabres, qui vous fait délicieusement frissonner! On s'arrête pour boire du café aux *dervends* échelonnés à l'entrée des défilés; ou bien on met pied à terre, près des fontaines d'eau courante que les Turcs, gens bienfaisants, établissent le long des routes pour le voyageur qui passe; on boit dans l'écuelle de bois qui est là depuis des années, et où se sont désaltérés des milliers de hadjis. Je vous assure qu'on ne donnerait pas ce café sans sucre et cette écuelle de bois pour tous les mazagrans du Café Riche et tous les cristaux de l'Hôtel Continental.

CHAPITRE VIII

En province. — Syra. — Six semaines dans l'île d'Amorgos.

L'île d'Amorgos, si je dois croire aux récits pompeux d'un diplomate grec, rencontré dans un bal d'Athènes, est renommée pour la beauté de ses femmes. Ce n'est pas pour cette raison que j'y suis allé. Des motifs plus austères m'y ont conduit : j'ai entrepris de me fixer pendant quelques semaines dans la patrie de Simonide, afin de voir si dans son sol où Ross, Reinach, Dubois, Radet, ont déjà retrouvé des vestiges précieux, elle ne recèle pas quelques statues archaïques et quelques inscriptions « de la bonne époque ». Je ne vous exposerai pas, en détail, les résultats de mes fouilles, qui me donnèrent surtout beaucoup de tribulations; elles me mirent en guerre ouverte avec les habitants du pays, qui voulaient me vendre très cher le droit de labourer leurs champs et m'obligèrent même à réclamer le secours d'un juge de paix fort partial, devant lequel, malgré une plaidoirie en grec moderne, je perdis naturellement mon procès. Mais si je n'ai pas découvert une *Vénus d'Amorgos*, qui est encore à naître et que la législation des Grecs empêchera, d'ailleurs, d'entrer au Louvre, j'ai pu voir de près des mœurs locales, vivre pendant six semaines loin du monde civilisé et, sans prononcer un mot de ma langue natale, regarder, sans penser à rien, la couleur changeante des îles et de la mer, et rêver, parfois, que j'étais pirate, lorsque les vieux patrons de caïques venaient me crier aux oreilles, du haut de leur tête, en s'accompagnant sur la lyre à trois cordes, leurs chansons féroces et mélancoliques.

Un matin de février, après de nombreuses tournées dans les magasins de la rue d'Hermès, Kharalambos monta dans ma chambre, botté de jaune, la poitrine sanglée par les courroies de nombreuses sacoches, et me dit de ce ton bref, impérieux et respectueux qui lui est familier : « Seigneur, tout est prêt ». Quelques minutes après, le vieux Logothète, intendant de l'École d'Athènes, nous ouvrait la grille, et nous roulions sur la route poudreuse du Pirée, au trot de deux chevaux efflanqués, dans un vieux landau démoli, où mes malles et mon *dénéké* [1] dansaient éperdument.

Bien qu'Amorgos ne soit pas très loin du Pirée,

[1]. Étui de fer-blanc où l'on roule les estampages des inscriptions.

la traversée n'est ni courte ni simple. Il faut d'abord se rendre à Syra par les Messageries pour y joindre le bateau grec qui fait le service des îles. J'eus la bonne fortune de rencontrer à Syra le *Seignelay*, qui était mouillé en rade. La vue du pavillon tricolore me ravit d'aise, et je ne résistai pas au désir de me rendre à bord, même avant de toucher terre. Je fus accueilli, au carré, par de chaudes poignées de main, obligé, par les instances les plus aimables, de rester à dîner, et invité, séance tenante, à voir, avec les officiers, une grande représentation au Théâtre municipal.

On joue *Carmen*. Tout Syra s'est donné rendez-vous dans la salle, où l'on étouffe, pour admirer un ténor gascon et pour prendre une leçon de français. Les loges sont égayées par des toilettes claires, encombrées par des beautés un peu épaisses, et constellées par de fort beaux yeux noirs. Car il y a une « société » à Syra. D'abord, les consuls des puissances; des jeunes gens qui commencent leur carrière et des vieillards en disgrâce qui la finissent. Les premiers, lorsqu'ils sont célibataires, prennent souvent le paquebot de Smyrne, et, s'ils sont mariés, donnent, par désœuvrement, à la nation qu'ils représentent, de nombreux enfants qu'ils confient aux femmes de Tinos, les plus belles nourrices de l'Archipel et peut-être du monde entier. Les seconds se font des malices les uns aux autres et s'efforcent, entre deux parties de whist, de compliquer la question d'Orient. Quand je suis passé là-bas, la France était représentée par un des hommes les plus aimables, les plus éclairés et les plus fermes que j'aie vus dans les postes consulaires du Levant. Ceux qui ont quelque souci de la dignité extérieure de notre pays doivent souhaiter que nos intérêts soient confiés, partout, à des représentants aussi actifs que M. Carteron : il a quitté Syra pour se conformer aux exigences de sa carrière; mais il a laissé en Orient des résultats acquis, des souvenirs vivaces, et des amis qui souhaitent son retour.

Le corps consulaire entretient avec les fonctionnaires grecs des relations cordiales, et dont la durée varie d'après les changements ministériels. Il y a un nomarque tricoupiste et un nomarque delyanniste. Ils alternent à intervalles à peu près égaux. Quand l'un a fini, l'autre prend sa place, amenant avec lui tout son personnel depuis le capitaine du port jusqu'aux derniers scribes du bureau des douanes. Et il en sera ainsi tant que la Grèce jouira des bienfaits du régime constitutionnel. M. le maire, qui s'intitule « démarque d'Hermopolis », est un peu plus sûr du lendemain; étant l'élu du suffrage universel, il dure à peu près l'espace d'une législature et règne assez paisiblement sur des armateurs très riches et des bateliers très pauvres. Il n'est pas rare, à Syra, de rencontrer, dans le même café, des millionnaires et des gens qui n'ont pas dix lepta dans leur poche : les uns comme les autres dînent de quelques olives, d'un morceau de fromage, d'un verre d'eau claire, d'un narghileh et d'un article de journal, et ceux-ci parlent de ceux-là sans envie.

— Il a eu de la chance, me disait Yorghi, décrotteur de son métier, en me montrant, sur la place, un homme important qui passait, coiffé d'un panama, vêtu d'un paletot de coutil et protégé contre le soleil par une ombrelle blanche doublée de vert ; il a vendu *beaucoup de choses* (πολλὰ πράγματα) en Russie et à Marseille. — Et je voyais dans les yeux malins du rusé compère qu'il se jugeait très capable d'en faire autant et que peut-être il ne désespérait pas de laisser un jour sa boîte, ses brosses et son cirage pour un négoce plus compliqué.

La ville de Syra, vue de large, présente l'aspect de deux grands cônes placés l'un à côté de l'autre et couverts, depuis la base jusqu'au sommet, d'une multitude de maisons blanches, à toits plats. A part les platanes, récemment plantés sur la grande place, je ne crois pas qu'il y ait, dans toute l'étendue de l'île, dix arbres en tout. Dès qu'on quitte les faubourgs, il faut grimper, en plein soleil, par des chemins embrasés, dans la poussière blanche, le long des côtes brûlées où serpentent de petits murs en pierres sèches qui semblent un luxe inutile; car on ne voit pas quelles récoltes ils pourraient enclore, et ils ont l'air de défendre contre le passant, non sans ironie, des semis de cailloux. Les rues, dans la partie basse et moyenne de la ville, sont régulières et assez propres. Le quai de débarquement est bordé par ces grandes bâtisses banales et symétriques qui sont le décor habituel de tous les ports nouveaux ou renouvelés : la douane, la santé, les agences des compagnies de navigation. Il n'y a point de bazar à Syra, les Grecs ayant chassé de chez eux, dès le lendemain de leur émancipation, tout ce qui leur rappelle la turquerie. En revanche, les boutiques sont nombreuses aux environs de la marine : on y voit, pendus à des cordes, à côté des barils de saumure et de poissons secs, ces mouchoirs rouges à carreaux que les fabriques de Manchester distribuent libéralement au monde entier, et ces « complets à l'instar de Paris », dont les tailleurs juifs de Vienne affublent les Orientaux. Quelques grappes de gilets écarlates, soutachés de ganses noires, prouvent que les vieillards des îles lointaines s'obstinent encore à repousser les élégances d'Europe. En effet, je contemple avec délices, comme les derniers figurants d'une féerie qui va s'éteindre, de vieux loups de mer, que Canaris reconnaîtrait pour ses frères et qui se promènent avec la calotte rouge à gland bleu et les larges braies bouffantes. Devant les cafés, des fumeurs sommeillant les yeux mi-clos.

Dans un carrefour, un militaire, entouré d'un cercle d'auditeurs attentifs, lit tout haut d'un ton solennel, en ponctuant tous ses mots, un journal d'Athènes. En Grèce, tout groupe d'oisifs est une assemblée délibérante et toute borne peut devenir une tribune. Les Grecs ont aimé de tout temps la politique de la rue, les discussions passionnées, en plein vent, sur la guerre et la paix, sur les mérites respectifs des citoyens qui sont au pouvoir et de ceux qui ambitionnent d'y être. Si vous montez encore le long des rues en escalier jusqu'au dernier étage de la ville haute, vous retrouvez, dans des maisons basses et misérables, la Grèce d'autrefois, celle qui associe des mots turcs avec des locutions homériques, la race tenace qui a patiemment attendu, pendant des siècles, autour de son église, le retour de la liberté. Dans les rues étroites et sales, des chiens se chauffent au soleil et grognent, le poil hérissé, lorsqu'on les dérange. De petits ânes, couleur de sable, passent allégrement, les oreilles ballantes, trottinent adroitement sur les pierres, s'arrangent comme ils peuvent pour faire circuler entre les murs leurs doubles paniers chargés d'oranges et de légumes et prennent un petit galop fort impertinent lorsque l'aiguillon de l'ânier leur agace un peu trop la croupe. Les marchands de lait promènent de porte en porte leurs pots de fer-blanc et crient : Γάλα καλό! Γάλα καλό! (Bon lait! bon lait!) Des cochons se vautrent dans des cours et cherchent à manger dans les détritus du ruisseau. On retrouve ici la pauvre bourgade qui a végété longtemps sur l'antique acropole d'Hermopolis. Maintenant, elle a secoué sa torpeur et débordé hors de ses étroites limites. Depuis qu'on peut s'installer au bord de la mer sans craindre les razzias des pirates, elle a descendu la colline pour attendre au passage les vaisseaux et les caïques, qui ne lui font plus peur et qui, au contraire, débarquent des richesses imprévues sur son sol ingrat. Justement, elle se trouve sur la grand'route des navires; elle n'a pas eu de peine à devenir le premier port des Cyclades; son rêve est d'être un des entrepôts les plus fréquentés du Levant. On se sent ici en présence d'une jeunesse pleine de sève et de promesses. L'élan vers le progrès, la foi dans l'avenir sont visibles. Si l'on compare cette résurrection rapide au délabrement des villes turques, on se dit que, seul, ce peuple, alerte et patient, est capable de rendre à l'Orient un peu de ressort et d'espoir.

Je faisais ces réflexions tandis que le canot-major du *Seignelay* se frayait une route parmi les petites barques de pêche, et me portait à bord du *Panhellénion*, minuscule vapeur grec, en partance pour Amorgos. Au moment où nous appareillons, un vaisseau de guerre de la marine hellénique entre en rade. C'est un petit aviso à trois mâts, de forme élégante et légère. Il décrit une courbe gracieuse et mouille devant la douane. Au delà, Tinos découpe sur le ciel pâle les dentelures de son profil allongé, et, très loin, dans le miroitement de l'étendue bleue, deux formes indécises : Mycono, Délos...

Le *Panhellénion* met toute une journée pour aller de Syra à Amorgos. Il est vrai qu'il fait escale à Paros et à Naxos, et si, par hasard, le capitaine descend à terre, la durée du voyage est proportionnée au nombre de petits verres de raki que ses amis lui offrent pour lui souhaiter la bienvenue. C'est d'ailleurs un brave homme et un agréable compagnon que le capitaine Kostis. Chemin faisant, accoudé sur le garde-fou de sa passerelle, il me raconte la biographie de son bateau. Il paraît que le *Panhellénion* est un monument historique : « Il a fait la guerre! me dit Kostis; il a fait la guerre en Crète! » Cela veut dire simplement qu'en 1867 il a porté aux Crétois quelques barils de poudre et quelques fusils. Mais il s'acquittait de cette mission à merveille. Il passait, à toute vapeur, à la barbe du capitan-pacha, qui l'avait, dit-on, surnommé *le Diable*. Un jour, une frégate turque lui donna la chasse; le *Panhellénion* n'eut pas de peine à gagner de vitesse, et se mit à l'abri dans une crique. Alors la frégate imita les lions qui attendent patiemment, au pied d'un palmier, que leur ennemi se décide à descendre : elle stoppa au large. Que firent alors les rusés marins du *Panhellénion*? Ils s'avisèrent d'un stratagème qu'Ulysse lui-même n'aurait pas inventé. Ils employèrent la nuit à peindre en blanc leur bateau qui était noir; et ainsi déguisés, ils passèrent, à toucher, le long des sabords des Turcs, qu'ils eurent l'ironie de saluer.

Le capitaine Kostis me faisait ces récits avec des yeux arrondis par l'admiration, et Kharalambos, taciturne et grave, me les confirmait, de temps en temps, d'un signe de tête sentencieux.

Quels bons moments j'ai passés sur cette passerelle, dans le bruit des vagues écumantes, où des dauphins s'ébattaient et où le *Panhellénion* sautait comme un chevreau ! Kostis me confia ses opinions politiques. Il était pour le gouvernement, mais il avait peu d'affection pour le roi George; il préférait le roi Othon : καλὸς ἄνθρωπος ὁ ῎Οθων, disait-il, en faisant claquer sa langue contre ses dents. J'ai entendu souvent les Grecs prononcer, d'un air attendri, l'oraison funèbre d'Othon le Bavarois. Notez qu'ils l'ont mis à la porte, sans cérémonie, en 1862; mais ils sont un peu comme nous sur ce point : ils réservent souvent leurs plus vives sympathies pour ceux qui ne peuvent plus en sentir les effets. J'aurais su, par le menu, toutes les affaires privées du capitaine Kostis, si le bateau n'avait fini par entrer, au milieu d'une nuit noire, dans une anse où veillait un feu rouge, et au fond de laquelle j'apercevais quelques lumières au pied d'une montagne sombre : c'était Katapola, le port, ou, comme on dit là-bas, l'*échelle* d'Armogos.

Le meilleur repas que j'aie fait dans cette île

est assurément celui qui me fut servi, ce soir-là, dans des plats de terre, veinés de bleu, par dame Irène et son mari, le cafedgi Iannakis. Son omelette lourde et son poulet maigre me firent oublier le bifteck à l'huile que j'avais mangé sur le *Panhellénion*, en rade de Paros, entouré de gens qui étaient enveloppés dans des couvertures et qui avaient le mal de mer. Je ne prévoyais pas de quelle maigre chère ce festin devait être suivi, et je fis connaissance, de fort bonne humeur, autour de cette table hospitalière, avec les deux personnages officiels dont le gouvernement grec m'imposait, pour toute la durée de mes fouilles, la conversation et la surveillance : M. Panayotis, éphore des antiquités, et son subordonné Stratakis, épistate des mêmes antiquités. S'il est vrai que les mêmes peines, supportées en commun, créent entre les hommes une amitié indissoluble, je devrais être l'ami le plus intime de l'éphore Panayotis. Car nous avons dormi côte à côte, dans une soupente fort étroite, sur des coussins peu moelleux, au bruit de la vague qui battait, avec un léger chuchotement et un rythme berceur, le mur de notre maison; et, plus tard, nous avons aménagé, pour nos seigneuries, deux chambres contiguës chez la kyria Callirhoé, dont les lits, un peu durs, étaient assez propres, et — ce qui me séduisit — tout à fait exempts d'insectes. Pauvre kyria! Il me semble que je la vois, assise au seuil de sa porte, et je crois entendre encore sa voix chevrotante, où chantait la mélopée un peu balbutiante de l'Archipel. Elle était très vieille, toute ridée, toute cassée, et sortait rarement de sa chambre, dont les murs, blanchis à la chaux, étaient couverts d'images du haut en bas, et tapissés par un nombre si considérable de portraits de rois et de reines, qu'on aurait pu se croire dans un musée des souverains. Son mari avait été, au temps du roi Othon, officier de gendarmerie. Elle touchait, à ce titre, une petite pension. « Nous sommes une bonne famille (καλή οἰκογένεια) », me disait la bonne femme, afin de me décider, par une recommandation tout à fait efficace, à embaucher son fils Marcos comme terrassier. Elle achevait de vivre, heureuse d'être dans son pays et d'appartenir à l'aristocratie de l'île. Sa fille aînée était mariée au cafedgi. Sa seconde fille était encore *libre* (ἐλεύθερη), comme on dit là-bas, et tenait le ménage : c'était une personne sèche, discrète et réservée à qui l'éphore lançait, de temps en temps, mais en vain, des œillades furtives.

Le soir, après une journée passée au soleil à espérer de grandes découvertes, j'allais souvent causer familièrement chez ma propriétaire. J'y apprenais la chronique locale, les mariages prochains et les divorces récents, tous les menus commérages du pays. Peu à peu je devenais Amorgiote; je commençais à prendre l'accent, le ton et

les passions de mes hôtes. Je me surprenais à
haïr, sans savoir pourquoi, des bakals [1] qui ne
m'avaient rien fait. La maison de la kyria Callirhoé
était le rendez-vous d'une société parfois nombreuse. On y voyait, presque tous les jours, Chrysoula Prasinou, dont la fille, la douce Plitô, avait
des yeux noirs, un visage de madone, et justifiait
la réputation de beauté des filles d'Amorgos. Chrysoula, tout en faisant tourner son fuseau, causait
beaucoup, avec un plaisir visible et une abondance inépuisable. Cette femme illettrée parlait
une jolie langue, toute fleurie d'expressions anciennes, et parfumée d'antiquité. Dans ce coin
retiré de l'Archipel, la langue et la race se sont
conservées plus pures que sur le continent. Le
vocabulaire est resté presque entièrement grec.
L'afflux des expressions barbares, apportées par
les Romains, les Vénitiens, les Turcs, n'en a pas
déformé la grâce première. Pendant que sa mère
bavardait dans un style voisin de celui de Théophraste, Plitô, les yeux baissés, gardait un silence
et une réserve de vierge sage. Un fichu d'étoffe
blanche et souple encadrait son visage, joli et
grave, et emprisonnait, comme en un voile de
religieuse, la lourde chevelure, depuis le haut du
front jusqu'au bout des grandes tresses tombantes.
La tête penchée, à la façon de la Panaghia des

---

1. Épiciers grecs, qui vendent un peu de tout.

saintes images, elle tricotait, pour les jours de fête, des gants de soie jaune, car les filles d'Amorgos sont raffinées et coquettes comme des dames. Lorsqu'on fait la cueillette des figues, elles mettent des gants de laine pour préserver leurs mains contre les égratignures et le hâle; l'été, elles abritent, sous de grands chapeaux de paille, la délicatesse de leur teint; elles ont même recours à d'innocents artifices pour en exagérer un peu la blancheur, et pour aviver, au-dessus de la splendeur des yeux, le trait net des longs sourcils. Rien n'est plus charmant que de les voir passer, le dimanche, assises sur des mulets et des ânes dont les harnais rustiques contrastent fort avec leurs grâces mièvres : on dirait des déesses dépaysées. On se demande d'où vient l'instinct secret qui a donné à ces paysannes ce goût enfantin de parure et d'élégance; leurs maîtres et seigneurs paraissent tout à fait dégagés d'un pareil souci, et Dieu sait aux mains de quels rustres sont maintenant mes petites amies de là-bas : Plitô la silencieuse; Nanniô qui, tous les matins, à sa fenêtre, frottait d'eau claire ses bras nus; Filiô, dont le fin profil faisait songer à un page florentin.

L'Athénien Panayotis, étant civilisé et diplômé de plusieurs universités d'Allemagne, était peu sensible à ces beautés un peu farouches. Il réservait son admiration pour une voisine, dont les charmes opulents et les élégances *européennes* excitaient son admiration. Il y avait sur notre toit, à la mode orientale, une terrasse de terre battue où j'aimais à me promener, pendant des heures, pour regarder le village, dont les maisons semblaient descendre joyeusement vers la mer; le soir, lorsque le soleil embrasait d'or le ciel et l'eau, autour de la silhouette violette de Naxos, il était doux de laisser errer sa vue sur la rade, unie et luisante comme une glace, et sur les collines, que les rayons obliques envermeillaient de pourpre, de rose et de lilas. L'éphore venait parfois me tenir compagnie; mais il tournait le dos, sans cérémonie, aux portes enflammées du couchant, et, armé d'une jumelle, il regardait obstinément les fenêtres de la majestueuse Calliope Iannakopoulou. J'essayai de lui démontrer que notre dignité et notre prestige risquaient d'être compromis par ses allures conquérantes : j'y perdis tout mon grec. La vue de Calliope le ravissait. Cette personne, qui relevait ses cheveux sur sa nuque d'une façon laborieusement parisienne, qui faisait venir de Syra des gravures de modes, et qui emprisonnait, dans un corsage tendu à craquer, ses charmes débordants, répondait, en tous points, aux idées que l'éphore s'était faites sur les belles manières et la distinction. Il m'avoua un jour qu'il cherchait, aux alentours du village, un champ où il pût, sans être vu, donner rendez-vous à la dame de ses pensées. En attendant, il prenait son mal en patience en buvant, avec le père de la belle, beaucoup de verres de raki.

Nous allions flâner très souvent avec le kyrios Iannakopoulos, sur la grève, le long de la mer dont le clapotis chuchotait doucement, ou bien, quand il faisait mauvais temps, au petit café qui se trouvait au bord de l'eau. On rencontrait là tous les oisifs du village, ce qui faisait une assez nombreuse compagnie. Le kyrios Iannakopoulos, qui portait le titre d'astynome [1], était long, maigre, beau parleur et généralement de bonne composition, malgré quelques accès de susceptibilité rageuse. Il était criblé d'innocentes plaisanteries par Kharalambos, par le médecin du lieu et par l'excellent Antonaki, lequel exerçait à Amorgos, avec une sereine philosophie, les fonctions de *liménarque*. Je traduirais volontiers ce mot par « capitaine du port »; mais ce titre pompeux donnerait au port de Katapola et à la personne de mon ami Antonaki une importance et une majesté à laquelle ni l'un ni l'autre n'ont jamais prétendu. Le liménarque était spécialement chargé de surveiller, autour des côtes abruptes de son district, les voiliers qui essayaient d'introduire en Grèce des marchandises de contrebande; le gouvernement l'avait également prié de rédiger, de temps en temps, des rapports sur le mouvement com-

---

[1]. Commissaire de police.

mercial de l'île. Mais il allait rarement dans son bureau, où le portrait du roi George et l'écusson national se morfondaient dans un perpétuel tête-à-tête. Quant aux statistiques, il n'avait qu'une médiocre confiance dans leur efficacité, et il se disait, avec raison, qu'il était inutile d'aligner tant de chiffres pour démontrer que le commerce d'Amorgos était dans l'enfance, et pour humilier, sans motif, l'amour-propre très excitable de ses administrés. Les contrebandiers l'occupaient davantage; mais quel homme sensé pourrait lui faire un reproche d'avoir été, parfois, plein de mansuétude pour des gens sans méchanceté, qui apportaient en abondance, dans une solitude dénuée de tout, du tabac, du bon cognac fabriqué en Asie Mineure, des clous, du chanvre, et mille autres objets, qui sont nécessaires à la vie humaine? Brave Antonaki! à mesure que je le connaissais davantage et que notre amitié grandissait, je me disais que la régie administrative est une invention morose des nations déjà vieilles, et qu'il est vain de vouloir infliger cette ennuyeuse sujétion à ce peuple adolescent, qui ne prendra jamais au sérieux ses préfets et ses procureurs généraux. Je dois aussi quelques souvenirs au scolarque [1], quoiqu'il ne fût pas de mes amis, et qu'il ait excité ontre moi, sans motif, simplement parce que

---

1. Instituteur.

j'étais étranger, l'animosité de quelques autochtones. J'ai vérifié que, par tous pays, les maîtres d'école ont la même suffisance, entretenue par l'habituelle domination sur un troupeau d'écoliers épeurés. Celui d'Amorgos était phraseur, poseur, plein de lui-même, furieusement jaloux d'établir sa supériorité. Un jour qu'il avait bu plusieurs gourdes de vin blanc, il vint à moi, et me dit : « Vous croyez peut-être, parce que je suis ivre, que je suis un barbare. Détrompez-vous. Je suis Hellène! » Puis il offensa Kharalambos, en le traitant d'illettré (ἀγράμματος), ce qui est la plus grave injure, et d'ailleurs la moins justifiée, qu'on puisse lui faire. Mais aussitôt, il me défia de lui donner une définition exacte de la *vérité*. Il fit, sur ce point, des questions insidieuses aux gens qui étaient là, et réfuta victorieusement leurs réponses. Je cessai, à ce moment, de le trouver insupportable, car ce prudhomme subtil m'a aidé à comprendre Socrate et Gorgias.

Tels étaient nos propos et nos plaisirs dans le café d'Iannakis. Quelquefois des pêcheurs d'éponges, venus de Kalymnos, abordaient à Katapola. Dans leurs plongeons sous les roches, ils trouvaient souvent des homards, qu'ils me vendaient à des prix raisonnables. C'était l'occasion d'un triomphe pour l'épistate Stratakis, qui avait servi chez un riche banquier d'Athènes, et qui faisait très bien la sauce mayonnaise.

Les talents de Stratakis furent, un jour, mis à contribution par un jeune étudiant de l'université d'Athènes, dont les parents habitaient Adana en Cilicie, qui était venu s'établir sur le rocher d'Amorgos, pour se *mettre au vert*, et à qui je fus uni, dès les premiers temps de mon séjour dans l'île, par le besoin que nous éprouvions, à certains moments, de nous distraire l'un l'autre. Andréas Artémis, que l'on appelait familièrement Andricos, était un garçon fort intelligent et fort aimable, dont l'abondante hospitalité me faisait penser aux Grecs d'Asie Mineure, si différents, sur ce point, de leurs compatriotes d'Athènes. Il entreprit de donner en mon honneur un grand festin. Nous traversâmes, en barque, la rade de Katapola; la table était servie avec un luxe tout à fait inouï dans l'île d'Amorgos. Un calligraphe local avait écrit, en caractères grecs, sur du papier blanc, les noms des personnages invités. Le vin doré de Santorin étincelait, dans des carafes, avec des clartés de topaze. Deux énormes poissons, qui semblaient habillés d'une cotte de mailles d'argent, furent d'abord dévorés en silence. Mais bientôt on se mit à chanter. L'astynome faisait les *soli*; l'éphore chevrotait, du nez, un accompagnement faux; Stratakis, Kharalambos, Andricos et le liménarque reprenaient en chœur, à tue-tête, en frappant sur la table, du plat de leur main, le refrain, dont la musique traînante et indolente célébrait toujours

« la bien-aimée qui est semblable à une petite perdrix ». Très tard dans la nuit, nous cheminions encore, précédés d'un falot, sur la grève déserte. La mer, assoupie, faisait, dans la nuit bleue, un petit bruit d'eau tranquille; le ciel étincelait d'étoiles et allumait des levers d'astres dans les claires profondeurs du golfe. L'astynome, attendri par le silence des choses, faisait des tirades sentimentales sur la brièveté des joies humaines, et montrait, d'un geste large, les brillantes constellations, d'où semblait descendre l'influence bachique du divin Dionysos.

Je préférais encore à ces relations si cordiales avec les grands personnages de Katapola, de longues heures de causerie avec des laboureurs ou des gens de mer. La plupart des habitants d'Amorgos disputent aux rochers quelques arpents d'orge ou de vignes. Souvent ils vendent leurs terres pour acheter un caïque. Leurs embarcations se balancent sur leurs ancres, dans la rade, à quelque distance de la berge, qui est encombrée de cailloux. Là-bas, de toutes les choses la plus mobile et la plus changeante, c'est la mer. Elle est la vie et la joie de ces pauvres villages qui accrochent aux montagnes leurs petits bouquets de maisons blanches, parmi des citronniers clairsemés. C'est un événement, quand des caïques chargés arrivent des îles voisines, apportant des sacs de farine, des tonnes de poissons salés, et des nouvelles fraîches.

Il en vient de Symi, de Syra, d'Hydra. Les matelots débarquent, joyeux, s'attablent dans un cabaret, chantent et dansent. Les rouleurs de mer sont bien les mêmes, par tous pays. Les patrons des côtes brumeuses de Honfleur ou de Dunkerque reconnaîtraient des cousins un peu loquaces, dans l'équipage des fins voiliers de l'Archipel. C'est la même insouciance, le même flegme dégagé, le même mépris, sans ostentation, du danger de demain, et le même oubli du danger d'hier. C'est là-bas qu'il faudrait lire l'*Odyssée*.

J'avoue que, parmi les gens d'Amorgos, ceux que j'aimais le mieux, c'étaient les vieux maîtres pensifs, qui portent encore le haut *tarbouch*, et qui fument leur cigarette, d'un air tranquille, assis à l'arrière, près du gouvernail. Aux temps héroïques de la Grèce, ils auraient pu devenir amiraux comme Canaris. Ce n'est pas leur faute si le malheur des temps les oblige à charger des oranges en Crète et à les transporter un peu partout. Il y en avait un que j'aimais particulièrement : c'était le capitan Marco. Quelle figure de brave homme, douce et résignée! Il ne ressemblait pas à ses confrères, un peu hâbleurs comme le sont presque tous les Grecs. Oh! le bon sourire, un peu triste, comme de quelqu'un qui a beaucoup souffert, qui a couru beaucoup de risques et qui en courra encore, qui sera peut-être happé quelque jour par la lame, et qui le sait. Capitan Marco possédait une petite viole (*lyra*). Il jouait des airs d'une tristesse et d'une fantaisie étranges, des cantilènes, venues on ne sait d'où, et que ses amis d'Astypalæa, de Cos et de Boudroun lui avaient apprises pendant les escales. Il partageait son temps entre sa lyre, qu'il enfermait soigneusement dans un sac de toile, quand il avait fini de jouer, et sa goélette, sa *gouletta*, qu'il lavait et radoubait sans cesse. La pauvre embarcation, presque aussi vieille que son maître, avait reçu bien des bourrasques et bien des paquets de mer; ses planches, malgré le goudron, commençaient à crier et à se disjoindre. N'importe, la goélette du capitan Marco, quand elle ouvrait ses ailes, filait joliment sur la vague. Elle a jeté ses ancres dans pas mal de ports, depuis Macri jusqu'à Messine. Elle a visité à peu près tous les coins des Cyclades. Elle sait distinguer les mouillages peu sûrs des criques bien abritées, et, si vous voulez bien voir ces îles charmantes, jetées çà et là comme un semis de grandes pierres précieuses, je vous souhaite d'errer, dans l'Archipel, sur la goélette du capitan Marco.

Malheureusement, la vapeur a dispersé les flottilles de caïques qui se croisaient, il y a vingt ans, sur la mer Égée. Il ne faut pas trop s'en plaindre. Le pittoresque y a perdu, mais la sécurité publique y a gagné. Les paquebots sont difficiles à prendre, et les pirates ont renoncé à leur métier, qui décidément devenait pénible et infructueux. Il paraît qu'Amorgos eut à souffrir, autrefois, de plusieurs incursions à main armée. Les mauvaises langues disent que les brigands qui pillèrent les indigènes ne faisaient que leur rendre la pareille, sans beaucoup d'usure. En tout cas, les complaintes que les Amorgiotes me chantaient après boire ne parlaient pas de leurs propres exploits, et se lamentaient complaisamment sur ceux des autres. Ces élégies sont jolies et naïves. Voici quelques couplets que chantent encore les vieilles femmes et qui bientôt seront oubliés :

« Oiseaux, ne gazouillez pas ; arbres, ne fleurissez pas ; pleurez grandement le malheur d'Amorgos. On n'aurait jamais pu croire qu'un jour elle serait foulée par les pieds des Maniotes, et que ces chiens sans loi viendraient la ravager. Ils allèrent à Santorin, et y prirent un bateau à voiles, et les malheureux Amorgiotes n'en furent pas informés. Et, au milieu de la nuit, ils vinrent et débarquèrent. Ils prirent les vêtements des habitants et les dépouillèrent de tout ; et ceux-ci, qui n'avaient point été avertis, ne pouvaient rien comprendre. Toutefois, au bout de quelque temps, lorsque les gens de l'île entendirent les coups de fusil, ils commencèrent à courir. Au diacre Nicétas les voleurs prirent ses innombrables ducats de Venise. Ils prirent tout ce qu'il y avait dans sa chambre, et ne lui laissèrent rien, pas même ses armes. Le fils de Refentarios était parti pour la récolte du coton ; ils allèrent dans sa maison et y établirent leur demeure. Ils lui prirent ses vêtements, ses bijoux, ses miroirs et beaucoup d'autres choses qui lui appartenaient. Et ils coururent chez le pappas Nicolas, pour le surprendre, et ils avaient l'idée de le tuer. Ils lui prirent ses vêtements, toutes ses affaires. Ensuite, ils se mirent à chercher le trésor de l'île. Ils finirent par le trouver dans une petite cassette. Le capitaine fut pris de joie et se mit à rire. Ils allèrent chez le diacre et frappèrent à sa porte. Celui-ci pris de peur, lui demanda ce qu'ils voulaient : — Allons, pappas, ouvre, pour que nous entrions dans ta chambre; et dépêche-toi, si tu tiens à ta santé. — Là aussi, ils prirent tout ce qu'ils trouvèrent, et, de toutes les tabatières du pappas, ils lui laissèrent seulement une seule. Trois d'entre eux coururent chez le pappas Manolis; mais celui-ci, tout de suite, les prit dans son jardin, il les désarma et les jeta par terre... Markis, lorsqu'il apprit la nouvelle, ouvrit sa porte, et courut dans la montagne avec ses enfants. Il laissa sa maison ouverte. Personne de ses amis ne courut le rejoindre. Un des Maniotes, un petit, avec un grand nez, tua Dimitri le noir... Justement ce jour-là, trois barques pleines d'hommes avaient levé leurs ancres pour pêcher. C'est le diable, vraiment, qui leur avait conseillé de s'en aller... »

Amorgos n'a plus à craindre de pareilles surprises, et il n'y a plus de raison pour que le bourg principal de l'île se réfugie, selon la coutume antique, dans les terres, loin du port, à l'abri des coups de main. Pourtant, par un reste d'habitude, c'est le bourg de Khora (le pays), à quelques kilomètres du Katapola, qui est considéré comme le chef-lieu du dème d'Amorgos. Nous y allions presque tous les dimanches, par un sentier pierreux, où le pied des mulets bronchait et butait comme sur un escalier. Le désœuvrement, et aussi des devoirs sociaux m'obligeaient à cette ascension : Khora était la résidence du démarque, du télégraphiste, de l'εἰρηνοδίκης (juge de paix), et d'un énomotarque de gendarmerie.

CHAPITRE IX

L'île d'Amorgos. — L'Archipel au printemps. — Un procès archéologique. — Histoire d'un éphore, d'un pappas et de soixante pièces d'or.

M. Vlavianos, démarque, était un homme excellent et éclairé, infiniment supérieur à ses administrés, supérieur même à beaucoup de maires que j'ai connus ailleurs qu'en Grèce. Mais il était véritablement martyrisé par ses fonctions. La plus petite difficulté lui semblait une affaire d'État, et la moindre réclamation d'un citoyen de l'île lui paraissait l'indice d'une cabale savamment organisée et dirigée contre son pouvoir. J'allais souvent le voir dans sa maison de Khora; il avait passé de longues années à Athènes, et aussi en Valachie, où il avait exercé des fonctions consulaires. Et, quand sa nièce Marigô m'avait offert, sur un plateau d'argent, un verre d'eau claire et des confitures, il me racontait sa vie passée, et me disait, en me montrant les victoires napoléoniennes accrochées au mur dans de vieux cadres, combien il aimait la France, et combien il regrettait de ne point la connaître. Je dois à M. Vlavianos les meilleurs moments que j'aie passés dans l'île d'Amorgos. Quand je pense que ma présence a parfois troublé, bien malgré moi, sa quiétude; que la bienveillance avec laquelle il a secondé mes efforts et aidé mes fouilles lui a été vivement reprochée, et que les fortes têtes de l'île l'ont accusé d'être *philoxène* (ami des étrangers), il se joint à ma reconnaissance un peu de remords. M. Vlavianos aurait été le seul homme instruit de l'île, s'il n'avait pas eu pour voisin M. Johannidis, dont la redingote noire, la barbe blanche, le chapeau de forme haute et surannée, et les façons de vieil instituteur, faisaient un singulier effet, dans la sauvagerie des landes et des maquis, au milieu des pentes sèches, arides, peuplées de pierres et de maigres touffes de lentisques. Johannidis a été, autrefois, un des membres les plus actifs du Syllogue littéraire de Constantinople. Le recueil périodique, publié par cette société, contient de nombreux articles qu'il a écrits au temps de sa verte jeunesse, et qu'il montre aux visiteurs avec une satisfaction non déguisée. Ce sont des dissertations sur des points d'archéologie byzantine; le bonhomme lit très aisément les vieux grimoires qui sont écrits en lettres grêles et en ligatures compliquées sur les parchemins, les vitraux, les chandeliers et les iconostases du Bas-Empire. Il a été longtemps scolarque d'Amorgos; d'innombrables générations ont passé sous sa férule; mais, malgré les efforts de cet instituteur archéologue, les insulaires aiment les vieilles pierres moins pour les déchiffrer que pour les vendre. Maintenant Johannidis a quitté son école; il mène très tranquillement, dans une maison proprement meublée, avec deux ou trois nièces empressées et gazouillantes, une existence retirée de vieux savant. Il ne se permet qu'un luxe : les livres; il en a de fort beaux et de très bien choisis. Ce n'est pas sans plaisir que l'on retrouve, dans ces solitudes, les *Monuments* de l'Association française pour l'encouragement des études grecques, les publications de Rayet, d'Homolle, de Collignon, et un certain nombre d'autres livres que les caïques n'ont pas l'habitude de transporter. Johannidis s'est voué à l'étude d'Amorgos. Il connaît son île par cœur. Renseignements historiques, chansons populaires, dictons et proverbes locaux, idiotismes du patois indigène, il a tout enseveli dans ses notes. Rien ne serait plus amusant que de feuilleter une mémoire aussi bien approvisionnée. Mais il me semble qu'il ouvre assez malaisément les trésors de son érudition. Il est avare de confidences, et j'ai rarement vu d'antiquaire plus ombrageux. J'ai appris qu'il préparait un grand ouvrage sur Amorgos : six tomes étaient prêts pour l'imprimerie. Six tomes, c'est beaucoup pour quelques kilomètres carrés ; mais les Grecs ont une puissance de compilation capable de tous les tours de force. Johannidis s'informait, avec une curiosité passionnée, du résultat de mes fouilles ; il venait presque tous les jours, armé d'un crayon et d'un carnet, me demander, avec des précautions infinies, la permission de copier les inscriptions que j'avais trouvées sur l'acropole d'Arcésiné et sur la colline où avait vécu la colonie crétoise de Minoa. Je n'osai pas, bien que Kharalambos me désapprouvât formellement, lui refuser une volupté si ardemment désirée. Malgré tout, je soupçonnais que l'arrivée d'un Franc dans l'île, en même temps qu'elle flattait son patriotisme, effarouchait un peu sa jalousie d'auteur. J'étais un intrus pour ce savant de province. Je démêlais ce sentiment, au milieu des efforts qu'il faisait pour m'accueillir avec une politesse empressée et cordiale ; il aurait voulu, tout à la fois, dissimuler un peu, à mes yeux indiscrets, les antiquités de l'île, et me montrer qu'il les connaissait bien.

Il se dédommageait en me faisant visiter, du haut en bas, un monastère qui se trouve au nord-est de l'île. Comme il pensait que l'histoire byzantine m'était tout à fait indifférente, il croyait pouvoir me faire, sans danger, des conférences sur ce sujet ; et j'en sais assez long sur le *monastiri* d'Amorgos. Cette maison de moines existait déjà en 1572. Le voyageur Porcacchi, dans son livre sur les îles les plus illustres du monde (*Isole più famose del mundo*), en fait cette courte mention : *e al mare un monasterio di caloieri.* La petite abbaye de la Panaghia *Khozoviotissa* mérite mieux que cette phrase brève et dédaigneuse. Voici par quel miracle elle fut fondée. Au temps où des hérétiques impies brisaient les saintes images, une pauvre femme de Kossovo cacha trois images et les jeta dans la mer pour les préserver contre la fureur des iconoclastes. L'une d'elles fut portée par les flots jusqu'au mont Athos; une autre vint échouer aux bords escarpés d'Amorgos; elle fut recueillie par de pieux ermites qui, un matin, la trouvèrent dans les rochers. Il leur sembla que ce prodige était une manifestation évidente de la volonté divine, et ils jugèrent que la Panaghia exprimait le désir que l'on bâtit un monastère en cet endroit. L'empereur Alexis Comnène se trouvait alors à Patmos, en compagnie de saint Gérasimos. Il fut informé de cette trouvaille miraculeuse. L'empereur consulta le saint homme, et, sur son avis, il décida, par une bulle d'or, que les abbayes de Patmos et d'Amorgos seraient sœurs, que l'higoumène d'Amorgos serait pris parmi les moines de Patmos, et que l'higoumène de Patmos serait pris parmi les moines d'Amorgos. Cette bonne entente dura quelques années. Mais, un jour, les pères de Patmos, se rendant à l'île voisine, faillirent se noyer en route; à partir de ce jour, ils ne voulurent plus y aller, et, comme ils étaient les plus nombreux et les plus forts, il forcèrent les pères d'Amorgos à venir chez eux, en apportant la bulle impériale et tous leurs trésors. Le monastère de la *Panaghia de Kossovo* resta désert jusqu'au jour où deux religieux, dont l'un était de Crète et l'autre de Kalymnos, vinrent s'y établir et le restaurer. On pouvait voir, autrefois, sur une grosse pierre, les noms de ces deux moines et le portrait de l'empereur; mais un rocher est tombé sur la pierre et l'a fait rouler jusqu'au fond de la mer.

On monte au monastère, à travers des éboulis de cailloux, parmi des bouquets de thym et une véritable fête de coquelicots écarlates, le long d'un sentier de chèvre, étroit et sans ombre, qui rampe, comme une mince corniche, sur les pentes rougeâtres. D'un côté, c'est la haute paroi des rochers, perpendiculaire, comme taillée au couteau; de l'autre, les ravins, où d'énormes blocs se sont arrêtés à mi-côte, descendent en pente raide jusqu'à la mer. On est presque au bout de l'île : Amorgos allonge sur l'eau bleue sa pointe extrême, un cap couleur d'améthyste, dentelé d'arêtes coupantes, colossal et capricieux, joli à voir dans cette lumière diffuse qui nuance, par places, de tons plus foncés, la robe de violet tendre qu'elle semble poser délicatement sur les flancs pelés de la stérile montagne. Au mois de mars, lorsque de légères traînées de nuages blancs courent encore, en minces flocons de laine étirée, sur l'azur très fin du ciel, ce paysage est vermeil, heureux, d'une douceur tiède et printanière. La terre n'est pas encore brûlée par ces étés torrides qui empêchent les oiseaux de chanter, accablent les moutons, lourdement pâmés dans des coins d'ombre, aveuglent les yeux des hommes et jaunissent, entre les pierres, les herbes séchées et mortes. La mer n'a pas cette splendeur dure des journées accablantes, ce bleu profond, sombre dont l'éclat inerte ne reflète rien. Mais le calme miroir où se réfléchissent les rochers fauves est d'un bleu apaisé, lumineux et gai. Près de la rive, les cailloux mettent des reflets de bijoux dans la transparence limpide de l'eau rayonnante, parmi les moires vertes qui ont, de loin, des clartés d'émeraudes. D'imperceptibles rides plissent la grande nappe d'azur où des voiles lointaines font trembler des traînées de blancheur. Très loin, par delà des récifs bordés d'une frange d'écume, sur la ligne extrême où se confondent le ciel et la mer, on distingue vaguement des silhouettes bleuâtres : Cos, Astipalæa, Anaphi, toute petite et pointue... On voudrait partir vers ces îles souriantes, se laisser porter par le vent frais, au murmure rythmé des vagues, n'importe où dans ce pays clair, coloré d'azur, de violet et d'or...

Deux pierres, placées de chaque côté du chemin, et, entre les deux, une croix de bois. C'est l'entrée de la terre sainte, l'endroit où l'on doit s'agenouiller : τὸ προσκύνημα τοῦ μοναστηρίου. Ici, tout bon chrétien devrait se découvrir, faire une dizaine de signes de croix et réciter quelques prières... Puis, à un brusque détour, dans une crevasse de la montagne, le monastère apparaît. C'est une petite maison, sèche et fauve, perchée là haut comme un nid d'éperviers. Tournefort, qui vivait en un temps où l'on aimait peu les images pittoresques, dit qu'elle est plaquée aux rochers « comme une armoire ». Les moines ne peuvent même pas dire qu'ils dorment entre quatre murs, car la façade et les murs latéraux, étayés par des contreforts, s'accotent tout simplement à la montagne qui sert de mur de fond; et quelques-unes des cellules aménagées dans les fentes des roches sont vraisemblablement d'anciens terriers, un peu agrandis. Au seuil de la cour, nous sommes reçus par un grand capuchon noir, d'où sort une longue barbe blanche et au fond duquel brillent deux petits yeux, aiguisés par l'ascétisme ou par la malice : on ne sait au juste. C'est le père Macarios, un des ermites les plus inquiétants que l'on puisse voir. Je le connaissais pour l'avoir rencontré souvent, par les sentiers, où il cheminait sans cesse, tout seul avec son bâton. Le père Macarios a presque cent ans; on ne sait pas très nettement à quelle besogne il a pu employer sa longue vie, et je crois bien que, si l'on pouvait obtenir de lui une confession générale, on ferait, avec sa biographie, une « vie orientale », encore plus aventureuse que celle du *Vangheli* de M. de Vogüé. Tout ce que je puis dire, c'est que Macarios a été matelot et même capitaine de caïque et qu'il a eu beaucoup d'aventures de mer. Sa mémoire est parsemée de mots turcs, français, anglais, recueillis comme des coquillages sur des plages lointaines. Il a passé plusieurs années en Égypte et se trouvait à Alexandrie lorsque l'impératrice Eugénie vint visiter les travaux de l'isthme de Suez. Il sait le russe et il aperçoit vaguement dans son passé, je ne sais pourquoi, la Martinique et le Mexique. Dieu sait ce qu'a pu faire, en ces nombreuses péripéties, l'homme mystérieux qui se cache sous la robe et le nom du père Macarios et qui est venu s'échouer comme une barque démâtée, dans ce désert ignoré. Je ne serais pas étonné qu'il y eût dans sa conscience quelques souvenirs gênants; maintenant le bonhomme est rassasié de toutes choses et revenu de bien des illusions; et, dans les rares moments où il cause, il dit à l'exemple du roi Salomon avec le geste de jeter de la poussière au vent : Ματαιότης ματαιοτήτων, vanité des vanités. Je crois que cette phrase est le seul passage des livres saints que Macarios connaisse; il la répétera pour gagner le paradis, jusqu'à ce que ses péchés lui soient remis et que l'higoumène du couvent ouvre le ciel à son âme repentante et désabusée.

Macarios est moins un religieux qu'un pénitent
Voici les moines. Le père cuisinier, épais, sale et
pataud avec un bon sourire. — Le père conseiller,
Dionysios, auquel on hésite à donner le nom de
père, tant ses allures sont dégagées et juvéniles :
un gaillard barbu, vigoureux, brun, vêtu d'une
longue robe noire et coiffé d'une toque comme en
ont en France les juges et les professeurs. Ses longs
cheveux, tordus, sont rentrés dans sa toque. Son
visage est intelligent, décidé, volontaire. Dionysios
semble un esprit ouvert, libéral, capable de tolé-
rance : il est de Santorin, parle sans amertume des
paroisses catholiques de l'île et me confie qu'il a de
nombreux amis parmi les prêtres latins. — Le
supérieur, ou, comme on dit en Grèce, le saint
higoumène, ὁ ἅγιος ἡγούμενος, figure prudente et
rusée de moine byzantin. Fort majestueux avec sa
pelisse de fourrures et sa ceinture bleue, le vénérable Gennadios tend gravement, aux baisers des
fidèles, sa main maigre et fine. On me dit qu'il ne
ressemble en rien à son prédécesseur, un mauvais
plaisant dont les relations avec l'institutrice, une
belle fille de Santorin, ont fait beaucoup de bruit
dans le pays. Celui-ci a d'autres idées en tête; on
dit qu'il est ambitieux et que les honneurs épisco-
paux le tentent. Et je lui ai fait plaisir lorsque je lui
ai dit, à table, en levant mon verre : ἅγιε ἡγούμενε,
εἰς ἀνώτερα : Ce qui peut se traduire ainsi : « Saint
higoumène, je bois à votre avancement. »

La chapelle du couvent est très étroite et fort pauvre. Les enluminures de l'iconostase sont défraîchies et ternes. Seul, le lustre d'argent étincelle. Mais de la petite terrasse qui est devant l'église, et où pend la corde des cloches, la vue s'étend très loin, sur la mer et les îles. La falaise tailladée tombe à pic dans l'eau. Au temps des pirates, ce couvent était tout à la fois un observatoire et une forteresse. Aucune voile, d'allure équivoque, ne pouvait apparaître sans être signalée par les moines, embusqués dans leur échauguette, derrière leurs créneaux en queue d'aronde. Les brigands ne pouvaient espérer de mettre la main sur les chandeliers dorés et les vieux missels : les moines étaient armés, et de chacune des meurtrières sortait la gueule d'une carabine.

Maintenant, les moines de la Panaghia Khozoviotissa, n'ayant plus rien à surveiller, profitent de leur loisir pour se livrer, sans remords, à d'innocentes flâneries. Je crois que l'administration de leurs biens ne leur donne pas grand'peine, malgré les fermes et les bénéfices, pompeusement énumérés dans une bulle d'or « du fidèle roi et empereur des Romains Michel-Doucas-Ange-Comnène Paléologue ». Quand ils ont fait labourer leurs champs et rentré leurs récoltes, ils sont à peu près libres de tout souci.

Ils ont une bibliothèque et ils y tiennent beaucoup, depuis que Johannidis en a fait le catalogue et leur a dit qu'elle contenait des manuscrits. Je suis resté avec l'ancien scolarque à remuer cette poussière, et à m'écorcher les doigts aux fermoirs, rouillés et rétifs comme les serrures qu'on n'ouvre jamais. Toutes ces paperasses gisaient pêle-mêle dans de vieux coffres rongés par les mites, et j'ai pu vérifier que les cénobites d'Amorgos entraient rarement dans leur « librairie », où ils auraient pu lire cependant, en de belles calligraphies sur parchemin, le livre d'Éphraïm le Syrien, le martyrologe d'Ananios l'Apôtre, les discours ascétiques de l'abbé Jean et de saint Théodore, les homélies de Maxime, évêque de Cythère, et le catéchisme de Théodore le Confesseur.

Mes occupations archéologiques me donnaient une haute importance aux yeux des habitants de l'île, saisis, comme tous les Grecs, de respect et d'étonnement à la vue des Francs qui viennent des rivages de leur lointaine patrie pour chercher passionnément, dans la terre, des inscriptions et des statues qu'ils ne vendent point. Ma présence flattait leur patriotisme, et je me rappelle l'entrée solennelle que je fis à Katapola un beau soir, après une bonne journée de fouilles. Mes ouvriers descendaient la montagne, portant triomphalement sur leurs épaules des têtes et des torses, encore souillés par la terre où ils avaient dormi longtemps; et Kharalambos, tout joyeux, avait lié sur un âne, qui pliait un peu sous le poids des reliques, un décret des Samiens et une dédicace en l'honneur d'Athéna Itonia.

Tous les matins, sauf les dimanches et les jours de fête, je partais avec douze ou quinze terrassiers en calottes rouges et braies bouffantes, que j'avais embauchés assez aisément et à bon compte. Je fus obligé d'évincer de nombreux candidats et j'ai eu pour ouvrier un diacre qui, sa soutane retroussée, piochait allégrement. Nous prenions notre repas de midi les uns à côté des autres, assis dans l'herbe ou sur de petits murs. Tandis que ces braves gens se contentaient d'un bout de fromage, d'un morceau de pain noir, et d'un peu d'eau fraîche, je partageais avec l'éphore, Kharalambos et Stratakis, des herbes bouillies, du riz et de monotones poissons, ce qui devait paraître aux insulaires un luxe asiatique. Au coup de sifflet de Kharalambos, les pioches et les pelles recommençaient à fouiller le sol, avec précaution, de peur de casser le nez à quelque dieu. C'étaient des cris de joie quand nous trouvions un pan de mur, un tombeau, une plaque de terre cuite ou un fragment de marbre. Ceux qui n'ont vu l'antiquité que du fond de leur cabinet et à travers leur bibliothèque ne peuvent comprendre le ravissement que j'éprouvai lorsque je fis, dans ce sol sacré, ma première découverte. C'était une tête de femme; et, par miracle, aucune cassure n'avait altéré la netteté du profil. Elle avait de la terre dans les yeux et dans la bouche; nous l'arrosions d'eau claire: peu à peu elle revenait à elle; sa blancheur et sa beauté souriaient à la lumière du jour.

Pendant les longues heures où la tranchée ne donnait rien, je regardais, autour de moi, le creux des vallées et le relief des montagnes. Je crois qu'il n'y a pas, dans toute l'île, un seul coin où ma vue n'ait plongé, et où je n'aie laissé quelque chose de moi. Quels bons moments de contemplation joyeuse j'ai passés sur l'acropole de Minoa, sur l'acropole d'Arcésiné, sur l'emplacement de l'antique Ægialé! Quand j'y pense, il me semble qu'une claire vision illumine mon rêve intime. De Minoa, je voyais, par delà de grands ravins, striés par les caprices des torrents, le bourg de Khora, éparpillé sur une cime, et tout pareil, tant il était blanc, à un écroulement de neiges. L'air était léger, le ciel fin; une brise alerte et salubre nous caressait le visage, apportant de subtils parfums de menthe, mêlés aux senteurs du large. Une lumière fluide dessinait, en lignes précises, la nudité chaude des roches au-dessus d'un petit triangle de mer bleue. Ce paysage était net, limité, charmant. — Arcésiné avait quelque chose de plus abrupt et de plus sauvage : ce lieu, presque inaccessible, était bien choisi, pour une forteresse. Il fallait, pour monter à l'étroite plate-forme où une misérable chapelle a remplacé le temple antique, grimper le long des pierres âpres où le pied glisse et trébuche.

Le pays, tout autour, était désert; c'étaient de pauvres cabanes, de petites églises éparses dans les terres, des étendues jonchées de cailloux, et des champs de pâles asphodèles. Le village le plus proche était si loin, que Kharalambos préféra coucher dans un tombeau historique, dont on avait fait sortir des bœufs qui s'y étaient commodément installés. Mais, d'en haut, le spectacle est admirable, et je voudrais en avoir gardé, dans les yeux, les moindres détails. Il m'a donné l'exquise volupté d'oublier pour un temps les soucis moroses, l'occupation tyrannique, la servitude du métier, pour goûter, dans toute sa pureté, l'enchantement des couleurs et des formes. J'assistais aux premiers beaux jours, à l'éveil de la saison douce, à la joie des verdures nouvelles, toutes frissonnantes des prochaines ardeurs du printemps. Jamais je n'oublierai ces mers radieuses; il est impossible de rendre, avec des mots, leur sérénité, leur superbe déploiement, leurs ondulations lumineuses, surtout l'âme vivante qui semblait cachée sous leur éternelle mobilité. Tout invitait à l'allégresse, à la fête des sens, à l'énergie libre. Et comme on comprend, dans ces éblouissants paradis, l'éclosion des mythes, l'éveil des songes, la naissance des corps divins dont la blancheur surgit dans l'écume blanche, et le chœur des tritons et des naïades qui s'ébattent dans les eaux attiédies, sous le vol égrené des colombes!

Je rentrais dans ma petite maison à l'heure où le déclin du soleil dorait, d'un dernier coup de lumière, la cime de la haute acropole. Dans certains hameaux, on ne voyait plus la mer; l'horizon était fermé de tous les côtés, et souvent, pendant que Kharalambos et l'hôtesse préparaient quelques œufs durs, j'éprouvais une sensation étrange à me trouver si loin du pays, parmi ces gens dont les sentiments et les idées sont immobiles depuis des siècles. Dans le port, de vagues échos du bruit que fait la civilisation arrivaient avec le vent de mer. Mais, dans les vallées abritées, rien n'avait troublé la quiétude des hommes, et je ne savais plus au juste en quelle année de l'ère vulgaire était située ma vie. Des âmes simples et résignées habitaient ces cabanes de pierres sèches. Ces esprits limités ne connaissaient point nos troubles, nos incertitudes, nos suffisances ridicules ou nos vains efforts. Leur petite église, blanchie à la chaux, était leur refuge et leur consolation, l'habituel recours de leurs désirs cachés et de leurs secrètes rancœurs.

J'eus le regret d'inquiéter ces bonnes gens, et mes entreprises archéologiques faillirent causer une révolution dans l'île; je ne rappellerais pas la série de mes aventures et de mes procès, si ces menus faits ne m'avaient pas aidé à comprendre la simplicité rusée et la rouerie naïve du caractère local.

Je me querellai d'abord avec une vieille, toute ridée, mais singulièrement chicanière pour son âge. Elle s'appelait Maroullia, et crut se rappeler, je ne sais comment, que la lande inculte où s'élevaient autrefois les temples de Minoa était son bien : il fallut donc traiter avec elle, et la première conférence eut lieu sur l'acropole même dont elle se disait propriétaire. Kharalambos, bouillant et impétueux, le pappas Prasinos, archimandrite du chef-lieu, homme résigné, conciliant et archéologue, m'assistaient. La bonne femme essaya d'abord de m'apitoyer sur sa misère ; elle parlait d'un ton dolent, et disait, avec un sourire aussi triste que possible :

— Βοτανίζω, νὰ φᾶμε τὸ βράδυ. Δὲν ἔχουμε λεφτό. Je ramasse de l'herbe pour que nous mangions le soir. Nous n'avons pas d'argent.

Elle exigeait, avant de traiter, que l'on fît venir son fils, qu'elle voulait consulter et qui exerçait, dans les faubourgs d'Athènes, je ne sais quelle profession. Il fallut télégraphier, et comme M. le télégraphiste, jeune homme fort élégant, natif d'Andros, était très répandu dans l'île, tout le monde, le lendemain, fut au courant de l'affaire. Huit jours après, on voyait aborder à l'échelle d'Amorgos un jeune garçon, d'allures dégagées, de mine assez impertinente, et tout fier de porter une casquette « européenne » achetée rue d'Hermès. L'entrevue de la mère et du fils fut peu touchante : elle lui

demanda s'il apportait quelque chose pour la
maison; il répondit en tirant de sa poche une
vieille orange, dont il mangea la moitié. Quelques
jours après, elle vint me prier de lui donner de
l'argent pour rapatrier ce garnement qui devenait
insupportable. Je crus devoir y consentir, par diplomatie, et Kharalambos fut chargé de prendre un
billet de dernière classe au prochain bateau, non
sans avoir fait sentir à la bonne femme toute
l'incohérence de ses actions.

Tout alla bien pendant quelque temps. Maroullia
consentait à des conditions raisonnables et s'amusait à nous voir enlever avec soin toutes les ronces
de son champ. Un jour, que nous voyions sortir
de terre un escalier, qui n'a pas été pour moi ce
que l'escalier de l'Acropole fut pour Beulé, la
bonne femme exprima sa joie par des cris et
déclara qu'elle viendrait laver, « avec du savon »,
ces degrés de marbre. Mais bientôt, s'imaginant
que son terrain contenait des trésors, elle éleva des
prétentions extraordinaires. Elle voulait 100 drachmes, 1,000 drachmes, le plus de drachmes possible. Sans quoi, elle nous menaçait d'arrêter nos
travaux. Les exhortations du pappas, les menaces
de Kharalambos, les objections timides de l'éphore,
les balbutiements de l'épistate, qui manquait d'éloquence, l'énumération des sommes que j'avais données et des conventions qui avaient été conclues,
tout cela se heurta vainement contre l'obstination

de la vieille, que le pappas soupçonnait d'être conseillée par des κακοήθεις ἄνθρωποι, autrement dit, des hommes malintentionnés. Il était visible que la vieille attendait la venue d'un marchand d'antiquités d'Athènes, pour continuer les tranchées commencées par moi; aussi je ne me fis aucun scrupule de passer outre à ses interdictions.

Alors une scène grave se passa. Un matin, le mont Saint-Élie découpait, plus nettement que jamais, dans l'air transparent, son triangle gris perle; les sentiers luisaient; j'étais assis entre deux pierres, occupé à jouir de ces douceurs tièdes, et à m'épanouir à l'aise dans une oisiveté ensoleillée. Quelques instants après, le sifflet de Kharalambos vibra, bref et aigu, et les pioches recommencèrent à retomber lourdement le long des fosses. Tout à coup, Maroullia, à qui ses conseillers ordinaires avaient sans doute monté la tête, arrive, jappant et gesticulant comme une chienne sauvage :

— Παύσετε κατὰ νόμον ! Παύσετε κατὰ νόμον. Cessez, au nom de la loi ! Cessez, au nom de la loi !

Kharalambos, méprisant, ne répond même pas. L'épistate Stratakis monte sur une pierre et bégaye en phrases solennelles que c'est le gouvernement, le ministre qui a résolu de retourner son champ, qu'elle sera punie de sa complicité avec les brocanteurs « qui déterrent secrètement et vont vendre au loin les antiquités de la patrie ! »

Les ouvriers continuent à piocher avec une sournoise ironie, Maroullia s'en va comme une folle et dévale le long des flancs pierreux de la montagne avec une légèreté de chèvre... Trois ou quatre heures après, le pappas Prasinos, qui guettait l'horizon, signale sur le chemin de Khora un groupe animé qui descend les pentes avec précipitation. C'est encore Maroullia, accompagnée, cette fois, par l'énomotarque de la gendarmerie et par le γραμματεύς (*secrétaire*) du juge de paix. La fille de Maroullia et le chien blanc de M. le secrétaire suivent, tout essoufflés, le gros de la troupe.

M. le secrétaire s'avança avec la majesté froide d'un homme qui a une mission à remplir. Son acolyte, l'énomotarque, semblait avoir, lui aussi, le sentiment de sa dignité. L'épistate fut encore obligé de répondre; l'éphore, prévoyant une difficulté, avait été retenu dans sa chambre par un gros rhume. Cette fois, l'excellent Stratakis fut éloquent; il ne dit presque rien, sinon qu'il avait sa consigne et qu'il l'exécuterait jusqu'au bout. Les réponses de Kharalambos furent moins paisibles. Il se prit de querelle avec le gendarme et le secrétaire. On échangea de gros mots. L'autorité judiciaire et la force armée devinrent plus calmes. Finalement, Maroullia fut à peu près traitable; mais, toutes les fois qu'elle passait à Katapola, elle se lamentait sur les têtes de statues, sur « les rois » qu'on avait trouvés dans son champ et donnait à entendre qu'elle avait signé à l'étourdie, croyant fermement qu'on ne trouverait rien.

Je me consumais ainsi en contestations et en procédures. Un champ d'orge m'empêcha de déblayer un temple d'Apollon Pythien et si Zeus Téménitès n'a pas été révélé à la curiosité du monde savant, il faut s'en prendre à quelques hectares de maïs qui se trouvaient enclavés, par malheur, dans le domaine sacré du dieu. J'étais, d'ailleurs, mal soutenu par l'éphore. Kharalambos s'indignait tous les jours contre sa mollesse et l'appelait « une poule », μία κόττα. Dans cette solitude, nos rapports s'aigrirent. Au début, nous étions fort bons amis ; il m'exprimait, en termes imagés, son opinion sur les filles de l'endroit, me racontait ses équipées d'étudiant dans les brasseries de Munich et de Dresde, et laissait rarement échapper une occasion de faire l'éloge de l'Allemagne : « Dans la Germanie, me disait-il, les chevaux sont intelligents. Une fois, dans un cirque, j'en ai vu un qui comptait jusqu'à dix. » J'eus la faiblesse de lui décrire, par amour-propre national, les splendeurs de l'Hippodrome et les petits prodiges à quatre pattes qu'on y présente en liberté. Nous prenions nos repas en commun ; parfois il piquait avec sa fourchette une bouchée bien choisie et me la tendait affectueusement. Un de mes amis de France étant venu me voir dans mon exil et ne sachant, le premier soir, comment s'installer pour dormir, il lui offrit, par politesse, un de ses draps.

Mais cette bonne entente ne pouvait durer. Le pauvre garçon s'ennuyait; il avait hâte d'en finir; il suivait d'un œil triste tous les bateaux en partance et pensait aux bons verres de raki, aux causeries interminables, aux journaux bavards et aux sucreries que l'on trouve, à Athènes, chez le confiseur Solon. Il parlait avec insistance d'un de ses cousins, qui était médecin à Syra et qui s'amusait bien. Je l'irritai malgré moi par mon entêtement à rester dans l'île. Cette existence de Robinson l'affligea tellement qu'il tomba malade. Je le soignai avec un dévouement que je trouverais admirable si la coutume qui oblige les Occidentaux à être modestes ne me l'interdisait. Dieu vous préserve de soigner jamais un éphore dans une île lointaine! Tous mes conseils étaient inefficaces. En revanche, trois vieilles femmes appliquaient à Panayotis une thérapeutique de sorcières. On enfumait ce pauvre enrhumé avec des feuilles de je ne sais quelle plante que l'on faisait brûler et que l'on promenait en croix sur son corps. Il demandait à grands cris : ἕνα καθάρσιο (un purgatif) pour guérir son irritation de poitrine. A peine rétabli, le désir du départ le reprit; et, certainement, dans le fond de son cœur, il demandait à tous les saints de la sainte Église orthodoxe de vouloir bien diriger mes pioches vers des terrains stériles et de rendre les propriétaires très méchants. Que ce fonctionnaire ait oublié ses devoirs, il n'y a là rien qui doive nous étonner outre mesure; mais ce qui me surprit, c'est que Panayotis ne comprît pas que son intérêt le plus clair était de faire cause commune avec moi. Les insulaires avaient en effet déclaré qu'ils feraient une révolution plutôt que de laisser partir pour le musée de Syra leurs antiquités, qui étaient, disaient-ils, leur bien le plus précieux. A mesure que l'été approchait, ces bonnes gens devenaient presque fous, et j'eus la preuve que leur imagination était aisément excitable. Un matin, Kharalambos monta dans ma chambre fort agité et s'écria :

— Kyrie, kyrie, le drapeau français !

En effet, dans le port de Katapola, le pavillon tricolore et le pavillon russe flottaient aux mâts d'un de ces jolis voiliers que l'on appelle, dans le Levant, des *bratzéras*. Le secrétaire de la légation russe, M. Bachmétief, et le secrétaire de la légation française, M. Géry, se promenaient dans l'Archipel à bord du *Jean-le-Théologue* et avaient eu l'obligeante idée de venir me voir dans mon ermitage, où je les reçus le mieux que je pus. Ces messieurs, collectionneurs et touristes, étaient en quête de bibelots; ils achetèrent, entre autres curiosités, une espèce de coffre qui servait de banc dans ma propre chambre et qui leur sembla rustique et pittoresque à souhait. Dès que ce meuble, soigneusement calé sur les épaules des deux Amorgiotes, eut pris le chemin de la mer et fut embarqué sur le *Jean-le-Théologue*, un bruit se répandit dans les trois dèmes de l'île : sans aucun doute les antiquités avaient été enfermées dans ce banc et emportées au large ; le *presbeute* (ambassadeur) de France était mon complice ; quelques énergumènes grimpèrent au chef-lieu et firent une scène à l'excellent démarque Vlavianos, qui les mit à la porte. Un peu plus, on eût chanté, à propos de cette inoffensive razzia, la chanson connue : *Oiseaux, ne gazouillez pas ; arbres, ne fleurissez pas ; pleurez grandement le malheur d'Armogos.*

Enfin, un dernier incident vint achever de mettre le feu aux cervelles, et je demande la permission de le raconter.

Depuis quelques jours, le pappas Prasinos était, contre sa coutume, taciturne, sombre et mélancolique. Il tirait sa barbe grise. Il ne mangeait presque plus, et quand il avait tendu son flacon de raki à la compagnie, il le remettait dans sa poche sans y toucher. Il ne racontait plus d'histoires sur les *caloyères* [1] de Naxos. J'essayais de le dérider en lui faisant lire des inscriptions et en lui faisant boire du vin de Santorin. Mais toutes mes tentatives étaient inutiles. Il n'avait plus son *kief*, comme disent les Turcs ; sa tristesse était noire et incurable. Je résolus, un soir, de savoir le mot de cette énigme, et j'interrogeai le pappas :

1. Religieuses.

— Papa Dimitraki, qu'as-tu?

— Je n'ai rien. Que veux-tu que j'aie?

— Papa Dimitraki, qu'as-tu?

— Je n'ai rien. J'ai un peu mal à la tête.

— Papa Dimitraki, tu as autre chose.

— Par la Panaghia, que croit donc ta Noblesse?

— Je ne sais pas, mais il est arrivé quelque chose.

— Eh! bien, *kyrie*, je te dirai ce qui me fait de la peine. Mais ne le dis pas à l'éphore.

— Pourquoi ne veux-tu pas que je le dise à l'éphore?

Sans répondre, le pappas Prasinos m'emmena dans un champ, le long de la mer, loin des dernières maisons du village. La lune claire argentait les eaux tranquilles qui clapotaient faiblement le long des roches.

— Kyrie, reprit le pappas, mon cœur est très peiné par une chose qui vient d'arriver là-haut, à Arcésiné.

— Qu'est-il donc arrivé?

— Tu sais bien, le jour où les ouvriers piochaient sur l'acropole, tu avais mis cinq hommes près de la chapelle, dans un petit champ. Et, ce jour-là, je te montrai une monnaie byzantine, que l'on avait trouvée dans la terre.

— Oui, mais que veux-tu dire par là?

— C'est que, vois-tu, kyrie, on n'avait pas trouvé *une* monnaie byzantine. On en avait trouvé *plusieurs*.

— Alors, où sont-elles?

— Tu vas voir.

En disant ces paroles, il ouvrit sa soutane de grosse serge bleue, et sortit d'un petit sac de cuir qu'il portait sur la peau, un coquillage, engagé dans une gangue de terre grise. Il gratta l'intérieur du coquillage avec son ongle, et en fit jaillir une monnaie d'or, puis deux, puis une dizaine. Les jolies pièces d'or tintaient dans sa main et luisaient au clair de lune, et l'on voyait qu'au fond de la coquille il y en avait encore beaucoup d'autres, collées ensemble. Le pappas faisait miroiter, en le frottant avec son pouce, le fin métal, et me montrait, gravée en relief, la figure d'un empereur byzantin qui avait de grands yeux, un menton pointu, et qui était coiffé d'une haute tiare, enguirlandée de perles. Quand deux hommes causent tous seuls, la nuit, au clair de lune, en regardant des pièces d'or, le diable se met toujours un peu de la partie, et je pensais, à part moi, qu'une de ces médailles ferait un très bel effet, montée en épingle de cravate. Mais je chassai loin de moi cette idée infernale, et je dis d'un ton sévère :

— Explique-moi, pappas, pourquoi tu ne m'as pas prévenu plus tôt de cette trouvaille, et comment ces monnaies se trouvent dans tes mains?

— Je vais t'expliquer, kyrie. Quand ces pièces d'or ont été trouvées par les cinq hommes que tu avais près de la chapelle, tu étais de l'autre côté du rocher, en train de lire une inscription, et, comme tu avais confiance en moi, tu m'avais chargé de regarder ce qu'ils faisaient. L'éphore lisait un journal. Je fus donc le seul témoin de cette trouvaille. Aussitôt, les hommes se mirent en colère, et me dirent que si je te disais quelque chose, ils me battraient. Ils veulent partager ce trésor.

Je fronçai le sourcil; je rassemblai dans ma mémoire les expressions les plus fortes que pût me fournir la langue romaïque, laquelle se prête assez aisément aux indignations vertueuses et je dis :

— Écoute, pappas! Tu n'as pas suivi, dans cette action, les règles de ce qui est juste et bon. Tu devais, si tu avais médité quelque peu sur la différence du bien et du mal, m'apporter ces monnaies d'or, car c'est moi qui suis le chef; ce n'est pas toi qui donnes aux ouvriers leur salaire, et je puis, quand je le voudrai, te renvoyer dans ta maison. En présence de l'éphore, j'aurais, avec les lumières spéciales que la destinée m'a départies, écrit en quelle année ces monnaies ont été frappées, quel est le nom de l'empereur dont tu vois l'effigie, ce que signifient les paroles que tu vois inscrites au revers, en un mot, je me serais efforcé de savoir ce que ce trésor, enterré ici par un homme mort depuis longtemps, peut nous apprendre au sujet des générations qui ne sont plus. Car les gens de ma nation aiment les vieilles médailles, non pas pour le métal jaune dont elles sont faites, mais pour la science, qui est plus précieuse que les richesses de Crésus. Ensuite, j'aurais remis, devant toi, ce trésor à l'éphore; il en aurait fait ce qu'il aurait voulu, mais je pense qu'il l'aurait remis à ceux qui ont la garde du musée numismatique d'Athènes, ainsi que le veulent les lois du pays où tu es né. As-tu compris, et cela te paraît-il juste?

— Par la Panaghia, ô étranger, ce que tu dis est vrai.

— Au lieu de faire cela, tu as gardé en ta possession, pendant plusieurs jours, un bien qui ne t'appartenait pas. Il ne m'est pas permis de te laisser, comme tu le veux, partager ces médailles avec les hommes qui les ont trouvées. Mais je ne puis, d'autre part, accepter un pareil dépôt, pour le remettre à l'éphore; car ceux qui savent ce secret ne manqueraient pas de dire que nous nous sommes entendus l'un avec l'autre, et qu'en route quelques-unes de ces pièces d'or sont restées à nos doigts.

— Oui, tu parles conformément à la raison.

— Je pourrais te dénoncer et tu irais en prison; mais je ne suis pas un astynome, et, d'ailleurs, les liens de l'amitié nous unissent. Seulement promets-moi que, demain, tu prieras l'éphore d'entrer dans ta maison, et qu'après avoir fait partir tes enfants et ta femme tu lui remettras ce que tu viens de me montrer. Je serai là et je verrai si tu tiens ta promesse. Tu vas compter devant moi les monnaies qui sont déjà sorties de la coquille, et tu laisseras les autres dans la couche de terre qui les enveloppe. Maintenant, rentrons; car les entretiens tardifs, dans la nuit sombre, font naître sur les lèvres des hommes des propos malveillants.

J'allai me coucher là-dessus, un peu fatigué par ce dialogue platonicien, et réfléchissant à la bizarrerie de la destinée qui permettait qu'un simple pécheur de l'Occident pût donner des leçons de morale à un saint homme de l'Orient.

Le lendemain le pappas nous fit venir dans sa chambre, l'éphore et moi, sous le prétexte de nous offrir de l'eau fraîche; puis, prenant subitement un air grave, il sortit son coquillage de son sac de cuir; il se mit à expliquer devant l'éphore, qui ne parut pas trop surpris, qu'on avait fait cette découverte sur l'acropole d'Acésiné, et expliqua ses retards par la crainte que lui avaient causée les menaces des ouvriers. Ainsi, tout s'arrangeait le mieux du monde; j'évitais à ce pauvre homme les désagréments que pouvait lui causer sa conscience hésitante, et les vitrines du musée d'Athènes entraient en possession du trésor, d'ailleurs peu considérable, qui leur était dû.

Tout joyeux, le pappas Prasinos étala sur la table les pièces qui étaient au fond du coquillage : nous les frottâmes pour les faire luire, et c'est ma brosse à dents qui servit à cette opération. Après les avoir examinées et admirées, l'éphore les compta : il y en avait soixante... Je me rappelai que, la veille au soir, le pappas m'avait montré huit monnaies, détachées du coquillage ; avec les soixante *nouvelles* que l'on venait d'extraire, cela devait faire, en honnête arithmétique, soixante-huit. Dans le chemin, tandis que l'éphore descendait la côte sur un vieux mulet qu'il ne pouvait maîtriser, je pris le pappas à part, et je lui dis :

— Le compte n'est pas juste.

— C'est vrai, kyrie, j'en ai gardé plusieurs...

Et il ajouta, la tête basse :

— Je voulais t'en donner quelques-unes, ainsi qu'à l'éphore.

C'était peut-être vrai. Ce pappas est un des plus honnêtes gens que j'aie connus dans les Cyclades. Mais je me mis dans une grande colère. Je lui dis que c'était nous insulter, nous autres Français, que de nous offrir de pareils bakchichs, que d'ailleurs j'étais las de cette histoire, et que je ne voulais plus entendre parler de ces monnaies byzantines. Là-dessus, je déchargeai ma colère sur mon mulet, que je battis à grands coups de bâton, et je rejoignis, au galop, l'éphore qui trottinait en retournant la tête, déjà inquiet de nous voir causer si longtemps, loin de lui.

Quelques jours après, le pappas, bourrelé de remords et de crainte, emmena Panayotis dans un champ et lui remit les pièces qu'il avait gardées. Et, comme l'éphore lui reprochait d'avoir agi avec tant de mystère :

— Mon fils, répondit le digne prêtre, je n'ai point agi avec mystère, car le seigneur français *savait qu'on avait trouvé ce trésor.*

J'ai su depuis que l'éphore, qui me haïssait, conçut alors le projet de me faire passer pour un homme dangereux, capable de corrompre la vertu des curés grecs. Il échoua dans son noir dessein.

Je n'en voulus pas au pappas Dimitri Prasinos. Il me donna sa bénédiction au moment où je quittai l'île. Je lui fus même reconnaissant; car toutes les circonstances de notre vie doivent servir à notre avancement intellectuel, et cette aventure me fit comprendre comment il se faisait que les croisés de 1204, prud'hommes et « droicturiers », n'avaient jamais pu vivre en bonne intelligence avec les Byzantins, adorateurs d'icônes. Ces deux races, également spirituelles, et qui se ressemblent en bien des points, sont séparées par certaines différences qui s'effaceront malaisément. Elles auront toujours une tendance à s'unir. Mais elles diront toujours un peu de mal l'une de l'autre. La *Chronique de Morée*, où les compatriotes de Villehardouin, prince d'Achaïe, se plaignaient de l'excessive subtilité du peuple ingénieux qu'ils avaient conquis, est la préface, un peu lourde et gauche, de *la Grèce contemporaine* d'Edmond About.

CHAPITRE X

En province. — De Delphes à Amphissa. — Le pays des Locriens Ozoles. — Phthiotide et Phocide. — Lamia.

Amphissa, le 27 juin.

A cinq heures du matin, après avoir fait notre toilette au pied des roches Phædriades et trempé du savon (ô sacrilège!) dans la fontaine de Castalie, nous quittons, mon charmant camarade Paul Jamot et moi, le pauvre village de Kastri, dont les masures ont remplacé les temples de Delphes. Le soleil est levé, mais il est caché par la masse sombre du Parnasse. Seulement, du côté de l'Etolie, il couronne d'une lueur rose la pointe des cimes. Les agoyates, alertes et gais, nous attendent dans la cour de notre petite maison, et la clochette des mulets nous appelle. Un dernier regard à la haute muraille rocheuse, d'où tombe, en cascades de rayons, la fontaine de Castalie. Adieu au paysage sévère et charmant, aux bois sacrés où semble frémir, dans les feuilles, l'écho d'un chant divin...

En route! Les mulets vont, dans la poussière, d'un pas cadencé. On se laisse bercer par cette monotonie. On ne pense plus à rien. On s'abandonne à l'afflux des sensations matérielles, si impérieuses et si rayonnantes, qu'elles tuent le rêve intime. On chemine dans une fraîche allégresse, dans une joie de clarté. Ces matins d'Orient ont une bonne odeur, une douce griserie, qui excite les sens et ne les trouble pas. Les montagnes de l'Étolie sont toujours devant nous : elles barrent l'horizon d'un large rempart. Cela est à la fois très grand et très charmant, imposant et gai. On se surprend à ne plus regretter, à bénir presque le déboisement barbare, les incendies qui ont dépouillé ces pentes et qui ont fait affleurer la pierre aux parois ravinées des montagnes. Si le frisson des forêts tremblait sur ces côtes brûlées, nous aurions devant nous des verdures banales, l'opulence d'une végétation superbe et sans grâce. Nos yeux ne seraient pas caressés, amusés par ces couleurs de paradis, ces nuances irrévées, ce rose qui met, sur les crêtes lointaines et même sur le sable de la route, comme le reflet d'un monde surnaturel...

Très loin, du côté du sud, par delà les plaines où Khrisso fait saillir, parmi les oliviers, le relief de son promontoire, le golfe de Corinthe miroite. L'eau est si calme qu'on aperçoit de loin, dans sa lucidité, des rochers glauques. C'est une nappe unie, sans ride, sans trouble, souriante et lustrée. Deux ports, Itéa, Galaxidi, couchés au fond de deux anses peu profondes, éparpillent, dans la lumière, la blancheur de leurs maisons. Au delà du golfe, une haute silhouette bleuâtre : le Péloponèse.

Les agoyates, la fustanelle battant leurs jambes, suivent les mulets d'un pas vif, et les excitent par des *sut!* ou des *haydé!* subits et retentissants. Après quoi, la conscience en repos, ils reprennent leur conversation. Leur faconde est infatigable. Ils passent, sans transition, de la fin d'un récit au commencement d'un autre. Ils ont l'air de s'écouter mutuellement; mais chacun pense, à part soi, à l'histoire qu'il pourra bien conter, pour dépasser et étonner l'imagination de son interlocuteur.

Dès qu'on a quitté les vallées où descendent les derniers contreforts de l'acropole de Delphes, on entre dans des sentiers étroits, jonchés de pierres. Les bruyères éparses sèment des points roses dans la grisaille ardente des collines. Peu à peu, le soleil monte, les ombres deviennent plus courtes. La lumière fait flamboyer les grandes pierres et trembler, dans un frisson de lueurs diffuses, les lignes des montagnes. Dans ce frémissement torride, les rochers énormes semblent vivre, comme les hommes, d'une vie joyeuse et éblouie. Et cette ardeur n'est pas accablante, alanguissante, comme les lourdes et nuageuses chaleurs du nord. C'est un rayonnement implacable; il frappe les sens d'une atteinte brûlante, sans engourdir l'esprit. Au contraire, les sensations s'affinent, s'exaltent, dans cet éclat presque blessant qui accuse le relief des objets, avive les couleurs et donne à l'intelligence une sorte de satisfaction trop forte, par l'abondance et comme l'exagération de la netteté.

Après une longue descente à travers les collines basses et décharnées où de larges dépressions marquent l'emplacement des carrières d'où sont sortis les marbres de Delphes, une plaine s'ouvre, verte de vignes et d'oliviers : la vallée d'Amphissa.

La ville est adossée à un coteau et regarde la vallée. Les faubourgs, à droite et à gauche, se perdent parmi des arbres verts : nous quittons déjà la Grèce aride et dorée pour entrer dans une région alpestre, vêtue de bois et coupée de torrents.

L'antique Amphissa, qui eut tant à souffrir pendant ces guerres de cantons où les vainqueurs exterminaient les vaincus, la malheureuse ville que Philippe de Macédoine détruisit après la guerre Sacrée, et qui, pendant des siècles, oublieuse de ses anciennes aventures vécut tristement, sous le nom latin de Salona, est maintenant une jolie sous-préfecture, qui a des rues droites, des logis propres, des églises neuves, des habitants bavards et hospitaliers. Des cheminées d'usines ont remplacé les minarets. Les Turcs, dont la trace est éphémère et aisément effaçable, n'ont laissé, dans ce pays, aucun souvenir visible de leur passage. Mais je n'oserais pas dire que la civilisation européenne s'est installée tout à fait dans l'ancienne capitale des Locriens Ozoles.

On croise, dans la rue, des gens bien mis, en jaquettes élégantes et en bottines pointues, rasés de frais et de mine conquérante. Mais la principale auberge, la seule plutôt, est invraisemblable. Évitez, si vous le pouvez, le khani de Dimitro Mavro. Jamais un *xénodoque*, même en Grèce, n'a poussé le mépris du confortable jusqu'à un pareil dédain de la propreté. Je renonce à vous dépeindre cette chambre où les fenêtres fermées empêchaient le jour d'entrer, et à vous faire l'énumération de ces bêtes étranges qui livrent l'assaut, la nuit, au voyageur fatigué, dès que son corps défaille et que sa volonté s'assoupit.

Jamot, estimant que nous étions trop chevelus pour nous exposer, désormais, à de pareilles invasions, eut la malheureuse idée de m'entraîner, à sa suite, chez un perruquier qui, ayant exercé son métier à Athènes, déclarait connaître les coupes les plus élégantes. Nous faillîmes ne point sortir vivants des mains de cet homme. Ses ciseaux arrachaient les cheveux, sous prétexte de les trancher, et l'animal, pour débarrasser nos visages des mèches éparses qui tombaient à droite et à gauche, nous soufflait au nez, avec des halètements de soufflet de forge, une haleine comparable à celle de l'hydre de Lerne, laquelle, comme vous le savez, fit mourir les mouches dans toute l'Argolide. Il nous fut impossible de trouver, dans les « magasis » de la grand' rue, les objets de l'usage le plus quotidien. Nous avions trop compté sur Amphissa. On nous répondit qu'un savon était une rareté que l'on faisait venir d'Athènes, quand par hasard on en avait besoin.

Mais je ne voudrais pas trop médire de cette ville, si jeune qu'elle a droit à toutes les indulgences. Elle est, malgré tout, avenante et gaie. Les cafés sont pleins de gens qui mangent du loukoum, boivent du café, dégustent du raki par petites gorgées, et causent en lisant des journaux. Au bout d'une heure nous connaissons tout le monde, et nous allons flâner, en nombreuse compagnie, sur une place où il y a un grand platane, une fontaine froide, et où se réunissent tous les oisifs du pays, des employés qui sortent de leur bureau, des fonctionnaires, des avocats, des officiers. Tout le monde a l'air parfaitement heureux. Dans un coin de la place, un homme joue du violon : à travers les phrases tumultueuses de sa musique enragée, je distingue des airs européens, traduits et arrangés avec un sans-façon très audacieux. Mais ceci est encore un symptôme : aujourd'hui, un Palikare civilisé se croirait indigne de sa race, s'il faisait crier, sous son archet, les arpèges et les trilles aigus de la musique turque.

Conversation avec un médecin, qui met fièrement sur sa carte de visite : Antoni Tzivanopoulo, d'Amphissa; Ἀμφισσεύς. Il connaît fort bien l'histoire et les antiquités de sa ville natale. C'est un trait que j'ai souvent l'occasion de noter, l'archéologie étant (on comprend pourquoi) une des coquetteries de la nouvelle Grèce. Je lui demande quelques renseignements sur la ville moderne : le gymnase a été bâti aux frais d'un particulier; c'est là encore un fait que l'on peut observer presque à chaque pas dans ce pays.

Pendé-Ornia, le 28 juin.

Les agoyates de Delphes nous quittent pour retourner dans leur pays. Kharalambos a exploré tous les khanis des faubourgs, et interrogé tous les boutiquiers du bazar, pour leur trouver un successeur digne d'eux. Il a mis la main sur un brave homme qui se nomme Anastase et dont je signale la figure aux peintres qui cherchent l'expression du dévouement sans malice; il a deux chevaux qui ont l'air en bois : l'un est à peu près noir et s'appelle *Kara*; l'autre est péchard et s'appelle *Kitzo*. Kharalambos cheminera sur un mulet, et Anastase, comme tout bon agoyate, trottera sur ses deux pieds.

Au moment du départ, plusieurs indigènes viennent nous présenter leurs souhaits de bon voyage. Un poète d'Amphissa remet à Jamot une pièce de vers où il a célébré les héros des guerres de l'Indépendance. Notre ami, le médecin, nous accompagne jusque dans les hauts quartiers de la ville, dans des rues de tanneries puantes où courent des ruisseaux rouges et bourbeux. Il nous indique à quelques stades de la ville un endroit où nous trouverons, dit-il, des inscriptions. Il faut grimper très haut, dans la montagne, jusqu'à une église isolée appelée la ἅγια Μεταμόρφωσις (La sainte Transfiguration).

La pente est raide, le sentier pierreux, le soleil frappe dur sur nos nuques. Anastase, Kara, Kitzo et le mulet gravissent la côte avec émulation. Sur une petite terrasse, qu'emprisonne un haut mur de soutènement, une petite chapelle, sans élégance, mais dorée à point par la lumière. Une vieille caloyère demeure là, toute seule, balayant la nef, époussetant l'autel, accablant de ses prières tous les saints qui sourient sur l'iconostase. Notre ascension n'est point récompensée par les trésors épigraphiques que le médecin nous avait fait entrevoir. Nous sommes réduits à copier une malheureuse inscription latine. Mais, du parapet où s'allongent les caractères aigus, que le temps a effrités, on voit, dans un glacis de lumière baignante, la plaine d'Amphissa, les bois d'oliviers, traversés de chemins blancs, tout cela enfermé, circonscrit dans un cercle très net de hautes montagnes. L'histoire grecque s'explique, d'un bout à l'autre, par ces dimensions restreintes de chaque territoire et de chaque cité. La Grèce ancienne avait autant de nations que de vallées. L'horizon est court. Le citoyen n'a pas la sensation matérielle que des terres se prolongent, immenses et indéfinies, au delà du groupe social dont il fait partie et du troupeau de maisons où il a son logis. Cet égoïsme municipal, imposé par la nature des choses, est une excellente condition pour façonner des cités parfaites, d'une beauté limitée et d'un équilibre harmonieux. La constitution civile sera, elle aussi, une œuvre d'art, aussi robuste que les temples, bâtis sur l'Acropole, en l'honneur des Dieux protecteurs et familiers. Mais aussi la juxtaposition de ces petits cantons, qui ont compris trop tard la nécessité d'un lien fédéral, est une cause de guerres. C'est merveille que les hommes de cette race prédestinée aient pu contribuer si efficacement et pour une part si large à l'œuvre totale de l'humanité, alors qu'ils ont perdu tant de temps et de forces en jalousies et en querelles. Et puis, cette conception d'une vie où chacun reste chez soi, enfermé et comme buté dans l'adoration de ses ancêtres, de ses dieux et de soi-même, a quelque chose d'étroit et de mesquin. On est presque tenté d'être reconnaissant à la brutalité romaine qui a violemment désagrégé et mêlé ces petites villes, brisé les limites où l'essor de l'esprit humain était enclos, et donné, sans le savoir, à la conception de l'univers, l'occasion de naître et de prendre l'essor.

On fait ces réflexions en montant, au pas monotone des chevaux, les côtes raides, à mesure que l'horizon s'étend et se prolonge. Puis, par un revirement brusque, on pense à la main grossière qui a brisé ces jolis bijoux, tué ces délicatesses, pillé ces temples et ces statues, incendié ces acropoles, lieux sacrés où se réfugiait l'espérance des hommes, précieux musées où se divertissait leur enfantine curiosité. Dans ces lieux, d'ingénieuse mémoire, où les vers des poètes semblent chanter dans votre souvenir, à chaque détour du chemin, dans ce décor où l'esprit est hanté par des visions d'effigies mortes, on rencontre maintenant, au lieu du citoyen de la Cité antique, affranchi de toute besogne servile, de pauvres paysans, courbés et enlaidis par le labeur. Nous sommes devenus, je le crois, meilleurs, plus aimants et plus doux. Une tendresse, que l'antiquité n'a jamais connue, a fléchi, malgré tout, la rigueur de l'égoïsme individuel. Mais un équilibre est rompu, que nous ne retrouverons jamais. Nous avons voulu tout conquérir ; nous sommes maintenant embarrassés de nos conquêtes. Jusqu'au jour, assurément très lointain, où ces richesses, surabondantes et confuses, se plieront à l'harmonie d'un ordre social encore inaperçu, l'Athénien du ve siècle restera, dans l'histoire du monde, un exemplaire unique et une merveille, par la clarté de son intelligence, la sécurité de sa vie morale, la santé de sa vie physique, et la plénitude de son bonheur.

Halte à onze heures, pour déjeuner, au village

d'*Haghia-Evthymia*. Le café, sur la place, en face de l'église, est tapissé d'images bariolées et criardes : c'est la collection des journaux satiriques d'Athènes, qui a fait les frais de cette décoration. Tricoupis et Delyannis y apparaissent, sous les figures les plus bouffonnes. Au milieu de ces caricatures, à côté des moulins à café et des *brikis*, parmi des bouteilles vides et des flacons de mastic, une image russe où le tsar occupe, comme de juste, la première place.

Après le village, le désert pierreux recommence. Pas d'ombre, pas d'arbres, pas d'oiseaux. Un pauvre hameau, *Kolopetinitza*, sordide, habité par quelques pauvres paysans, des chiens et un pappas qui ressemble à un moujik. Seulement, le Parnasse rayonne au-dessus de ces misères.

Devant nous, des collines et encore des collines. Elles sont tristes, chauves, trop caillouteuses et de lignes molles. La courte végétation des πουρνάρια voile à peine leur nudité. Ce pays a un air d'abandon. Des moutons maigres, clairsemés dans les herbes rares. Mais, de loin en loin, des bergers, appuyés sur de grands bâtons à bec recourbé, font penser aux figures qui se profilent, en nobles poses, sur les vases de Corinthe et d'Argos. Ces pauvres gens ne se doutent pas de la quantité d'histoire qu'il y a dans leurs rustiques bâtons. Les vieillards de Mycènes en avaient de semblables, lorsqu'ils vinrent au-devant du roi, sur la route d'Argos ; les évêques qui vinrent au concile de Nicée avaient des bâtons blancs de forme semblable et maintenant, dans toutes les églises de la chrétienté, orthodoxe ou schismatique, les évêques, pour garder leurs troupeaux, s'appuient sur des crosses toutes pareilles, mais façonnées en or, et étincelantes de pierreries.

Le golfe de Corinthe ne nous a pas encore quittés. Par les brèches des collines, nous voyons sa plaque d'azur, de plus en plus pâle, et, de plus en plus indistinctes, les blancheurs de Galaxidi... Les montagnes du Péloponèse tailladent encore, sur l'horizon, leurs vives arêtes, où le soleil oblique allume de jolies nuances de mauve et de lilas.

A l'heure où la nuit tombe, nous arrivons dans une petite vallée, où des cabanes de chaume et de terre battue, semées çà et là, parmi les champs d'orge et de maïs, mettent, sur l'or du couchant, de légers nuages de fumée bleue. Dans les ruelles étroites, l'accueil peu affable des chiens fait un vacarme assourdissant; la meute d'Actéon n'avait pas de crocs plus aigus; il faut chasser, à coups de pierres, les bêtes hérissées qui nous aboient aux talons.

Maintenant, nous sommes entrés dans les terres antiques et immuables, où il n'y a jamais eu d'auberge et d'aubergiste, où le voyageur doit frapper aux portes du bout de son bâton. Il est d'ordinaire bien reçu. Rarement des visages maussades viennent lui dire : « Nous n'avons pas de pain »; ou bien « la maison est trop petite ». Depuis qu'Admète, roi de Phères en Thessalie, a été comblé de bienfaits parce qu'il avait donné asile à un berger qui n'était autre que le divin Apollon; depuis que Philémon et Baucis furent sauvés de la ruine qui frappa leur voisin, parce qu'ils avaient accueilli Zeus, père des hommes, et Hermès, messager des dieux, la maison grecque est avenante et douce à l'étranger qui passe.

Sur ce point, comme sur beaucoup d'autres, la coutume a survécu à la croyance et les mœurs ont été plus vivaces que la religion. Les villageois croient encore que l'étranger qui s'assied à la table de famille porte bonheur. On le reçoit au seuil par une formule charmante, près de laquelle notre banal *bonjour* semble morose : Καλῶς ὡρίσατε, c'est-à-dire : *Soyez le bienvenu!* Et il répond : Καλῶς σὰς ηὕραμε, *Nous vous avons heureusement trouvé*. Notez cette façon exquise, païenne et certainement séculaire, d'écarter de la rencontre qui unit les mains et lie les cœurs, l'idée du malheur et les mauvais présages. On sait bien que l'étranger ne vient plus de l'Olympe; mais, souvent il vient des lointains pays, où il y a beaucoup d'hommes et beaucoup d'or; il appartient peut-être à cette contrée brumeuse des Cimmériens, où les eupatrides ou, comme on dit maintenant, les λόρδοι, sont si puissants et si riches; s'il ne laisse pas derrière lui, lorsqu'il s'en ira, une odeur d'ambroisie, du moins il laissera aux esclaves un peu d'or et au maître de longs récits que les générations à venir recueilleront pour les transmettre à leurs petits-enfants ; et l'honneur d'accueillir un grand personnage, est toujours un bienfait, dont les voisins sont un peu jaloux...

Je ne sais si ces idées s'agitent confusément dans l'âme enfantine de Konstantello et de sa femme Pénélope, qui nous ont si bien reçus, au hameau de *Pendé-Ornia*. En voyant leur amical sourire, je me repens d'avoir tant analysé leur hospitalité. Quels braves gens ! Mais leur maison est un pauvre gîte. Il faudra dormir, par terre, sur un mince coussin, et le vent entre à peu près comme il veut dans la grande chambre, par toutes les fissures de la muraille, les bâillements du toit et les ouvertures des volets disjoints. Nous enseignons à nos hôtes comment il faut s'y prendre pour laver un verre. Jamais ils n'avaient soupçonné un pareil raffinement de mollesse.

Nous assistons à la tombée du soir et à la rentrée des gens qui sont allés travailler loin, dans les terres. Ici, les femmes travaillent et peinent comme des baudets. Un troupeau de jeunes filles passe. Quelques-unes sont jolies. Elles ont, sur leurs robes de toile blanche, des écharpes rouges retenues par des agrafes d'argent. Mais chacune d'elles plie sous le poids d'une énorme charge de paille. Hélas ! comme dit un proverbe oriental, dans tous les villages du Levant, qu'ils soient musulmans ou chrétiens, ces pauvres créatures ont toutes la même destinée : « femmes la nuit ; ânesses le jour. »

Malandrino, le 29 juin.

Ce matin, au réveil, le pappas est venu, sous le prétexte de nous souhaiter la bienvenue, regarder deux figures d'Européens en voyage. Puis, nous échangeons des paroles amicales avec un gendarme assez débraillé, qui arrive on ne sait d'où, et qui porte en travers de la ceinture, comme un kanghiar de zeybeck, son banal sabre-baïonnette. Mais il faut partir; Konstantello nous aide à monter sur nos petits chevaux, dont les étriers de corde et les selles de bois sont d'un accès difficile. Kharalambos caracole sur son mulet. Anastase est gai comme un merle, et nous partons, au milieu d'un concert de bénédictions et de bons souhaits.

Toujours la même route, les mêmes sentiers caillouteux, où Kara et Kitzo secouent les oreilles et hésitent, malgré les cris d'Anastase qui active leur allure en allongeant, de temps en temps, des coups de fouet sur leurs croupes rétives.

Un peu avant d'arriver au village de Malandrino, halte à des ruines. Une église byzantine, croulante, que les pâtres du pays appellent Hagios Apostolos, couvre de ses débris émiettés l'emplacement d'un temple, dont les fortes assises affleurent au niveau du sol. Plus haut, dans les broussailles, un mùr hellénique, de très bel appareil, et qui s'élargit, par places, en tours carrées, étreint le sommet d'une acropole. Quel est le nom de cette ville abolie? Je ne sais si les inscriptions, entassées dans les mauvaises bâtisses du village, nous le diront.

Déjeuner rapide, à Malandrino, dans une espèce de cabinet de feuillages, fait avec des branches entrelacées et des feuilles de pampre, et que j'appellerais une tonnelle, si ce mot n'éveillait des visions trop éloignées du paysage dorien. Tout en mangeant quelques œufs et une demi-oque de viande que Kharalambos s'est procurée, je ne sais comment, chez ces mangeurs de racines bouillies, nous causons avec le parèdre et le pappas. Ce pappas est un des plus sales que j'aie jamais vus. Sa calotte poisseuse semble collée à ses cheveux sordides. Sa robe noire, déboutonnée, laisse voir, en s'ouvrant, une tunique de gros drap bleu, serrée à la taille par un ceinturon de soldat. Il est, en même temps, le didascale du village. Sa face barbue est bonne et naïve. Il avoue candidement l'ignorance de ses compatriotes et de lui-même. La poste ne pénètre jamais jusqu'ici. Quand un homme du pays se rend à Lidoriki, chef-lieu du district, il demande au *tachydrome* (postier) s'il y a des lettres pour Malandrino : il y en a rarement.

Le pappas interroge curieusement Kharalambos sur les choses de la politique, principalement sur la nouvelle loi que Tricoupis a proposée à la Chambre, au sujet des prêtres.

Un paysage très beau encadre ce dialogue politique : les grandes croupes sont couvertes par des touffes d'arbres courts, qui font des taches vert sombre. Dans la gaieté de l'air léger et frais, un bourdonnement d'abeilles... En cette fin de juin, qui, pour les Athéniens, est si lourde et si torride, nous avons déjà, aux premières assises des hauts plateaux, une brise printanière, et comme des fraîcheurs d'avril.

Le pappas nous accompagne un bout de chemin, jusqu'à une source, qui tombe en nappes dans des auges de pierre, sous un platane. L'eau est si claire qu'on pourrait, à travers leur transparence, compter les cailloux. Le pappas s'y regarde avec complaisance. Je ne crains pas pour lui le sort de Narcisse.

Lidoriki, le 2 juillet.

A mesure que nous approchons de Lidoriki, le paysage s'anime d'une vie discrète et charmante, qui nous console des sécheresses d'hier. Je recommande aux voyageurs l'éparchie de Doride. Il serait désirable qu'une colonie de peintres s'établît dans ce pays. Cette contrée n'est jamais visitée; Joanne et Bædeker ne lui font même pas l'honneur d'une mention. C'est une province inédite, une région inexplorée; cette nouveauté lui donne un charme de plus. Si vous ne craignez pas trop les mulets des agoyates, les nuits un peu dures que l'on passe à essayer de dormir sur le plancher des khanis, et les discours des scolarques, allez vous établir quelque part en Doride, à Lidoriki par exemple: vous ne regretterez ni votre temps ni votre peine.

Lidoriki est le chef-lieu de l'éparchie de Doride. On y trouve une poste et un bureau télégraphique. Un scolarque y enseigne l'alphabet au nom du gouvernement. Un sous-lieutenant de gendarmerie, fort coquet, ma foi, et ne rappelant en rien le dépenaillement des *iuz-bachi* turcs, fait sonner ses éperons et son sabre sur le pavé. Malgré l'importance administrative qu'on lui attribue, Lidoriki n'est qu'un bourg, ou plutôt un gros village, dont les maisons, éparpillées dans les verdures, grimpent à l'assaut d'une colline, en face d'une jolie vallée. Notre arrivée piaffante sur les cailloux de la grand'rue, est un événement, et un cercle d'oisifs et de curieux vient aussitôt nous considérer. Je ne sais plus combien de mains j'ai serrées, à la santé de combien de gens j'ai dû boire du raki et combien de dissertations politiques j'ai entendues. Sur la petite place, en face d'un gros platane et d'une fontaine d'eau courante, un ancien scolarque, sous prétexte de nous offrir la bienvenue, s'est emparé de nous. Il nous tient; il ne nous lâchera plus. Nous subirons jusqu'au bout son éloquence, d'une correction désespérément grammaticale; ces bonnes expressions, empruntées à la langue de Xénophon et de Polybe; ces chiffres singulièrement précis, dont les Grecs émaillent leurs discours, et qui font ressembler leurs conférences à des rapports de la commission du budget. Les Grecs ont toujours été conférenciers. Chez nous, la causerie est coupée par des interruptions, marche un peu au hasard, tourne court quelquefois, au gré des suggestions subites. Ici, l'orateur parle à son aise, va jusqu'au bout de son idée, tranquillement, tout à loisir; les auditeurs le laissent tranquille, se réservant le droit de revanche, dès que le moment sera venu. Les moindres paysans ont une facilité naturelle, une intelligence claire, une rhétorique aisée, assez d'informations pour appuyer leurs développements sur des faits; ils ne se reprennent pas en parlant; les mots leur viennent sans effort. Leurs interminables causeries sont à la fois très calmes et très vives; ce sont des dialogues platoniciens, destitués de leur grâce première, adaptés à l'usage des cafetiers et des candidats.

« La France, s'écrie cet instituteur éloquent, la France est à la tête des nations! Malheureusement, la race latine est actuellement dans une mauvaise période et le Germain est le plus fort. »

Pourquoi faut-il que ces déclamations, qui retentissent sur la place de Lidoriki, soient d'une vérité si navrante! Le scolarque insiste sur la grande reconnaissance que la Grèce doit aux Français.

« Non, vraiment, reprend-il, contre les Français nous n'avons rien à dire; nous n'avons pas à nous plaindre d'eux (*den échomé parapono*), tandis que les Italiens, les Anglais, c'est autre chose. »

Puis, le monologue tourne aux sujets de politique intérieure. L'orateur est tricoupiste; mais il prétend maintenir ses droits de libre appréciation; il admire beaucoup M. Tricoupis, mais il critique son système d'impôts, affirme que le peuple grec succombe sous le poids, « comme un baudet trop chargé ». Alors l'ancien scolarque, qui a été député, se lève; la table boiteuse où nous nous trouvons lui semble une tribune; sa voix s'enfle, comme pour atteindre, dans des galeries imaginaires, un vague public. Peu à peu, quelques fustanelles font cercle autour de cette débauche de rhétorique. Le scolarque s'éponge le front, se rassied, et brusquement nous quitte. Il est content.

Mavro-Lithari, le 3 juillet.

Après avoir entendu tant de mots, on a besoin de plusieurs jours de contemplation silencieuse. La Doride est faite à souhait pour inviter au recueillement et pour faire oublier les harangues trop longues. Je n'essayerai pas de la décrire en détail. Aussi bien, il serait superflu de vouloir peindre avec des mots incolores, les grandes lignes des montagnes qui s'allongent sur le ciel fin, les torrents qui strient de sillons les rondeurs amples, les roches grises où le soleil allume des reflets roses, les crêtes déchiquetées et comme coupantes, l'air pur et léger, les grelots lointains qui palpitent, les voix indistinctes, les cantilènes des bergers, les appels aigus des femmes qui travaillent aux champs, puis les hautes cimes que le couchant auréole d'un flamboiement d'or, les sentiers de chèvres, minces rebords de sable le long des ravines, les bois de chênes drus, si jolis avec le fouillis de leurs branches courtes, leurs feuilles lustrées, les gouttes de lumière sur les sentiers pleins de brindilles, et les pluies de rayons à travers le treillis des rameaux.

Les touristes qui ont vu, du pont des paquebots, les côtes de Morée et la stérile Cérigo, et qui ont fait une courte excursion en Attique, écrivent sur leur carnet : « La Grèce est un pays où il n'y a pas d'eau et pas d'arbres. » On risque de paraître paradoxal, j'oserai affirmer que j'ai trouvé dans les vallées de la Doride la chanson des sources et la fraîcheur des platanes. L'eau y coule très abondante et très fantasque en ruisseaux minces et agiles, qui mêlent leurs jaseries parmi les plants de vignes et les buissons de clématites en fleur. On se délasse, après les heures chaudes, au bord de petites rivières qui coulent très rapides sur des lits de cailloux et chuchotent. Ce clapotement frais est doux à entendre, égayant et reposant après les ardeurs du soleil vertical. Les gens du pays ont capté dans des aqueducs de bois l'eau bienfaisante. En Orient on goûte l'eau comme nous goûtons le vin. On devient gourmet sur ce chapitre. Un paysan qui lappe une source cristalline est plus heureux qu'un pacha. Un palikare me disait un jour : « Avec cela, kyrie, tu pourrais te passer de pain. »

Pour voir dans son ensemble l'éparchie de Doride et la vallée du Morno, fleuve inconnu et charmant, il faut aller dans la montagne, à 1,176 mètres, au village de Mavro-Lithari. Le hasard des races humaines a mis sur ces hauteurs un troupeau de deux cents toits rouges; la civilisation y a installé un maître d'école, un juge de paix, un détachement de gendarmerie, commandé par un adjudant d'efzônes, et armé de fusils Gras.

Vous trouverez même dans les casiers du bakal des encriers, des plumes, des bobines de fil, toute une pacotille étrangement moderne. Heureusement il y a autre chose à Mavro-Lithari. De ce point le paysage est vraiment grand, ce qui est assez rare en Grèce.

Les montagnes enchevêtrent leurs angles; on dirait une fluctuation gigantesque et violente. Une brèche énorme creuse un abîme entre le mont Kiona et le mont Korax, et marque le long fossé où coule le Morno. Une montagne est un monde, et il serait vain de vouloir en donner une peinture exacte.

Pourtant, il est aisé, ici, de discerner plusieurs zones bien distinctes; tout en haut, de chaque côté de la vaste échancrure, les roches, d'un gris de perle, resplendissent, raboteuses, rongées par les eaux pluviales, coupées de balafres, comme plissées par de brusques froissements, ayant dans les creux, des couches de neige et des lacs d'ombre, dessinant sur le bleu très tendre du ciel, leur profil coupé, tailladé, avivé de dentelures.

Le dessin du Kiona est plus apaisé, d'un aspect plus large. Le profil du Korax est acéré d'arêtes aiguës; c'est une déchiqueture de pics, aboutissant à une aiguille centrale, qui est pointue comme un clocher. Sur les penchants, les reliefs s'amoncellent, les saillies se soulèvent en rugosités dures. La neige tantôt s'épand en nappes sur les crêtes, tantôt s'allonge dans les fentes, s'effile dans les rides comme un lingot d'argent arrêté dans le moule, tantôt court en zigzag, se tord en des caprices de blancheur. Plus bas au-dessous des éboulis de pierres, le long des assises où repose ce couronnement inaccessible, les sapins, drus et serrés, épaississent leur ombre, accrochent leurs franges aux aspérités des roches, étalent des étendues de verdure foncée, coupées par des clairières. Enfin, sur les inclinaisons douces, dans le creux des vallées, les eaux courantes scintillent dans les herbes vertes, dans les maïs en pleine pousse, dans le moutonnement des chênes et des oliviers.

Le soleil est adouci par la fraîcheur des sommets. Un vent vif vous fouette le visage, presque glacé, avec un bon goût de neige fondue. Les nuits à Mavro-Lithari sont presque froides. Rien n'est plus singulier que de voir, le matin, les gens du village, enveloppés dans leurs capes brunes et soufflant dans leurs doigts. C'est un spectacle imprévu en Grèce, au mois de juillet.

Lamia, le 7 juillet.

En Grèce, le passé est tellement impliqué dans le présent, qu'il faut partout faire un effort d'abstraction pour les bien distinguer l'un de l'autre. De la table où j'écris, je vois, dans l'encadrement de la fenêtre, la masse énorme de l'Œta, sombre, toute noire de forêts; la plaine du Sperchios, plate et fauve, parsemée de touffes d'ajoncs, désert stérile, où les sinuosités du fleuve et les flaques des marais fiévreux miroitent d'un éclat mauvais; plus loin, le haut rempart de montagnes, qui ferme l'horizon comme un mur taillé à pic, depuis le Callidrome et les Thermopyles jusqu'aux grands rochers du Thymphreste; — puis, dans l'ouverture du golfe Maliaque, la mer, bleue comme un saphir, et la haute silhouette de l'Eubée. Je suis obligé d'oublier Héraklès et Léonidas, Achille et Pélée, pour vous parler simplement de Lamia, que les Turcs appelaient *Zeïtoun*, et qui est devenue, en recouvrant son nom antique, le chef-lieu du nome de Phthiotide et Phocide.

Les voyageurs qui, sur la foi du guide, ont

l'espérance de trouver à Lamia une ville turque, hérissée de minarets, cailloutée de pavés pointus, sillonnée de rues montantes où grouille une foule bariolée, s'exposent à une cruelle déception. Le bon voyageur Paul Lucas, qui la visita au xvii° siècle, y vit encore « des restes de bâtiments et un grand nombre de matériaux »[1]. Pouqueville la représente comme une « masse pittoresque de six cents maisons, rangées par étages, entremêlées de mosquées et de cyprès ». En ce temps elle se souvenait encore d'avoir appartenu, sous le nom de Zaratoria, au grand sire d'Athènes, vassal du marquis Boniface, roi de Thessalonique, et de messire Geoffroy, domestique de toute la Romanie. Maintenant, le souvenir des croisés francs a disparu, et la trace des Turcs est presque entièrement effacée. Les places sont carrées; les rues sont droites comme des corridors. Les logis sont construits en pierre, avec un air de propreté et d'aisance. La ville est devenue banale et prospère. Seule, une vieille mosquée en détresse achève de s'écrouler, et profile, auprès d'un cyprès, son minaret décapité. Il serait difficile de trouver, dans cette ville neuve, un lambeau d'histoire, sauf en une petite place, que les Lamiotes montrent avec orgueil. C'est là que mourut Diakos, un des héros les plus populaires des guerres de l'Indépendance.

1. *Voyage du sieur Paul Lucas dans la Grèce, l'Asie Mineure, la Macédoine et l'Afrique*, Paris, 1712, t. III, p. 279.

Le 4 mai 1820, Diakos, mal soutenu par ses Palikares, fut pris, au pont d'Alamanna, près des Thermopyles. Les épopées romaïques ont longuement célébré cette aventure : « ... Ils prirent leurs sabres légers ; ils prirent leurs lourds fusils, s'en allèrent à Alamanna, et se mirent à l'abri derrière le pont. — « Du courage, mes enfants, crie Diakos ; n'ayez pas peur! Soyons vaillants comme des Hellènes ; tenons ferme comme des Grecs! » Ils eurent peur ; ils se sauvèrent dans les bois. Diakos resta dans le feu avec dix-huit braves : ils combattirent trois heures contre dix-huit mille. Son fusil éclata en morceaux ; il tira son sabre, s'élança dans le feu, tua des Turcs sans nombre et des bouloukbachis. Mais son sabre se brisa en haut, près de la poignée, et Diakos tomba vivant aux mains des ennemis. Mille étaient devant lui et deux mille étaient derrière. Et, en chemin, le pacha Omer Vrionis l'interroge secrètement : — « Veux-tu te faire Turc, mon Diakos? Veux-tu changer de foi, laisser l'église et faire ta prière dans la mosquée? » — Et Diakos lui répond ; il lui dit avec colère : — « Allez-vous-en, vous et votre foi ; chiens de Turcs, je vous souhaite mille morts. Grec, je suis ; Grec, je mourrai. Mais, si vous voulez mille pièces d'or et mille makmoutis, je vous les donne pour me laisser la vie seulement quatre ou cinq jours, le temps d'attendre Odysseus ou le capitaine Athanase Vaïas. » — Kalil Bey entend ces paroles, il pleure et il s'écrie : — « Moi, je vous donne mille bourses, et cinq cents en sus, pour que vous fassiez mourir Diakos, le terrible Klephte; sinon, il détruira les Turcs et tout leur pouvoir. » Diakos fut brûlé vif à Lamia. En allant au supplice, il regardait la nature souriante, et chantait gaiement ces deux vers d'une chanson populaire :

Voyez le moment que Charos choisit pour m'apparaître,
La terre s'habille de verdure et les bois sont tout fleuris.

L'ardeur de renouvellement qui a si vite jeté bas les mosquées et les hammams, remplacé la somnolence des caïmacans par le zèle remuant et quelquefois brouillon des fonctionnaires grecs; l'allégresse qui active d'un si bel entrain la construction des bâtisses neuves, marquent bien la joie d'un peuple rajeuni, heureux de renaître à l'existence légale après un effacement si complet, trop impatient peut-être d'imaginer des réformes pour lesquelles il ne semble pas tout à fait mûr, mais remarquable, après tout, par la rapidité de ses progrès, et capable, malgré certaines prédictions moroses, de justifier les espérances qui ont accueilli sa résurrection. Cette renaissance hâtive combine étrangement l'imitation des mœurs modernes avec la survivance de certaines simplicités, très primitives, comme ces Palikares de la Jeune-Grèce, qui plantent, au-dessus de leurs vestes brodées à manches flottantes, de leurs fustanelles tuyautées, de leurs cnémides soutachées et de leurs babouches de cuir rouge, la banalité d'un panama. La nouvelle Hellade sacrifie trop le pittoresque, le côté aimable et imprévu des choses. Les Hellènes sont un peu Américains; leur esprit pratique aime les alignements corrects, les angles rectangles et les carrés parfaits. Les quartiers neufs des villes grecques sont tous façonnés sur le même modèle. Un professeur de dessin graphique n'y trouverait rien à reprendre. On y voudrait quelque chose de plus, une fleur d'imagination, un peu de caprice et de fantaisie. Les peuples commençants sont toujours artistes. Pourquoi les peuples qui recommencent ne le seraient-ils pas?

Malgré tout, l'aspect général de Lamia est avenant, donne l'idée de la bonne humeur, du bien-être, d'une vie facile et gaie, d'une grande foi dans l'avenir. Ici comme à Syra, comme à Athènes, on bâtit incessamment. La ville s'étend, de jour en jour, autour de la vieille citadelle, le long des deux collines où elle est adossée. Dans les cafés, des gens discutent avec animation les derniers événements politiques, en buvant, à petites gorgées, de l'eau très fraîche, avivée par quelques gouttes de raki de Chio. Le soir, la place de la Liberté (*platia tis Eleftherias*) est le rendez-vous des flâneurs et des oisifs. Les notables, en costume national, se promènent avec des officiers en képi et en dolman. Des groupes jouent aux cartes, en plein air. Les gens les plus riches prennent des sorbets dans le grand café du lieu. Tout le monde a l'air parfaitement heureux. A cause de la grande chaleur, le principal restaurant de Lamia a installé ses tables en plein air, sous une voûte de treilles grimpantes ; en mangeant le pilaf et l'agneau sous une guirlande de globes lumineux, on songe vaguement, de très loin, aux Champs-Élysées. Grande simplicité de mœurs : on me montre M. le démarque allant de groupe en groupe et distribuant des poignées de main d'un air bienveillant. M. le nomarque s'attable familièrement avec ses administrés. Vers neuf heures, les clairons de la garnison sonnent, à travers les rues, la retraite française, qui retentit joyeusement, comme un appel du pays. — Dans ce décor moderne, trois musiciens ambulants chantaient, avec un accompagnement de violes barbares, de mélancoliques cantilènes d'Asie Mineure, seul souvenir, dans cette petite ville européenne, de l'Orient turc, de plus en plus effacé et lointain.

Un grave inconvénient peut nuire à l'avenir de Lamia. Le climat de la ville est malsain. Pendant l'été, la fièvre fait de nombreuses victimes, surtout parmi les enfants. On est tenu aux précautions les plus scrupuleuses. Le sulfate de quinine est le viatique obligé de tous les voyageurs. Dans les premiers jours de septembre 1882, un jeune savant de grande espérance, M. Bilco, membre de l'École française d'Athènes, mourut à Lamia, emporté en quelques heures par un accès de fièvre. Le Sperchios, dans son état actuel, est un véritable fléau pour le pays pendant l'automne, et, l'hiver, il déborde et rend la culture impossible sur d'immenses étendues. Les propriétaires riverains essayent de construire des digues pour arrêter le débordement des eaux, et l'État les dédommage d'un tiers de leurs dépenses. Mais cette indemnité n'allège guère la lourdeur de leurs charges. Les digues, hâtivement faites, sont presque toujours insuffisantes, et de nul effet. L'été, les eaux s'amassent en flaques stagnantes, et les habitants de la plaine sont presque toujours obligés d'émigrer. On a pensé quelquefois à creuser, pour le fleuve, un nouveau lit; la question a été étudiée sous le ministère Deligeorgis et la dépense a été évaluée à 400,000 drachmes. Cette somme paraît bien insuffisante pour un si gros travail.

Hypati, le 8 juillet.

Dans la plaine de sable, un peu avant d'arriver aux pentes de l'Œta, une source thermale jaillit du sol : des industriels bien intentionnés ont établi, autour de la fissure où sourd l'eau sulfureuse, un simulacre de station de bains, un campement de baraques en bois. Dans une manière de restaurant, quelques faces souffreteuses et pâles, des officiers en congé, la gorge entourée d'un mouchoir, en tout, une dizaine de malades qui sont venus ici pour faire une cure, et qui meurent de chaleur. C'est un enfer, une chaleur lourde de four, avec des bouffées de vent qui sont des haleines de forge. Le ciel est blanc, le sable est blanc. Une chaleur visible, palpable, une vibration ardente sort de la terre fendillée, des pierres, de tous les objets que l'on touche et que l'on voit. Les joncs hérissés ont l'air d'avoir soif. Deux malheureux lauriers-roses sont haletants. L'air bout. Une buée brûlante flotte sur le sol calciné, saturé de chaux et de soufre, et pique les yeux; une atmosphère de poêle enveloppe les têtes lourdes et les membres las. C'est un incendie de réverbérations aveuglantes, qui éblouit et fascine. Tout est pénétré de feu. Il faut se sauver à Hypati, qui est une oasis de maisons, dans les verdures, sur les premières terrasses de l'Œta.

La délicieuse eau fraîche, le délicieux raki, par lequel furent apaisées, dans le principal καρφεῖον (café) d'Hypati, les soifs torturantes qui oppressaient nos gosiers arides! Il nous fallut quelque temps pour reprendre nos sens, et pour voir, d'un œil un peu lucide, la famille impériale de Russie, qui, pendue au mur, nous souriait.

Le soir, chacun sort de chez soi, pour respirer. Des officiers de gendarmerie et d'infanterie traînent leurs sabres et font sonner leurs éperons dans les terrains vagues de la grande place. Des efzones dandinent élégamment leurs fustanelles, et se moquent maintenant du soleil.

Très étrange, l'aspect nocturne de ce bourg, lorsqu'il s'éveille à la nuit tombante, au pied de l'Œta, qui dresse, au-dessus des maisons, sa haute paroi, vêtue de grands arbres. A mesure que l'ombre brouille la silhouette des hommes et des choses, l'esprit est volontiers hanté par des visions, défuntes, qui semblent ressusciter brusquement.

Il y avait ici une ville antique, Hypata. Elle était le chef-lieu d'une confédération, le centre d'une de ces petites ligues qui divisaient l'Hellade en un nombre infini de groupes sociaux. La vieille cité a disparu, laissant seulement dans les bâtisses nouvelles, de grands marbres couverts de lettres, des statues cassées, des fragments de bas-reliefs. Dans un coin de la démarchie, au milieu de la poussière et des papiers froissées, une statue brisée gisait, torse d'éphèbe, vigoureux et svelte. L'anatomie est dure, modelée par plans brusques, comme dans certaines figures de l'école florentine. Les bras manquent; mais, visiblement, le droit était levé; le gauche reposait dans une attitude plus calme. On pense au *Persée*, de Cellini, haussant d'une main la tête fraîchement coupée, tenant, de l'autre, le glaive. Les hanches peu développées, les pectoraux saillants, le ventre plat, la vigoureuse cambrure qui se creuse à la chute des reins, la longueur du buste, la finesse des attaches, tout indique l'épanouissement libre et harmonieux de la force, sans exagérations grossières, sans boursouflure d'hercule forain. C'est le bel adolescent, dans la fleur de sa grâce, la plénitude de sa force, et l'achèvement de sa beauté. Il est prêt pour la lutte, porté en avant par un élan de vigueur triomphante et aisée. Falguière seul, de notre temps, a retrouvé, dans son *Vainqueur au combat de coqs*, cette élégance robuste et fine et ce mépris de la masse brutale qui terrasse et brise aveuglément. Sans doute, la tête charmante qui dirigeait l'harmonie de ces mouvements, savait assembler harmonieusement les idées, selon le rythme ingénieux qu'enseignaient les philosophes. Mais le front serein, la bouche dédaigneuse et fière, le profil régulier ont disparu, emportés par on ne sait quel ravage barbare...

Hypati, le 9 juillet.

Que faire, par cette chaleur? Anastase déclare que Kara et Kitzo tomberont en route, et Kharalambos approuve cette déclaration, d'un signe de tête. Nous consentons sans peine à différer notre départ. Mais la torpeur de l'après-midi nous oblige à vivre, comme des reclus, couchés sur des paillasses, dans notre chambre. Et quelle chambre! Deux ou trois mètres cubes d'air chaud et vicié, dans une cellule où les mouches abondent, au-dessus d'une écurie, d'où montent, à travers le plancher disjoint, des bruits de piaffements et des odeurs de fumier. Kharalambos, en sa qualité d'homme indomptable, refuse de se laisser fléchir par la pesée des choses ; et, comme il est debout, toujours sanglé et botté, il emploie son temps à aller chercher au café le plus proche, des boissons pour ses maîtres altérés.

C'est dans ce demi-sommeil que nous chômons la fête des Saints-Apôtres. La rue est silencieuse : la chaleur paralyse les langues et arrête les causeries. Seulement, le soir, à l'heure où le couchant éclaire de splendeurs vermeilles le violet foncé du Thymphreste, on sent comme une délivrance dans le mouvement des promeneurs, dans l'air content des gens qui prennent le frais devant leur porte.

Nous apprenons, au khani, qu'aujourd'hui un vieillard et un enfant sont morts de chaleur.

Malgré tout, je quitterai Hypati avec regret. Malgré cette vie errante, je suis peut-être un sédentaire : je le sens à la facilité d'attachement par laquelle je suis retenu aux lieux habités quelques jours. J'aime cette petite ville, ses maisons échelonnées au flanc de la montagne, parmi les peupliers et les figuiers, au-dessous des rochers où se cramponnent les pins ; les efzones, serrés comme des guêpes, en jupes bouffantes et mollets Louis XV, coquets et belliqueux, si singuliers avec leur costume archaïque et leurs baïonnettes Chassepot. Je regretterai les échappées lointaines sur la vallée du Sperchios, semée de rares villages...

Quelle joie, si quelques gouttes de pluie venaient apaiser cette chaleur d'Afrique! Cette température est exceptionnelle, même en Grèce. Le ciel a des candeurs de four chauffé à blanc. Quatre personnes sont mortes de chaleur cette nuit. Ce matin, on enterrait un pauvre vieux, mort hier. Le convoi se déroulait, dans une odeur d'encens, par les ruelles étroites, entre les jardins. En tête, les ostensoirs, les croix d'or, toutes les précieuses orfèvreries qu'aime l'église byzantine. Un homme portait le couvercle du cercueil, noir, semé de larmes d'argent. Des enfants et des femmes suivaient, tenant, dans leurs mains, ces gâteaux que l'on offre encore, par un touchant souvenir d'un usage antique, en l'honneur des morts. Puis les chantres venaient, modulant, d'un air inconscient, des cantilènes tristes. Le pauvre mort, porté à bras, était couché, découvert et tout habillé, dans une boîte longue et étroite. On avait avivé de vermillon la pâleur de ses lèvres closes et la blancheur de ses joues blêmes. On lui avait mis sa fustanelle la plus neuve et la mieux plissée, des souliers neufs, un tarbouch écarlate. Immobile, l'air austère, avec ce visage découragé que prennent les hommes après la suprême défaite, il s'en allait ainsi, parmi les maisons connues, suivi des amis avec lesquels il avait causé, qu'il connaissait par leur nom, sous l'implacable et ironique soleil qui l'avait tué.

CHAPITRE XI

Dans les monts Othrys. — Vers la Thessalie. — La plaine thessalienne. — Pharsale et Volo.

Dans les monts Othrys, le 11 juillet.

J'écris paisiblement ces lignes, assis sur un rocher d'où mon ami le Révérend Père Iacovos, higoumène du monastère d'Andinitza, faisait autrefois le coup de fusil contre les grand'gardes turques. Avant le traité de Berlin, la frontière suivait la crête de l'Othrys. Avec la logique habituelle aux Conférences internationales, le traité de Londres avait décrété que les montagnards d'Agrapha, de Mezzovo, de l'Olympe, qui avaient si bien combattu pour la Grèce, resteraient hors de Grèce. On y a gagné des années de troubles, de malaises, d'incessantes prises d'armes, pour arriver en fin de compte aux concessions si durement refusées. Les brigands en profitaient pour tenir les hauteurs qui dominent Lamia et pour inquiéter les faubourgs de la ville; maintenant, les gorges de l'Othrys ne sont plus des cavernes de voleurs; on peut y écrire tranquillement ses impressions de voyage, au bruit des cigales, sans la crainte d'être troublé par la brusque apparition d'un fusil aux aguets. Le roi des montagnes a reculé peu à peu devant la gendarmerie hellénique, où le brillant Périclès, si vivement dépeint par Edmond About, n'est plus capitaine. On peut fouler d'un pied hardi les liméris [1] des Klephtes. Les gens les plus éloignés de la politique sont reconnaissants au congrès de Berlin, et regardent avec satisfaction, des deux côtés de l'ancienne frontière, les *dervends* et les casernes, postes militaires, désormais pacifiques et abandonnés.

D'ici, l'horizon est très large, trop large même; ce panorama de vallées et de cimes est si varié et si complexe, que l'œil ne sait où se fixer. L'Othrys n'a pas les aspérités, les brusques saccades qui coupent d'arêtes vives le profil heurté du Kiona et du Korax. C'est une large ondulation de hautes collines et comme une fluctuation de pentes douces. Presque pas de rochers; la terre végétale rougeoie sur les rondeurs, où se plaquent de minces buissons de chênes verts et quelques touffes d'arbres rabougris. Au nord, par delà un rempart allongé, la plaine thessalienne s'étale,

1. Dans le vocabulaire des chansons romaïques, ce mot désigne les retraites des coureurs de montagnes.

comme le lit d'un lac desséché, noyée dans une vapeur rousse, sous la pâleur du ciel incandescent où l'Olympe estompe vaguement ses formes. Le lac de Daoukli, glauque, avec des reflets métalliques, luit d'un éclat mat, ourlé, par les marais, d'une bordure verte. Plus loin dans une très douce lueur, dans des irradiations apaisées, dans une tonalité presque irréelle de nuances fondues, les dentelures du Pinde, comme indiquées sur l'horizon par une main très légère, semblent une vision de rêve, une percée lointaine sur d'étranges paradis. A l'est, on aperçoit l'Eubée, le cap Vasilina et le cap Lithada, les îles lointaines, la mer d'un bleu tendre, la haute barrière qui ferme la Phocide, les Thermopyles, le Callidrome, très sombre le long de la maremme fauve où miroitent les flaques du Sperchios, l'Œta, évoquant des souvenirs d'aventures gigantesques, les clameurs d'Héraklès, sa mort dans un vaste flamboiement ; au delà, le Parnasse rayonne, inondé d'une clarté diffuse qui supprime les plans, atténue les saillies, laisse voir seulement le pur dessin, le contour parfait, nimbé de lumière. Puis la ligne des sommets se continue, très longue comme la crête d'un mur, jusqu'au Thymphreste, grande cime claire, piquée d'un étincellement de paillettes neigeuses.

Dans ce décor, peuplé de souvenirs antiques, j'avoue n'avoir point pensé seulement aux héros d'Homère et aux guerres médiques. Je me rappelle volontiers qu'au sud de l'Othrys commençait le domaine des princes français de la Morée, de messire Geoffroi de Villehardouin, sénéchal de toute la Romanie. On songe au temps où le pape Honorius appelait la Grèce une « Nouvelle France », et où l'empereur Henri, comte de Flandre et de Hainaut, tenait un parlement solennel, à cheval, dans les plaines de Macédoine. On rêve aux chevaliers d'Occident, aux aventures de ces incorrigibles faiseurs d'épopées, à tous ces fiefs héréditaires, dont les titres semblent inventés par une fantaisie shakspearienne : le royaume de Chypre, le duché d'Athènes, la seigneurie d'Argos et de Nauplie, la baronnie de Chalcis et de Karysto. Assurément on doit rendre hommage à l'héroïsme de Léonidas et des 300 Spartiates; mais il faut se souvenir qu'un brenn gaulois est passé par là, que des Français de France, Guillaume de Champlitte, Othon de la Roche, Jacques d'Avesnes, suivirent la même route, et qu'un seigneur français, devenu marquis de Bodonitza, garda longtemps les marches des Thermopyles. On a souvent dit que l'on se sent plus d'amour pour ceux que l'on aime quand on en est éloigné. Il est vrai d'ajouter que l'on se sent plus de tendresse encore pour la patrie, quand on retrouve, à l'étranger, sa trace ineffaçable et son souvenir toujours vivant. On éprouve une joie scientifique à retrouver les vestiges de l'antiquité; mais on ne peut voir sans émotion, sur les murs des vieilles églises, la fleur de lis ou la croix ancrée de Champagne. Le consciencieux et savant Buchon a parcouru la Grèce pendant deux années, étudiant tous les restes de la féodalité franque. Il faudrait pousser plus loin ce pieux pèlerinage, retrouver en Asie Mineure, en Syrie, dans les îles, la trace des Croisades. J'ai vu l'écusson de France à Halicarnasse, dans le château des chevaliers de Saint-Jean-de-Jérusalem. Rhodes est une vieille terre française, un merveilleux morceau de moyen âge, égaré en plein Orient. Des donjons, des manoirs inconnus, sont éparpillés sur les routes de Syrie et de Mésopotamie, dans des montagnes que l'histoire a oubliées.

Monastère d'Andinitza, le 12 juillet.

Le monastère d'Andinitza invitait aux visions « moyen âgeuses ». Rien de plus romantique que notre arrivée devant la grande porte cintrée, close par de lourds battants : Alexandre Dumas l'aurait enviée pour en faire le début d'un roman d'aventures. La nuit était tombée, éteignant les nuances, effaçant les couleurs, épandant un grand silence, traversé d'aboiements lointains... L'ombre enlevait à nos silhouettes le détail qui date, les vulgarités précises qui maintiennent un personnage dans son temps et dans son milieu. L'agoyate Vasili montait devant. Nous n'apercevions que son allure cambrée dans le balancement de la fustanelle, sa démarche nonchalante et souple, son dandinement de Palikare : rien n'indiquait qu'il fût électeur et qu'il vécût sous le sceptre constitutionnel du roi George. Nos chevaux étiques commençaient à avoir bonne mine, depuis que le jour avait disparu. Nous étions nous-mêmes moins sensibles à la laideur très moderne de nos costumes; nos confections « européennes » prenaient des apparences de pourpoints. Nous pouvions passer, à la rigueur, pour des pèlerins voyageant aux « païs estranges » et demandant un gîte à de bons caloyers. Dans cette petite cour de couvent, où vacillent des lumières éparses, et où la chapelle arrondit, sous les étoiles, sa coupole byzantine, on peut se demander si l'on n'est pas devenu, tout à coup, le contemporain d'Isaac Comnène ou de Théodore Lascaris.

Secoué dans son premier sommeil, le père Iakovos accourt, coiffé d'un bonnet de moujik, enveloppé d'une soutane brune trop courte, et ceint d'une corde où pendent, comme des sonnailles, je ne sais combien de trousseaux de clefs. D'abord, une rude et verte semonce, une remontrance paternelle, pour ces courses errantes, si tard, dans la montagne déserte.

— Mes enfants (*paidia mou*), que signifient de pareilles mœurs? Vous n'êtes donc pas chrétiens? Courir les chemins à pareille heure! Que diriez-vous si je vous fermais la porte au nez? Mais voyons : d'abord quel est votre pays et de quelle nation êtes-vous?

— Nous sommes Gaulois.

— Très bien, mes enfants. Vous êtes des seigneurs gaulois. Cela est parfait. Commandez, vous êtes ici chez vous. Les Gaulois ont eu le tort, il y a très longtemps, de piller le temple de Delphes. Mais cela est oublié. Maintenant, les Gaulois et les Hellènes sont frères.

Et, par un geste familier aux Orientaux, il réunit parallèlement l'index de la main droite et l'index de la main gauche, pour figurer cette étroite amitié, cette jointure indissoluble. Puis très vivement, il reprend :

— Mais, au fait, avez-vous mangé?

— Cela dépend. Ne t'inquiète pas, saint higoumène. Nous sommes très bien.

— Voyons, voyons, avez-vous mangé ou n'avez-vous pas mangé? Répondez-moi par oui ou par non. Je vois, à votre mine allongée, que vous êtes à jeun.

Alors, c'est une explosion de cris et de commandements, lancés d'une voix tonnante, comme au temps où l'higoumène était capitaine de partisans. Toute la valetaille accourt. Le Père Iakovos mène comme un bataillon trois ou quatre gaillards, qui occupent dans le monastère des fonctions mal définies, et qui sont vaguement domestiques, ne pouvant plus être batteurs d'estrade. « Dimitri!

Kosti! Nikolaki! » Et tout le monde se presse, se bouscule, apporte des verres d'eau, des assiettes, des fourchettes de fer, toute la batterie de cuisine qu'il est possible de trouver au sommet de l'Othrys. Bientôt, une large omelette fume sur la table; et, tout en nous regardant manger, Iakovos cause. La conversation, comme toujours, tourne à la discussion politique. Les sujets sont toujours les mêmes. On ne sort guère du cercle de la question d'Orient; on calcule les chances des Autrichiens et des Russes. On se demande si l'Angleterre pourra réussir à prendre la Crète et si l'Europe laissera faire. Un petit peuple qui a de puissants voisins veut toujours savoir quel est celui qui a l'appétit le plus robuste et la meilleure envie de le manger. La France n'inspire pas ces terreurs; qu'importe aux Grecs qu'elle s'établisse en Syrie?

Et puis, notre désintéressement est connu. On nous aime. Aussi, dans tout l'Orient, quand on vient à parler de l'Égypte, vous entendez l'expression de ce grand regret : « Pourquoi la France est-elle partie? » Cette question est embarrassante. Il faut laisser au subtil M. de Freycinet le soin de la résoudre.

L'higoumène a trois grandes admirations: Gambetta, Garibaldi et M. Waddington. Il ne tarit pas d'éloges sur notre représentant au Congrès de Berlin : « Quel brave homme (*ti kalos anthropos!*), quel philhellène! C'est lui qui nous a donné tous ces pays! » Et son geste ébauché cherche, par la fenêtre ouverte, dans la nuit étincelante d'étoiles, l'horizon de Thessalie.

Le lendemain, à notre réveil, il faut visiter en détail le monastère. La petite église, dorée par le soleil, est charmante, avec ses arcades surbaissées, ses colonnes trapues, au milieu de la cour, sous les arbres, auprès d'une claire fontaine qui brille et qui chante. Le Père Iakovos nous fait, avec une brusquerie soldatesque, les honneurs de sa chapelle, et nous montre, à la lueur d'un cierge, une vieille inscription que nous nous empressons de copier. Très singulier, décidément, ce moine illettré et spirituel, d'une familiarité rude, aussi peu onctueux que possible, moitié capucin, moitié chef de bande. C'est l'ermite montagnard et palikare, que la soutane ne gêne pas, qui n'est pas embarrassé par son chapelet, et qui ne demande qu'une nouvelle occasion pour partir en guerre. Il possède un véritable arsenal de fusils et de revolvers. Un large yatagan est pendu, dans sa chambre, au-dessus de son évangile. C'est à peu près toute sa bibliothèque.

Au temps des guerres de l'Indépendance, l'higoumène d'Andinitza aurait pu devenir un héros comme Diakos, qui, lui aussi, était prêtre. Maintenant il devra se résigner à gouverner paisiblement son couvent, ses valets et sa basse-cour, en jouissant à loisir du paysage de montagnes qui s'étale sous ses fenêtres.

Dans quelques années les armatoles et les capitaines de compagnies franches seront désormais relégués dans l'histoire. C'est une race qui s'en va, et que l'armée régulière de M. Tricoupis rendra de plus en plus inutile et archaïque.

Æchinos, le 13 juillet.

Si familier que l'on soit avec les sobres repas des villageois, avec l'agneau rôti, assaisonné de fenouil, et les petits verres de vin résiné, on a quelque plaisir à retrouver, tout près de la mer Egée, des souvenirs de la civilisation, une table confortable, et des hôtes qui parlent français. Ce plaisir nous a été donné par M. Sotiris S...., qui habite l'hiver à Athènes, et l'été une grande et claire maison, dans un bois d'oliviers et de pins, près de la mer.

Nous avions mis pied à terre dans un mauvais khani, isolé dans la campagne, lorsque M. S...., qu'une heureuse fortune avait placé sur notre chemin, voulut bien, malgré nos figures de brigands et nos guêtres poudreuses, nous prier de le suivre chez lui.

Dans la grande salle, au-dessus de la cheminée, une gravure, accrochée au mur, reproduit le célèbre tableau où Horace Vernet a représenté le maréchal Moncey et les derniers défenseurs de la barrière de Clichy. Plus loin, Napoléon, debout au milieu de ses maréchaux, à côté du pape, dans la grande nef de Notre-Dame, met la couronne impériale sur le front de l'impératrice. Tout à côté, les portraits du roi Othon et de la reine Amélie, et des photographies de la famille régnante. Mme S...., une grande femme, brune et maigre, fatiguée par l'âge, et visiblement souffrante, parle français avec une rare propriété d'expressions et une parfaite connaissance des nuances. Ses trois aimables filles tournent autour d'elle, très vives, évidemment heureuses, dans leur solitude, de voir des figures nouvelles. Elles font un bruit d'oiseaux dans une volière, babillent, parlent français, et tapotent, sur un piano qui souffre de l'éloignement des accordeurs, des danses de Métra et de Strauss. Les deux cadettes sont assez gracieuses et jolies : deux gentilles « répliques » de la jeune fille, qu'on a vue cent fois, avec qui on a tournoyé dans les salons athéniens, sans remarquer davantage ses yeux rieurs, ses dents étincelantes et son caquetage de perroquet bien appris. L'aînée est étrange, bizarre, faite pour tenter le pinceau d'un artiste décadent : des cheveux châtains, à reflets d'or roux, des yeux brillants et inquiets, une face longue, beaucoup d'esprit, assez d'impertinence et, dans les allures, le détachement de quelqu'un qui se moque de beaucoup de choses, avec des caprices de femme gâtée et des sans-gêne de gamin. Parmi ces femmes, le mari, barbe grise et face maigre, semble jouer un rôle un peu effacé.

On le contredit sans cérémonie, et l'on rectifie ses propos quand il se permet d'avoir une opinion... Somme toute, c'est un milieu bien particulier, cordial et point naïf, aimable et peu disposé à être dupe, hospitalier, mais très sensible au ridicule, et incapable de résister au plaisir de le noter.

Après un copieux déjeuner de pilaf et de pigeons, en dégustant du café turc, épais et crémeux, on cause des gens d'Athènes, des danseuses renommées, de la chronique mondaine et des divorces récents. En prononçant certains noms, je vois passer dans les yeux de nos hôtesses des malices qui n'osent pas éclater, des railleries suspendues, des méchancetés qui font rire la cervelle, tandis que la bouche loue convenablement. Certains personnages solennels de la diplomatie athénienne sont peu épargnés. Leur morgue n'impose guère, et leur cuirasse de phrases solennelles est percée à jour.

Il faudrait qu'une colonie de peintres vînt s'établir à Æchinos. Chaque coin du paysage est un tableau charmant, et si varié! Il y a des sous-bois où il pleut des gouttes de soleil, des files de peupliers, grêles et frissonnants, de grands platanes, des verdures intenses, que les oliviers éclairent de leur pâleur. Les eaux, abondantes, coulent de toutes parts, en ruisseaux, en filets et en cascades. Je suis allé jusqu'à une source qui s'étale, sous les feuillées, en nappes transparentes, près d'une chapelle en ruines. Des brindilles, tombées dans l'eau, s'enchevêtrent parmi les verdures des cressons et les dorures des feuilles mortes. Des reflets verts courent sur l'eau cristalline. Au-dessus de l'étang clair, les platanes penchent leurs troncs rugueux, tordus, et étendent, comme une dentelle ajourée, leurs feuilles fraîches qui remuent au bout des branchettes, ainsi que de petits éventails, doucement agités. Il faudrait le pinceau de Diaz, pour faire glisser dans le tressaillement des feuillages ces percées de rayons, pour semer ces gouttes lumineuses sur la terre noire, pour incendier, entre les troncs, l'échappée des prés fauves, couleur d'ocre. Des libellules, d'un bleu soyeux, égratignent l'eau du bout de l'aile, étendent leurs ailes vibrantes et se posent sur les pierres, avec des attitudes fluettes et délicates; et, par delà le bois, on entend les cigales qui bruissent sur les pentes sèches, ivres de soleil.

A l'heure où la nuit tombe et où le laboureur délie ses bœufs, nous avons quitté Æchinos. Toutes ces demoiselles, fort curieuses apparemment d'inspecter en détail l'équipage de deux Français en voyage, étaient descendues, en robes légères, et causaient avec nous, sur un banc de bois, devant le *magasi* du bakal. La fantastique Amalia avait, dans les cheveux, des reflets de palissandre qui s'allumaient à chacun de ses mouvements. Aspasia, grasse et potelée, avec la fraîcheur de son teint et la gaieté de ses yeux clairs, avait mis, pour nous laisser dans les yeux une gracieuse image, une toilette rose qui était, sans doute, le « dernier cri » d'Æchinos. Léniô vint à nous, au grand trot d'un cheval de ferme, qu'elle cinglait avec une verge d'osier. La belle fille insouciante, en corsage lâche, avait l'air d'un joli adolescent de chez nous, qui aurait mis, pour s'amuser, une robe de fille.

Shake-hand à l'anglaise, et en route. La lune monte dans le ciel immaculé. Une clarté bleue, très douce, baigne les contours des choses, forme, parmi les bouquets d'oliviers, de grosses masses d'ombre, ébauche, sur le sentier, la silhouette allongée de nos chevaux, fait luire, comme une plaque d'argent, la mer lointaine devant la grande silhouette de l'Eubée.

Akladi, le 15 juillet.

Nous approchons de la mer, aux vagues sonores; puis nous chevauchons sur la grève, tout près des eaux calmes, qui se déroulent avec un bruissement d'étoffes soyeuses. Des paillettes d'acier poli, des moires, des filigranes d'argent, dansent sur les houles. Et toujours l'Hagios Hilias d'Eubée, qui dresse sur l'horizon son grand triangle, au-dessus du miroir lisse, dans l'immense rêverie des clartés lunaires...

Une maison blanche, dans un bouquet de peupliers. C'est Akladi, logis du vieux Zakas, pour qui nous avons une lettre de recommandation. Il est bien tard, pour frapper ainsi, sans être annoncé d'avance, à la porte d'un logis inconnu. Timidement, nos agoyates montent le perron, portent la lettre. Un bruit de pas, un va-et-vient de lumière dans les chambres. Une servante bourrue, la mine renfrognée comme quelqu'un qu'on secoue dans le premier sommeil, nous invite à entrer du même ton qu'elle prendrait pour nous mettre à la porte. Au premier étage, je croise, dans l'ombre, une forme étrange : c'est un petit vieux, serré dans une espèce de robe brune, la tête couronnée d'un nuage de cheveux blancs tout ébouriffés. Dans l'embrasure d'une porte, autre spectacle : sur une terrasse, un autre vieux, tout ridé, la face barrée d'une rude moustache blanche, assis à la turque, par terre, devant une bouteille de vin, un verre et quelques légumes, penché vers une lampe que le vent fait clignoter, lit, à grands renforts de lunettes, notre lettre de recommandation. C'est le vieux Zakas en personne. Son accueil est cordial, bruyant, amusant. Il se lève brusquement, dans la grande robe de toile blanche qui tombe jusqu'à ses pieds et qui, sous la lune, le fait ressembler à un fantôme. D'une voix de commandement, il appelle Polyxène, la servante bourrue, la fait marcher, tourner, virer, sans s'inquiéter autrement de ses gestes d'impatience et de sa figure maussade. Vite, un plat de pilaf, des œufs, beaucoup d'œufs pour les nobles étrangers, du vin, des verres, des poires, des pastèques, de l'eau fraîche, puisée à la source. Polyxène, ahurie, affolée, ne sait où donner de la tête, étourdie par les terribles commandements du vieux, qui la fait manœuvrer comme un régiment.

Zakas est un Palikare de la vieille race. Il aurait pu vivre et combattre avec Marco Botzaris, Karaïskakis, et Nicétas, surnommé le Turcophage. Il parle le patois romaïque dans toute sa pureté, refuse de comprendre la langue nouvelle, inventée par les pédants de l'Université. Sa voix a des intonations plaisantes, de la plus cocasse drôlerie. Ses petits yeux clairs, percés en trous de vrille, aigus et pétillants de malice, doivent apercevoir, sans duperie, le fond de bien des choses. Il détruit les légendes, exprime des opinions fort pessimistes sur l'avenir de la Grèce : « Ah! dit-il, nous ne pouvons rien par nous-mêmes. Les Franghi nous donneront encore quelques lopins de terre, et voilà tout! » Il appelle le roi un « endormi », critique les mesures du gouvernement, et se déclare, sans détour, contre Tricoupis. Zakas est un débris des temps héroïques de la Grèce, insurgé contre son gouvernement après l'avoir été contre les Turcs, patriote, au reste, et homme de cœur, ayant fait le coup de fusil contre les Turcs, et capable de le faire encore, malgré son grand âge. Sa maison est un arsenal. Des fusils de divers modèles sont pendus au-dessus de ma tête, dans la chambre que l'hospitalité du vieil armatole m'assigne pour la nuit. Comme je faisais compliment à Zakas sur l'abondance de ses armes : « Mon enfant, me dit-il tristement, tout cela est du vieux temps ; le vrai fusil, le voilà. » Et il me montrait la plume avec laquelle j'écrivais.

Il s'intéresse fort à la politique européenne. Il insiste sur la grande perte qu'a faite la Grèce, à la mort de Gambetta, et, tout à coup, il s'écrie :

— « Que sont devenus les enfants de Philippe? »

Les « enfants de Philippe », dans le vocabulaire homérique du vieux Zakas, ce sont les princes d'Orléans.

Ce chef de partisans est un philosophe. Il énonce de graves sentences, que l'on dirait prises dans Plutarque : « Il faut, dit-il, que les jeunes gens courent, de côté et d'autre, qu'ils connaissent beaucoup d'hommes et de nations, qu'ils observent les mœurs des divers pays. Nous, les vieux, nous restons tranquilles chez nous, et voilà ce qu'il nous faut. » Et d'un beau geste, le petit vieillard étend son bras vers le paysage qu'il voit, tous les jours, de sa chambre, sans se déranger.

Zakas avait raison : il suffit, pour être heureux, de regarder au loin, la mer et le ciel par ses fenêtres fleuries d'œillets écarlates. Il est difficile d'imaginer une demeure mieux placée, mieux accommodée aux longues rêveries et au calme loisir. On resterait là pendant des heures, à regarder, comme dit Homère, les flots blancs d'écume, et la haute mer, sombre comme du vin. L'*Hagios Hilias* d'Eubée est si près, que l'on voit, sur le flanc sombre de la montagne, la tache jaune des terres nues. Le cap Lithada ressemble à une langue d'or. Je n'ai pas eu le courage de plaindre Zakas, lorsqu'il m'a dit, en me tendant la main :

« Tu es mon hôte dans la Phthiotide, et je serai le tien dans la Gaule, si jamais je vais voir ce pays. Mais, encore une fois, je suis trop vieux, mon enfant, et je crois bien que je mourrai bientôt dans cette maison. »

De Dhomoko à Pharsale, le 16 juillet.

L'annexion de la Thessalie a causé aux Grecs un préjudice moral, qui, sur beaucoup de points, a dépassé le profit matériel qu'ils ont retiré de cette acquisition. Comme pour leur faire payer très cher l'extension de territoire qui leur a été accordée, on s'est appliqué à leur démontrer qu'ils n'avaient tiré aucun profit de leur nouveau domaine. Sur ce point, les capitaines de paquebots marchands sont particulièrement intarissables. Ils signalent la « décadence » du port de Volo, se plaignent d'embarquer moins d'hommes et de choses que sous la domination ottomane, accusent les Grecs d'avoir appauvri le pays, chassé les anciens habitants, privé de laboureurs cette terre fertile, d'avoir fait enfin de cette riche plaine un désert stérile et nu. En Grèce, la question de la Thessalie est devenue une arme avec laquelle l'opposition taquine périodiquement le ministère. Les journaux mécontents insistent à plaisir sur la dépopulation des nouvelles provinces, la pauvreté des rares habitants, la fuite des travailleurs, le manque absolu des capitaux, en un mot, la banqueroute complète des espérances conçues par les patriotes hellènes, au moment de l'annexion. La mauvaise humeur des opposants ne s'arrête même pas devant les mesures d'utilité publique qui ont été prises par le gouvernement dans une intention apparemment bénévole : les chemins de fer thessaliens n'ont pas été faits pour les voyageurs, mais pour les actionnaires; la ligne d'intérêt local qui doit relier entre eux quelques villages au sud du Pélion, et dont les ingénieurs de la mission française étudient l'avant-projet, est considérée, par quelques-uns, comme une entreprise maladroite, adoptée uniquement pour plaire à de gros agents électoraux. J'ai retrouvé l'écho de ces questions, de ces inquiétudes ou de ces rancunes, dans les conversations des indigènes et dans les journaux provinciaux, au cours de mon excursion en Thessalie, à Dhomoko, à Pharsale, à Volo.

On éprouve une agréable impression en entrant dans la Grèce nouvelle. On est en présence de quelque chose qui n'est pas tout à fait neuf ou renouvelé, qui n'a pas encore eu le temps de changer de face, et qui garde encore quelques traces du passé, des lambeaux d'histoire. Dhomoko est encore une ville turque, bien qu'on n'y trouve plus un seul Turc. Elle étage sur une haute falaise, au bord de la plaine thessalienne, à l'endroit où finissent les dernières pentes de l'Othrys, ses rues montantes, pavées et tortueuses, ses maisons de bois, dont quelques-unes ont gardé les fenêtres grillées du harem; son bazar, où les cotonnades de Manchester, les bobines de fil blanc et les barils de poissons secs n'ont pas tout à fait remplacé les grappes de souliers rouges, les bijoux anciens et les panoplies d'armes barbares.

Les anciens *djamis*[1] sont abandonnés et ne servent plus, en général, qu'à donner de la couleur au paysage. D'une de ces mosquées on a fait une école : voilà, pour les amateurs d'antithèses historiques, une belle occasion de philosopher.

Je n'ai trouvé qu'un seul débris vivant de la domination ottomane. C'était une vieille mendiante, trop pauvre pour suivre ses coreligionnaires, et que la pauvreté a tenu là. Ayant renoncé à toutes les coquetteries et à tous les préjugés, elle ne se voilait plus la face, et parlait grec. Je lui demandai pourquoi ses compatriotes avaient émigré. Elle me répondit : « Ils ont craint que les Grecs ne les vexent, ne les battent, ne forcent leurs enfants à porter le chapeau. » On sait que le

---

[1] C'est le nom que les Turcs donnent aux mosquées.

chapeau est par excellence la coiffure du Franc, du *giaour*, et que le croyant ne doit porter que le fez ou le turban. La pauvre vieille reste là, seule, ses mosquées délabrées, ses turbés détruits, toute la turquerie qui s'en va lentement. Le démarque lui donne quelques secours ; mais elle prétend que cela ne lui suffit guère ; elle se plaint de sa misère ; le roi lui a pourtant fait donner un peu d'argent :

« Quand tu retourneras à Athènes, me dit-elle, tu salueras de ma part le roi Yorgho. Je le remercie de ce qu'il a fait pour moi. »

Le lendemain de mon arrivée à Dhomoko, je fus réveillé en sursaut par un bruit d'éperons, de sabres, des piaffements de chevaux, des jurons de cavaliers, tout le tintamarre d'un escadron qui arrive à l'étape. Puis le khani fut envahi par des allées et venues de soldats, chargés de selles et de brides, et cherchant, chacun de leur côté, un coin propice pour y jeter une botte de foin et s'endormir. C'était un escadron du deuxième régiment de cavalerie qui venait de Tirnavo, et allait tenir garnison à Athènes. Ces petits soldats en képis et en basanes, d'allure crâne et très française, sous la conduite d'un « ilarque », faisaient songer tout à la fois aux *estradiots* du XVIe siècle et à nos chasseurs à cheval. Les officiers nous firent fête très aimablement, et nous nous quittâmes fort bons amis.

Une vieille citadelle domine la ville. Elle a conservé la trace de tous les maîtres plus ou moins éphémères qui ont tenu cette partie de la Thessalie. Chaque période historique y a laissé quelques pierres, depuis le temps où Dhomoko s'appelait Thaumaces, jusqu'au règne du sultan Abd-ul-Hamid. Elle a partagé le sort de presque toutes les vieilles forteresses. Notre siècle de fortifications savantes et de batteries perfectionnées l'a rendue inutile pour la défense; elle sert de prison. Un jeune sergent qui sommeillait dans le corps de garde nous expliquait toutes ces choses avec l'emphase et les ornements qui distinguent par tout pays le langage des sous-officiers. Je fus surpris d'entendre ce sergent appeler son chien « d'Artagnan ». Je crus d'abord qu'il ne comprenait pas le sens triomphant de ce nom et qu'il le répétait pour l'avoir entendu dire à quelque sous-lieutenant, nouvellement sorti de l'école des Evelpides. Mais il me déclara que, pour charmer les loisirs de sa vie militaire, il lisait dans la traduction les romans d'Alexandre Dumas. Il nourrissait une admiration profonde pour Athos, Porthos et Aramis, et repassait incessamment leurs aventures.

Karalar, le 17 juillet.

On descend de Dhomoko par une pente escarpée où le pied des chevaux trébuche; aussitôt après, c'est la plaine, hérissée de chardons, bruissante de sauterelles et de cigales, mouchetée, çà et là, de grandes plaques vertes, avec de très rares bouquets d'arbres. Dans le fond, les plus charmantes formes de montagnes, des pentes d'un bleu foncé égayées de moires lumineuses, le caprice des lignes embrouillées et des plans confondus, le Tymphreste, très loin, pâle, sur le ciel pâle... Mais l'homme semble absent de ce coin de terre. C'est un désert. Quelles émigrations ou quels massacres ont ainsi appauvri ces riches plaines? La Thessalie pourrait être une terre de labour, une immense culture, le grenier de la Grèce. Ce n'est guère qu'un vaste champ de manœuvres. Quelques grands propriétaires essaient de lui donner une nouvelle vie. M. Mavrocordato possède à Karalar une vaste exploitation agricole de 30,000 stremmes, et occupe un grand nombre d'ouvriers, tout un village industriel groupé autour de sa maison. Mais dans l'état actuel des choses, il pourrait avoir 100,000 stremmes sans être beaucoup plus avancé; car l'eau manque totalement sur ces vastes espaces. Une commission française, dirigée par M. Chauvin, ancien élève de l'Ecole polytechnique, a fait des tentatives d'irrigation artificielle. On ne peut encore prévoir le résultat de ses travaux.

De plus les bras manquent. Les Turcs, qui ont laissé à Larissa, à Pharsale, quelques-uns des leurs, ont quitté cette plaine. Il ne paraît pas cependant que les Grecs les aient maltraités. Sans doute, il est difficile d'éviter certaines vexations, des brutalités de soldats; les sergents ne sont pas obligés d'être hommes du monde, et leurs facéties sont d'ordinaire un peu lourdes. Mais le gouvernement semble avoir fait un effort sincère pour éviter les froissements, pour retenir et attirer à lui les populations ottomanes des provinces annexées. Il y a quelques années, trois députés musulmans siégeaient à la chambre hellénique; le roi fit aménager une vieille mosquée pour leur permettre de faire leurs dévotions. Les croyants sont partis malgré tout, incapables de rester dans un pays où ne flotte pas le drapeau vert du prophète. Les musulmans n'ont pas comme nous l'amour de la terre, la tendresse profonde pour l'horizon accoutumé; pour eux, la patrie n'est pas une chose matérielle et tangible; c'est surtout l'association religieuse, la communauté des fidèles, campés autour des minarets, d'où l'iman annonce aux quatre coins de l'horizon la grandeur d'Allah. Après tout, la vie nomade n'est pas une nouveauté pour leur race errante. Comme autrefois dans le steppe natal, la tribu est prompte à rouler ses tentes et à marcher vers d'autres étoiles. C'est pourquoi ils quittent si aisément les provinces qu'on leur a prises, émigrant du Caucase, de Bulgarie, de Roumanie, de partout, pour aller vivre misérablement en Asie Mineure, dans de pauvres villages où ils sont accablés d'impôts, mais où ils peuvent se dire que le bâton qui les frappe est tenu par le Commandeur des croyants.

Pharsale, le 19 juillet.

Je ne vous parlerai point de la bataille de Pharsale. Ce serait une entreprise téméraire, et je n'ai rien à ajouter aux récits des historiens qui l'ont contée. Je ne vous décrirai pas l'endroit où Lucain a entassé, au grand désespoir de Boileau,

De morts et de mourants cent montagnes plaintives.

Les savants ne sont pas d'accord sur l'emplacement de cette grande lutte. Je m'exposerais à vous décrire minutieusement et en pure perte des accidents de terrain qui n'ont joué qu'un rôle secondaire dans les combinaisons stratégiques de César et Pompée. Je veux éviter, par avance, cette fâcheuse déconvenue.

Les statistiques récentes attribuent à *Phersala* 2,500 habitants, dont 1,000 Turcs. C'est un petit bourg, d'apparence assez morne, adossé à des collines pelées. Les rues sont tortueuses, étroites, pavées de cailloux pointus qui vous blessent les pieds, bordées, à droite et à gauche, de boutiques dont les auvents sont relevés et forment comme une voûte de planches d'où la lumière tombe en flèches d'or. Le bazar est peu pittoresque; les paquets de cordes, les mouchoirs de couleur criarde, tout l'attirail des *bakals* grecs a remplacé le bariolement des bibelots turcs. Un marchand de *kalva* (pâte douce fort appréciée des Orientaux) sommeille derrière les plateaux de fer où sûrissent ses confiseries, mangées de mouches. Des gens circulent, peu pressés, causant tranquillement, sans hâte et sans fièvre. La plupart portent le costume grec, fustanelle et cnémides, associées, pendant la saison chaude, à un vaste chapeau de paille. Mais je rencontre aussi le fez blanc et la veste soutachée de ganses noires que portent les montagnards d'Albanie, des beys en gilet rose, en culottes bouffantes et en caftan couleur réséda, des imans coiffés du turban vert; mettez dans cette variété quelques « complets » venus tout droit des magasins de confections d'Athènes, le casque blanc d'un gentleman-farmer des environs, l'uniforme sombre des gendarmes hellènes, le fez rouge et la redingote noire de quelques effendis, et vous aurez une idée à peu près complète des rues de Pharsale. Les minarets dressent encore leur mince aiguille blanche au-dessus des masures, près des cimetières où les herbes folles montent à l'assaut des turbans de pierre, abandonnés et chancelants. Une seule de ces mosquées est ouverte aux fidèles et entend encore les mélopées du khodja, le glissement des pieds nus sur les nattes de paille, et le chuchotement des paroles arabes. Les autres sont vides, délabrées et souillées. Le jour où ces vieux murs, pleins de marbres antiques, tomberont tout à fait, on aura une belle récolte d'inscriptions grecques. Des fouilles habilement dirigées pourraient même rendre à la lumière d'intéressantes œuvres d'art. C'est à Pharsale que M. Heuzey a découvert le beau bas-relief archaïque, connu sous le nom de « l'Exaltation de la fleur ». Au mois de mai 1887, M. Gustave Fougères, membre de l'Ecole française d'Athènes, trouva également à Pharsale, dans le dallage d'une mosquée désaffectée, un intéressant bas-relief votif.

Les Grecs et les Turcs font ici bon ménage. Dans les années qui suivirent l'annexion, les Pharsaliotes prirent pour démarque un musulman, Hussein Bey. Les Turcs de Pharsale parlent le grec mieux que leur langue maternelle. Dans la plaine, à quelques heures d'ici, il y a des villages entièrement turcs. Mais ce fait n'est guère qu'une exception. De vastes espaces ont été désertés par les anciens habitants. Toutefois les gens que je rencontre ne s'aperçoivent guère des difficultés qui altèrent la bonne intelligence entre la Porte et le gouvernement hellénique. J'ai vu, dans un café, le pappas et le mufti assis à la même table et jouant aux cartes; ils semblaient fort indifférents aux haines de races et aux rivalités de religion qui compliquent la question d'Orient.

De Pharsale à Volo, le 21 juillet.

Les environs de Pharsale sont un peu plus peuplés et moins arides que la plaine de Dhomoko. Les plants de tabac mettent du vert sur les collines basses. Mais les hameaux, turcs ou grecs, que l'on rencontre sur sa route, sont bien misérables. A *Kieupekli*, le minaret tombe en ruines près d'une église orthodoxe en construction; cette antithèse, rencontrée par hasard, au détour du chemin, m'a vivement frappé : c'est une des faces du problème oriental, rendue visible par une soudaine opposition. Deux femmes turques lavent du linge à une fontaine. Elles se voilent vivement la face à notre approche. Un vieux Turc charge de la paille sur une charrette. Que se passe-t-il dans ces têtes mystérieuses et muettes? Ces gens souffrent-ils véritablement du revers soudain qui a soumis les conquérants de la veille à l'administration des nomarques grecs? Ou bien acceptent-ils sans amertume, avec une résignation exempte de souffrance, cette vie humiliée dans la province perdue où le croissant de la horde ne rayonne plus?

Le train qui passe à Pharsale, venant de Trikkala, nous mène à Volo en quelques heures. Quoi qu'en disent les adversaires, politiques ou autres, des chemins de fer thessaliens, on est bien aise de quitter, pour un wagon rembourré, les agoyates, leurs mulets et leurs apparences de chevaux. De plus, dès que l'on rentre dans la civilisation, on est sûr d'entendre parler français. Deux ingénieurs grecs s'entretiennent près de moi avec le plus pur accent parisien. L'un d'eux possède toute une collection de journaux et me l'offre fort aimablement.

Volo est une ville entièrement neuve. Je dois faire ici à peu près les mêmes remarques qu'à Lamia. Certaines villes, en Grèce, semblent sortir du sol; et, devant cette rapide croissance, on a peine à croire au témoignage des voyageurs les plus récents. Lorsque M. Mézières visita le Pélion, Volo n'était qu'une forteresse turque. Plus tard, M. de Vogüé n'y trouva guère qu'une *marine* assez coquette, jalousement surveillée par la citadelle ottomane. Depuis l'annexion, les habitants construisent de toutes parts. Le long du quai, les maisons s'alignent, blanches, correctes et propres. Partout ailleurs, cela serait déplorablement banal. Mais lorsqu'on songe à la tristesse de certaines bourgades turques, on trouve à ces bâtiments vulgaires un air guilleret et heureux de vivre, qui fait plaisir à voir. La rade est grande, bien fermée; elle semble cernée, comme un lac, par un cercle de montagnes. Les barques dansent sur la vague. Un petit navire de guerre grec se balance sur ses ancres, tout neuf lui aussi, et crâne et content de lui, avec son pavillon bleu et blanc. C'est à peine un vaisseau, et presque un joujou. Tout est ainsi, dans ce raccourci de royaume. Tout semble petit, enfantin et comme naissant. Mais il y a, dans cette petitesse, beaucoup de gentillesse et de grâce menue, beaucoup de vie et de foi dans l'avenir. Cette renaissance ressemble parfois à un commencement. Assister, dans notre siècle blasé, à la formation d'un peuple, à la croissance d'une nation, c'est un spectacle assez rare pour qu'on cède à la tentation de s'y attarder et d'en jouir complètement.

Les rues trop larges de Volo ressemblent aux rues d'Athènes. Visiblement, la province cherche partout à se modeler sur la capitale. Je lis sur une enseigne : « Tailleur moderne », et ailleurs : « Pain français » (ἄρτος γαλλικὸς). Sur le trottoir, à côté des bergers vlaques et des juifs en robe fourrée, on croise des toilettes parisiennes, des chapeaux fleuris, des ombrelles rouges.

Si Athènes a l'Hymette, Volo a le Pélion, et, entre les deux, il est permis d'hésiter. La grande montagne domine la ville et s'allonge sur la mer. Un grand bois d'oliviers étale, à mi-côte, le moutonnement de ses touffes pâles. Des forêts de pins plaquent leurs verdures le long des pentes, et, très haut dans des vallées creusées comme des vasques, des débandades de maisons claires égayent la verdure sombre. C'est Ano-Volo, Malisatika, Makrynitsa, Portaria, toute une série de cités aériennes qui, de loin, ressemblent à des avalanches de pierres blanches.

Je ne voudrais pas être soupçonné de faire une réclame intéressée; mais je dois déclarer que l'hôtel de France, à Volo, soutient fort bien la comparaison avec les nombreux « hôtels de France » que l'on rencontre par le monde. Des garçons corrects, dont la solennité est relevée par une légère dose de familiarité hellénique, s'empressent autour de vous, parlent français, et vous présentent le menu avec les grâces les plus civilisées. Le soir, pendant le dîner, un orchestre de jeunes Autrichiennes exécute *Faust* et le *Père la Victoire!* Ces repas en musique rappelleraient le Grand-Hôtel, si l'on n'avait, heureusement, devant soi l'ouverture de la rade, où l'horizon enflammé sème des paillettes roses. Un grand café est attenant à la salle où l'on dîne. On nous offre le *Figaro*, le *Journal des Débats*. Nous voilà revenus à la façade de la Grèce : à deux pas des solitudes désolées, nous retrouvons la civilisation.

CHAPITRE XII

Les deux Grèces. — L'hellénisme et ses moyens d'action :
la religion et l'enseignement.

Le 6 octobre 1863, l'assemblée des îles Ioniennes, réunie à Corfou, sur l'invitation du lord haut-commissaire de Sa Majesté Britannique, décrétait, avec l'assentiment des puissances protectrices, que « les îles de Corfou, Céphalonie, Zante, Sainte-Maure, Cérigo et Paxo, avec toutes leurs dépendances, étaient unies au royaume de Grèce, afin d'en former à toujours partie inséparable en un seul et indivisible État, sous le sceptre constitutionnel de Sa Majesté le roi des Hellènes, George Ier, et de ses successeurs ». Dans sa réponse au message du lord haut-commissaire, le parlement des Sept-Iles s'exprimait ainsi :

« Veuille l'Europe chrétienne, appréciant les services que la nation grecque a rendus et est appelée à rendre encore à l'humanité, compléter l'œuvre qu'elle a si généreusement commencée, en concourant à la reconstitution complète et définitive de cette nation, dans l'intérêt de la civilisation, et pour l'entier accomplissement des desseins du Très Haut. »

A midi, le canon des forts annonçait au peuple, réuni sur l'Esplanade, devant le palais des Saints-Michel-et-George, que le décret d'union venait d'être remis par le président de la chambre au représentant de la reine d'Angleterre. A ce signal, des acclamations retentirent et des chœurs entonnèrent l'hymne national : « Ne craignez plus, ô Grecs, les hordes barbares des musulmans. L'Europe vous ouvre ses bras... » Dans ces fêtes inoubliables, où les fleurs, les palmes et les couronnes tombaient, en pluies de parfums et de couleurs, des fenêtres des maisons pavoisées, le peuple de Corfou, dans un mouvement spontané de piété et de reconnaissance, se rendit, dans une des vallées voisines de la ville, au monastère de Platytéra, où fut rapporté, en 1831, le corps meurtri de Capo d'Istria. Cet hommage au plus grand homme d'État de la Grèce moderne, au bon citoyen qui a si bien servi son pays et qui l'a aimé jusqu'à la mort, était bien à sa place au milieu de ces réjouissances publiques. C'était la politique de Capo d'Istria qui triomphait. Le décret d'union qui affranchissait son tombeau de la tutelle étrangère, réalisait en partie ce plan d'émancipation nationale, que le président de la Grèce avait tracé, avec la précision habituelle de son langage et de sa volonté, dès le jour où il abordait à Nauplie, dans un pays dénué de tout, auquel il fallait donner, en quelques mois, une police, une diplomatie, une agriculture, un enseignement primaire, et qu'il fallait surtout défendre contre les « héros » un peu surexcités dont les entreprises auraient fini par lasser la bienveillance de l'Europe et par compromettre l'œuvre de propagande morale qui est, depuis des siècles, la principale force de l'hellénisme. C'est Capo d'Istria qui donnait un jour à un Anglais, M. Willmot-Horton, la définition suivante de la Grèce d'aujourd'hui :

La nation grecque se compose des hommes qui, depuis la conquête de Constantinople, n'ont pas cessé de professer la religion orthodoxe, de parler la langue de leurs pères, et qui sont demeurés sous la juridiction spirituelle ou temporelle de leur église, n'importe le pays qu'ils habitent en Turquie [1].

Cette formule, dont les termes ont été scrupuleusement pesés par un des rares diplomates qui ont mis leur finesse au service de leur cœur, répond exactement au sentiment intime de tous les Hellènes. Le soir de la libération de Corfou, au moment où les illuminations de la ville en fête se

---

[1]. *Correspondance du comte Capo d'Istria, président de la Grèce*, Genève, Cherbuliez et Cie, 1839. — Tome I, p. 265, lettre du 16 octobre 1827.

reflétaient dans la transparence du golfe, en face, sur la côte d'Epire, de grands feux de joie s'allumèrent sur les montagnes. Les villages chrétiens de la Roumélie prenaient leur part de l'allégresse nationale : la Grèce esclave répondait, de loin, à la Grèce libre.

Il y a en effet deux Grèces, celle *du dedans*, comme on dit là-bas, et celle *du dehors* (ἡ ἔσω; ἡ ἔξω Ἑλλάς), la Grèce libre et la Grèce esclave. A travers bien des tâtonnements et bien des incertitudes, et malgré des divisions qui paralysent leur effort, elles travaillent, avec une continuité déjà séculaire, à la même œuvre de relèvement.

La tâche d'un ministre grec qui sait son métier et qui connaît son devoir, est fort compliquée. Il faut qu'il gouverne le royaume de Grèce; il faut de plus qu'il songe aux intérêts des Grecs de Turquie, que toutes les fictions diplomatiques ne sauraient soustraire à sa tutelle et à son autorité.

Les colonies grecques, disséminées sur la côte de l'Asie Mineure, ou dans l'intérieur de la Roumélie ou de l'Anatolie, n'ont jamais consenti, depuis la chute de l'empire byzantin, à quitter leurs positions. Les faiseurs de traités, ayant étudié la question d'Orient dans les livres, se sont figuré bonnement que tous les Grecs des provinces turques s'empresseraient, aussitôt après la délimitation du royaume de Grèce, de quitter leurs maisons pour peupler l'Hellade. C'était une erreur, qui reposait sur une ignorance totale des habitudes et du tempérament de la race grecque.

Les Grecs ont toujours su concilier, avec le patriotisme le plus intransigeant, la faculté de séjourner à l'étranger, sous la sujétion d'un maître, haï ou méprisé. On peut les déposséder de leur terre; il est difficile de les en déraciner. Tels ils étaient dans les villes grecques de l'Égypte, à Naucratis ou à Bubaste, tels ils étaient dans les villes ioniennes de l'empire perse, tels ils sont encore, dans ces mêmes villes, sous le régime turc. D'épouvantables révolutions ont bouleversé la face de l'Orient; des nations entières ont disparu dans de mystérieux engloutissements; des pachas, coiffés du fez rouge, ont remplacé, au *konak*, le satrape perse : les Grecs sont restés à Smyrne, à Iasos, à Halicarnasse, à Attaléia de Lycie; ils veulent garder le sol où sont ensevelis leurs aïeux; ils ont continué d'ancrer leurs caïques dans le port, de déballer leurs marchandises au bazar, d'exposer leur philosophie dans les rues, de raconter aux étrangers les hauts faits de leurs ancêtres, d'adorer leurs dieux nationaux; encore aujourd'hui, ils sont patients comme Ulysse et rusés comme lui, capables d'attendre, pendant des siècles, l'affranchissement de la terre natale, appliqués à vivre en paix avec leur maître actuel, jusqu'au jour où ils le verront partir comme les autres. Sur certains points, très rares, de l'Asie Mineure, la langue grecque a disparu. A Isbarta, en Caramanie, le pappas dit la messe orthodoxe en turc; sur les petites tombes, semées autour de l'église, les noms des morts et les adieux des vivants sont écrits en langue turque et en caractères grecs. Les pauvres gens de l'endroit ont l'air tout honteux d'avoir désappris l'idiome de leurs frères, et ils expliquent leur malheur d'une façon touchante : « Lorsque les Turcs prirent la ville, disent-ils, ils ont fait couper la langue à tous ceux qui s'y trouvaient; et les enfants de ceux-ci furent bien obligés d'apprendre le patois des vainqueurs. Mais, ajoutent-ils, nous rapprendrons la *langue d'Homère*, afin de n'être pas inférieurs à nos frères d'Athènes, le jour où notre race sera définitivement affranchie. » De fait, mon ami le vieux Karantonis, instituteur à Isbarta, homme renommé pour la correction de son style et son habileté à parler la langue de Xénophon, enseigne parfois la grammaire à des élèves en cheveux gris : ce n'est pas un spectacle vulgaire que de voir un peuple se remettre à l'école, pour retrouver, comme l'a dit un poète, « la clef de sa prison ».

La Religion et l'École sont, depuis des siècles, les deux refuges qui ont sauvé de toute altération la nationalité hellénique; ils l'ont gardée intacte, à travers tous les dangers qu'elle a courus et tous les assauts qu'elle a subis.

Le culte actuel est resté, sur bien des points, ce qu'était le culte antique : matériel, extérieur, surchargé de mythes et de légendes, encombré de superstitions. Il s'est établi, après la venue du christianisme, sur les positions occupées par la religion païenne. Le Paradis a dépossédé l'Olympe et les saints ont remplacé les héros, sans modifier sensiblement l'état d'âme des fidèles qu'avait séduits la douceur du culte nouveau. La religion chrétienne, sur le sol comme dans les esprits, s'est, presque partout, superposée au polythéisme, et celui-ci reparaît, par places, sans même qu'il soit besoin de fouiller la terre ou de scruter les âmes. Sur les hauteurs, où se dressaient, dans les temps très anciens, des pierres informes, dédiées à Apollon, dieu du soleil (Ἥλιος), les paysans de l'Attique viennent maintenant invoquer saint Élie, et suspendre aux branches des oliviers et des myrtes, en guise d'ex-voto, pour obtenir la réussite d'un projet ou la guérison d'une infirmité, des bouts d'étoffes rouges, bleues ou vertes, des yeux en fer-blanc, s'ils ont une ophtalmie, des jambes de zinc, s'ils boitent, un morceau de la chemise d'un enfant malade, un peu de la laine d'un mouton trop maigre. Presque partout, les temples se sont convertis en chapelles. C'est dans les vieilles églises abandonnées que les archéologues trouvent le plus de vestiges antiques.

Le sanctuaire de marbre, « reliquaire de l'idole divine [1] », est devenu l'église de brique et de plâtre,

---

1. Boutmy, *Philosophie de l'architecture en Grèce*.

lieu d'assemblée. Les statues de marbre, où les Grecs avaient voulu fixer pour toujours leur idéal de beauté, ont, presque toutes, disparu dans des pillages inconnus et des désastres ignorés; on a répandu à profusion, sur les murs blanchis à la chaux, les fragiles fresques byzantines; sur les iconostases, bariolées de couleurs crues, les imagiers du mont Athos ont fixé, en des formes immuables, que Giotto imita pieusement, l'immobilité de la Vierge mère, qui sourit, la tête penchée, les yeux démesurément agrandis par l'extase, toute resplendissante d'azur et d'or, tandis que son divin Fils, debout, les deux doigts de la main levés en un geste de bénédiction, regarde fixement, tout droit dans sa longue robe, les fidèles assemblés. Mais, comme autrefois, l'image visible et tangible est nécessaire au culte. De toute antiquité, en Grèce, le sentiment religieux est plastique et pittoresque. L'imagination populaire confond l'effigie de Dieu et Dieu lui-même. L'empereur Léon III, l'Isaurien, surnommé l'Iconoclaste, montra qu'il n'était qu'un étranger, presque un barbare, lorsqu'il voulut faire badigeonner de chaux, dans toutes les églises, les mosaïques et les saintes images. On sait que cette querelle de moines et de grammairiens tourna au tragique. Le 18 avril 727, une flottille de caïques, sortis de toutes les baies de l'Archipel, et montés par des Athéniens ou des insulaires fort excités, se présenta dans la mer de

Marmara. Les partisans de l'empereur théologien furent obligés de jeter sur les rebelles quelques tonnes de feu grégeois.

Comme les idoles antiques, les idoles nouvelles font des miracles. Un jour, au Pirée, un pauvre ouvrier, Athanase Khantzis, s'étant querellé avec sa femme, qui lui demandait les drachmes nécessaires pour prendre passage sur un bateau de pèlerins qui partaient pour Tinos, et s'étant laissé aller, dans sa colère, à des paroles sacrilèges, fut immédiatement puni de son impiété : il pâlit, ses genoux tremblèrent, ses yeux se ternirent, il tomba sans connaissance et sans voix. J'ai vu des marchands, sur le quai du Pirée, vendre les portraits des gens guéris par la bienheureuse intercession de l'Evanghelistria : un de ces portraits était l'exacte copie d'un buste de Minerve ; l'artiste avait cru que les yeux de la statue, ouverts et sans prunelles, pourraient figurer aisément des yeux d'aveugle ; il y avait, dessous, un nom et une biographie ! Soyez assuré que cette relique vénérée prendra place, dans quelque pieuse maison, parmi les icônes de famille, enfumées par la veilleuse qui doit rester allumée nuit et jour.

Aux approches de Pâques, on jeûne consciencieusement. Les pappas chantent, d'une voix nasillarde, d'interminables offices. Les marchands d'huile se lamentent, et le peuple, en mangeant des carottes crues, songe aux agneaux que l'on fera rôtir, sur les places publiques, après cette dure abstinence. D'innombrables caïques débarquent à Tinos des cargaisons de pèlerins, venus de tous les points de l'Hellade et des îles. Les paquebots de la Compagnie hellénique, les *Sept-Iles*, l'*Iris*, la *Sphactérie*, modifient, à cette occasion, leur itinéraire accoutumé. C'est le temps de la grande *panégyrie*. On vient de Volo, de Nauplie, de Milo, d'Alexandrie, de Crète, d'Odessa, de Damas, pour se prosterner dans l'église de l'*Evanghelistria*. Le petit bourg de Tinos est trop petit pour contenir cette multitude de fidèles. Des familles campent à la belle étoile, autour de l'église; la nuit, les barques du port sont pleines de dormeurs. On ne veut pas retourner chez soi sans avoir fait toutes ses dévotions et baisé toutes les saintes images. Vous retrouverez les miracles de Tinos dans une vieille inscription, découverte à Épidaure, et qui nous donne l'énumération complaisante des éclopés, bancals, boiteux, manchots, culs-de-jatte, sourds et aveugles, guéris par le divin Asclépios. La panégyrie ne va plus se prosterner et se divertir à Épidaure, à Eleusis, à Délos, à Olympie. Elle a pris, pour des raisons mal connues, le chemin de Tinos, sans que les superstitions qui la dirigent aient notablement changé.

Les idoles du polythéisme avaient eu, en des temps fabuleux, des aventures obscures, de mystérieuses odyssées. De même, les icônes byzantines eurent, presque toutes, leur histoire individuelle ; des moines zélés s'appliquèrent à écrire leurs biographies. D'ordinaire, elles choisissaient elles-mêmes, comme des personnes vivantes, le lieu où elles voulaient être adorées ; la mythologie orthodoxe est toute fleurie de légendes gracieuses, où l'on voit les saintes images flotter sur la mer, et, après de lointains voyages à travers les îles dorées de l'Archipel, toucher à quelque rivage désert, où de pieux ermites recueillent la voyageuse, envoyée du ciel, et bâtissent une chapelle ou un monastère, pour perpétuer la mémoire d'un si miraculeux événement.

Le culte grec est surtout une imagerie ; le rituel grec est surtout une pantomime. Entrez dans une église byzantine : vous verrez, dans l'ombre discrète où flotte une odeur de cire et où brillent, parmi l'étincellement des cierges, les couleurs fraîches de l'iconostase, vous verrez, tandis que des prêtres barbus chantent des psalmodies chevrotantes et nasillardes, les fidèles se plier en génuflexions répétées et se frapper la poitrine à coups d'innombrables signes de croix, et cela sans trouble mystique ni effusion d'extase, avec la régularité machinale des habitudes héréditaires, et la précision sans vie des gestes réglés pour toujours par un minutieux cérémonial.

La mise en scène est toujours arrangée pour frapper les yeux et pour produire l'émotion de l'âme par l'abondance des sensations physiques. Les funérailles sont entourées d'un appareil compliqué et d'une pompe à la fois décorative, triste et un peu profane. Le mort, après que tous ses parents et tous ses amis l'ont baisé sur la bouche, est couché dans un cercueil; on lui a mis des vêtements neufs, des souliers neufs; et je ne sais rien de plus étrangement lugubre que ces habits raides et gauches, qui n'ont pas été assouplis par la vie, et que ces semelles lisses et sans poussière, qui ne marcheront jamais. Les lèvres du mort sont rougies au vermillon; les joues sont fardées de blanc et de rose; et ces vaines apparences de la joie et de la santé sont navrantes, ainsi surajoutées, en enluminures maladroites, au délabrement des traits tirés, à la ruine du visage défait par la maladie et la caducité.

La procession est restée, comme aux temps antiques, la cérémonie principale du culte grec. On la voudrait plus recueillie ; elle tourne vite, comme autrefois la pompe des Eleusinies, à la débandade et à la promenade amusante, même dans les moments les plus solennels. Le vendredi saint, on célèbre, dans les rues d'Athènes, les funérailles du Sauveur. C'est la fête lugubre, que le rituel appelle d'un nom antique, l'ἐπιτάφιος. Un cortège, pareil à celui d'un enterrement, se déroule le long d es rues obscures. Le métropolite, suivi du saint Synode, chante l'office des morts ; la musique de la garnison joue des marches funèbres, que coupe, d'un rythme lent et lourd, le roulement sourd des tambours voilés. Le peuple suit, portant des cierges. Lorsque la procession sort de la métropole, tout le monde est recueilli et silencieux; mais bientôt la cire des cierges tombe, en taches blanches, sur les paletots noirs ou les vestes soigneusement dégraissées; des reproches se croisent, d'abord discrets et timides, bientôt plus audacieux et plus bruyants; on entend, parmi la foule un peu houleuse, des mots étranges : « Ane..., chien... Fais donc attention... Où sont tes yeux?... » Aux fenêtres, des personnes bien intentionnées allument des feux de Bengale; mais, parfois, la poix bouillante tombe sur le trottoir, éclabousse les passants, les fait reculer d'horreur. Très souvent, le métropolite, homme vénérable et prudent, prie, tout bas, un de ses diacres d'abréger l'itinéraire, estimant qu'il est temps que ses ouailles se dispersent, et qu'il faut que chacun rentre chez soi.

Au reste pourquoi ce peuple, éminemment raisonneur et logicien, s'affligerait-il, outre mesure, de la mort du Christ, puisqu'il est sûr que le Sauveur ressuscitera? Cela est tellement certain que, même en ces jours de deuil et de dure pénitence, les plus dévots font des préparatifs pour s'associer à la solennelle allégresse de la chrétienté. Les servantes, les *doules,* comme on dit encore là-bas, nettoient la maison de la cave au grenier, frottent les planchers, changent les draps des lits et les housses blanches des sièges; près des villages, au fil des ruisseaux limpides qui coulent dans les vallées parmi les tamaris et les lauriers-roses, les belles filles de Mégare vont, comme autrefois Nausicaa, laver ces blanches fustanelles que leurs frères revêtent à Pâques, et qu'ils garderont jour et nuit autour de leur taille fine, jusqu'à l'année suivante. Enfin, partout où règne la puissance morale de la sainte Église orthodoxe, tous les chefs de famille achètent, au marché, l'agneau pascal, que l'on immolera le samedi soir, et que l'on mangera en cérémonie, en l'honneur de l'Agneau divin qui a racheté les péchés du monde. La veille de la résurrection, les rues d'Athènes sont emplies d'un dolent et ininterrompu bêlement. Tous les fils des Klephtes sont descendus de leurs montagnes, pour vendre aux gens de la ville les derniers-nés de leurs troupeaux. Il n'est si pauvre homme qui ne s'impose de dures privations, afin d'acheter une de ces malheureuses petites bêtes, qui vagissent comme des enfants, en pensant à leur triste sort. On voit des pères de famille, parfois des citoyens considérables, rentrer chez eux, portant sur leurs épaules, en le tenant par les pattes, l'agneau tremblant, et, malgré leurs redingotes et leurs chapeaux modernes, on pense involontairement aux images *criophores* du Bon Pasteur.

Enfin arrive la veille du grand jour, de la

grande fête, de la *Brillante* (ἡ λαμπρή). On mange joyeusement les dernières carottes du carême; et, dans la nuit du samedi au dimanche, plusieurs heures avant minuit, le peuple se rassemble devant la métropole, attendant la bonne nouvelle.

Autour de la place, les fenêtres sont illuminées, et les balcons sont peuplés de silhouettes remuantes et vociférantes. Des pelotons de gendarmes à cheval ont peine à contenir la foule, où se coudoient, dans l'intimité la plus pittoresque, des banquiers en redingote, et des Albanais *barbarophones*, dont la piété a quelque chose d'agressif et de féroce. Beaucoup de fidèles ont des cierges de cire, et, quand le vent les éteint, ils demandent poliment du feu à leur voisin. On piétine ainsi, sur place, pendant plusieurs heures, dans une clameur confuse; les chevaux s'ébrouent et piaffent; et les officiers de gendarmerie, pour se désennuyer, font quelquefois un petit temps de galop sur les pieds de leurs concitoyens... Dans l'ombre, la métropole neuve et l'ancienne cathédrale, toute petite et comme humiliée par les splendeurs de sa sœur cadette, semblent muettes et mortes... Mais, soudain, minuit sonne; les portes de la basilique s'ouvrent à deux battants, allumant, au bout de la place, dans l'orfèvrerie de l'iconostase, une constellation de flambeaux et de cierges; le métropolite, en habits sacerdotaux, paraît sur le seuil, suivi du saint Synode; il lève la main droite dans un grand geste de bénédiction, et s'écrie d'une voix forte :

— Χριστός ἀνέστη, le Christ est ressuscité !

Aussitôt la joie éclate sur tous les visages. Les Athéniens s'embrassent les uns les autres. L'allégresse déborde en effusions tendres, en poignées de main cordiales, en protestations d'éternelle fraternité. Malgré les efforts de la police, et les défenses expresses des autorités, les pistolets sortent des ceintures et éclatent en joyeuses détonations. Gare aux visages qui se trouvent trop près des tromblons chargés jusqu'à la gueule : la statistique constate qu'il y a chaque année, à Athènes, lors de la célébration de la Pâques, plusieurs morts et un grand nombre de blessés... Puis, les uns rentrent chez eux, les autres se répandent dans les cafés ouverts et boivent des rasades de raki, avant d'embrocher leurs agneaux, et de les faire rôtir en plein air, devant un grand feu de bois d'olivier. Ne rions pas trop de l'appareil de cette fête un peu païenne et des enfantillages où se complaît cette exubérance méridionale. A la même heure, sur toute la surface de l'empire turc, les Grecs esclaves s'assemblent, comme leurs frères d'Athènes, avec plus de recueillement, peut-être, et de solennité. A Sainte-Photine de Smyrne, à l'église de la Trinité de Péra, à Nicopolis, à Mitylène, à Césarée, à Cyzique, à Nicomédie, à Thessalonique, à Nicée, plus loin encore dans tous les diocèses de l'Empire d'Orient, les archevêques et les évêques annoncent à leur troupeau, la résurrection du Sauveur; et, à ce moment, la nation grecque prend conscience, malgré le malheur des temps, de son unité morale; l'Église est le refuge béni où elle communie dans les mêmes ressentiments et les mêmes espoirs.

C'est pourquoi les Grecs illettrés gardent à leur religion un attachement aveugle; c'est pourquoi les Grecs éclairés lui restent fidèles et reconnaissants. Un Athénien de grand sens me disait un jour : « Ne vous moquez pas trop de notre culte assez puéril, de nos pappas ignorants, de nos moines paresseux et sales. Nous aimons *notre* religion, telle qu'elle est : le peuple grec s'est conservé dans cette religion, comme le poisson se conserve dans du sel. »

Cela est rigoureusement vrai. Le clergé, si grands qu'aient pu être ses défauts et ses vices, est resté le dépositaire de la langue et des traditions nationales. Pendant longtemps, le pappas a été, pour le peuple grec, tout à la fois un consolateur et un instituteur.

Il y a des moments où l'historien, qui voudrait suivre pas à pas les destinées de la Grèce, perd sa route et cesse de voir clair. Dans ces périodes obscures, qui sont, comme l'a dit un écrivain allemand, dénuées d'histoire (*geschichtlos*), seule l'Église entretient, comme une flamme vacillante, le souvenir de l'hellénisme. La mémoire de la « brillante Athènes, resplendissante et couronnée de violettes »[1], chantée par les poètes et célébrée par les orateurs, aurait peut-être péri sans la piété de quelques prêtres. Le XIIe siècle, un des plus sombres qu'ait traversés l'Hellade, est cependant éclairé d'une vive lueur par la vie et les écrits d'un prélat qui fut un bon citoyen, Michel Akominatos, archevêque grec d'Athènes.

Dans ces jours de troubles, où personne n'était assuré de pouvoir défendre sa vie et sa liberté, les couvents se multiplièrent avec une remarquable rapidité autour d'Athènes. Ces monastères, bien qu'ils rappellent parfois l'abbaye de Thélème, ont été, pour l'hellénisme, pendant toute la durée du moyen âge, une merveilleuse sauvegarde et un large foyer de rayonnement. Le supérieur, l'*higoumène*, comme on dit, est souvent un homme dur, avare, un tyranneau de village, un buveur de raki, un coureur de filles, ou pis encore. Peu importe; en l'absence de toute police et de toute sécurité, sous la domination franque et, plus tard, dans le long servage des Turcs, le couvent orthodoxe est, tout à la fois, le tabernacle de la vraie foi contre les hérétiques; une auberge pour les voyageurs; une bibliothèque où reposent, pêle-mêle avec les Pères de l'Église, et confondus avec eux par le

---

1. Λιπαραὶ καὶ ἰοστέφανοι καὶ ἀοίδιμοι, Ἑλλάδος ἔρεισμα, κλειναὶ Ἀθᾶναι. (Pindare.)

même respect, les philosophes, les orateurs, les poètes de la Grèce antique, tous ceux qui ont fait sonner glorieusement cet idiome national, dont la race est fière, et qu'un patriotisme jaloux défend, aujourd'hui encore, contre tous les apports étrangers. Au besoin, le couvent peut devenir une petite citadelle contre les envahisseurs ou contre les brigands. A l'appel des cloches, les gens des villages quittent les vallées et, derrière les murs rapidement crénelés, on est tout prêt à repousser l'assaut.

Les moines grecs n'ont pas attendu l'arrivée des Turcs, pour guetter, à l'abri des grosses pierres, les ennemis de leur pays et de leur nation. Ils n'ont pas attendu davantage la libération du territoire pour apprendre aux bergers d'Arcadie l'alphabet national et la langue natale. L'Université d'Athènes et les écoles de l'État ont recueilli, de la main de ces pauvres gens, qui l'avaient sauvé tant bien que mal, l'héritage de la culture antique. Les Grecs apportent à la multiplication des écoles de garçons et des filles, à la fondation des Sociétés d'enseignement, *syllogues* et *hétairies*, une activité qu'on ne saurait trop admirer. Cette activité dépasse les limites étroites de la Grèce propre; elle s'étend à toutes les provinces grecques de l'empire ottoman. Voilà déjà deux siècles qu'un collège hellénique existe à Janina. Il y en a d'analogues à Salonique, à Chio, à Mitylène, à Samos.

En Grèce, l'enseignement primaire est gratuit et obligatoire. On compte, dans le royaume, 35 gymnases, plus de 300 écoles secondaires du deuxième degré, 1,569 écoles primaires de garçons, 332 écoles primaires de filles. Il faut ajouter un grand nombre d'institutions libres, pour la plupart très florissantes. Parmi ces dernières, citons en première ligne les écoles de filles fondées par la *Société pour le développement de l'instruction* qui fut constituée à Athènes dès l'année 1836. Cette société a fait, en peu de temps, les progrès les plus rapides. La huitième année de sa fondation, elle avait un revenu de 74,000 drachmes et des dépenses annuelles de 38,000 drachmes. Aujourd'hui, son budget annuel dépasse 300,000 drachmes. Grâce aux libéralités d'un riche Grec d'Epire, Apostolos Arsakis, elle a pu bâtir une grande école, un vrai lycée de filles, bien antérieur aux nôtres, l'Arsakéion. Cet établissement, qui comprend à la fois des salles d'asile, des classes élémentaires et des cours préparatoires à l'enseignement, compte 37 professeurs, 39 maîtresses, près de 1,500 élèves. Les Grecs y envoient leurs enfants de tous les points de l'Orient. Chaque année, une centaine de jeunes filles y passent leurs examens, afin d'aller enseigner au loin. L'Arsakéion fournit des institutrices non seulement à la Grèce, mais encore aux écoles helléniques de la Turquie. On en trouve sur l'Adriatique, à Durazzo; dans les Balkans, à Philippopoli; dans le centre de l'Anatolie, à Angora. On en trouve même à Damas et à Beyrouth.

L'Université d'Athènes, comme la plupart des grands établissements d'utilité publique en Grèce, a été bâtie et organisée grâce à l'initiative privée. Les principaux souscripteurs furent non pas des Grecs de Grèce, mais des Grecs sujets de la Sublime Porte. L'Hellade a donné, pour la construction du palais universitaire, 308,000 drachmes. L'offrande des Grecs de Turquie s'est élevée au chiffre de 422,000 drachmes. Maintenant encore, l'Université reçoit journellement des dons qui lui viennent des Balkans et des provinces asiatiques, d'Alexandrie, de Marseille, de toutes les contrées, en un mot, où il y a des Grecs. C'est que, en effet, ils ont beau être le peuple le plus voyageur du monde, ils n'oublient jamais le petit royaume sur lequel ils fondent maintenant leurs espérances. Comme l'a dit un illustre écrivain, « leur âme ne s'expatrie jamais »[1]. Si loin qu'ils se trouvent, qu'ils négocient dans les ports ou qu'ils naviguent sur la mer, ils songent à la patrie absente; ils veulent contribuer, pour leur part, à ce développement continu, à cette émancipation totale, qui est la grande affaire de *la Nation*.

C'est pourquoi sur ce mince royaume, sur cet étroit morceau de terre qui était, depuis bien des siècles, le seul coin qui appartienne en propre à

---

[1]. E. M. de Vogüé, *la Thessalie*, notes de voyage, *Revue des Deux Mondes*, 1ᵉʳ janvier 1879.

leur race, les Grecs voulurent avoir d'abord une maison commune, qui fût le centre intellectuel de l'hellénisme. Dans la lande inculte où le décret d'Argos établissait la capitale du nouvel État, il n'y eut d'abord que deux bâtisses à peu près habitables : le palais du roi, symbole de l'indépendance politique ; l'Université, symbole d'indépendance morale, et, si l'on peut ainsi parler, laboratoire de patriotisme.

Le jour où l'on inaugura cette grande école, la première que l'on ait construite à Athènes, le vieux Colotronis, qui assistait à la cérémonie, en grand costume, avec tous ses pistolets et tous ses yatagans, dit à son voisin, en clignant de l'œil : « Voilà un bâtiment qui fera plus, pour le salut du pays, que tous les sabres des Palikares. »

L'Université d'Athènes, dont les cours sont gratuits, est modelée à peu près sur le dessin des Universités allemandes. Si on la considère simplement comme un atelier de science pure, on est tenté de penser que la science que l'on y débite n'est pas toujours de bon aloi : les professeurs qui occupent les chaires ne ressemblent pas tous — malheureusement — au regretté Constantin Papparrigopoulo, à M. Kostis, à M. Kondos, à M. Koumanoudis, à M. Mylonas, à l'éminent oculiste Anagnostakis. Mais si on la regarde surtout comme un instrument de propagande nationale, on est en état d'en mesurer la portée et d'en apercevoir l'action. L'étudiant qui retourne chez ses parents, à Trébizonde ou à Tarse, après avoir suivi, pendant trois ans, les cours de l'Université d'Athènes, reste fidèle à des souvenirs sacrés. Il n'oublie pas que si sa race n'a que de faibles moyens d'action matérielle, elle dispose, en revanche, d'une force morale que beaucoup de nations plus puissantes ne possèdent pas.

Les résultats de cette action continue sont faciles à deviner. En Turquie, les Grecs occupent presque toutes les fonctions qui exigent quelque intelligence. Ils sont secrétaires, drogmans, avocats, surtout médecins. La Porte choisit presque toujours parmi eux les médecins municipaux qu'elle entretient dans les vilayets, et qui parviennent à se rendre absolument indispensables dans les bourgs qu'ils habitent. En Grèce, les illettrés sont une minorité presque négligeable. Dans les campagnes les plus inhabitées et les plus montagneuses, on voit de petits écoliers qui s'acheminent vers la classe avec un abrégé des *Vies de Plutarque* dans leur besace. Beaucoup d'ouvriers ont des clartés sur bien des choses, même des notions précises sur certains points.

A côté de ces avantages, il y a bien quelques inconvénients. Les carrières dites libérales sont encombrées. Beaucoup de gradués sans emploi, de médecins sans malades, d'avocats sans causes guettent les changements de ministères pour avoir leur part dans la curée des places. Cela fait de nombreuses recrues pour l'armée remuante des politiciens. Sur ce point, il faut s'en rapporter à la bonne étoile des Grecs, à leur philosophie pratique, à leur habileté dans l'art de « se débrouiller ». Malgré tout, cela vaut mieux que la torpeur et l'ignorance.

Une vieille légende, contée par un moine islandais qui entreprit, en 1102, le pèlerinage de Jérusalem, rapporte qu'il y avait, dans l' « église » du Parthénon, devant l'image de la *Panaghia Atheniotissa*, une lampe miraculeuse, dont la flamme durait toujours, bien qu'on ne renouvelât jamais l'huile qui la faisait vivre. Ainsi s'est perpétuée, pendant des siècles, à la grande surprise des Barbares, et pour la consolation des peuples conquis, l'âme souffrante, indomptable et artificieuse de l'Hellade éternelle.

CHAPITRE XIII

L'hellénisme et ses moyens d'action : diplomatie et archéologie. — Histoire d'un Russe et d'un Italien. — L'éphore général des antiquités. — Pallas Athéna. — L'École française d'Athènes.

Le labyrinthe du Minotaure est moins compliqué, mille fois, que le dédale d'intrigues, de compétitions et de rivalités où la politique grecque est obligée de se mouvoir et de se débattre. Des trois puissances protectrices qui ont tenu le royaume de Grèce sur les fonts baptismaux, la France est la seule dont l'amitié ne donne point d'inquiétude au cabinet d'Athènes. La Russie a une façon terrible de protéger les petits États. L'Angleterre encombre le Levant de ses compagnies de chemins de fer, de ses compagnies d'assurance, de ses sociétés bibliques, qui répandent à foison, jusqu'au fond du Taurus, une nuée de petits livres ennuyeux. La flotte britannique tourne autour de Ténédos, surveille Thasos, taquine la Crète et débarque, de temps en temps, ses équipages aux environs de Lesbos.

Que faire contre l'Italie qui convoite l'Albanie, contre l'Autriche qui semble attendre que Salonique tombe en déshérence, pour s'ouvrir une fenêtre du côté de l'Orient? Le roi George est représenté par des ministres plénipotentiaires à Londres, Paris, Rome, Pétersbourg, Berlin, Vienne, Constantinople, Belgrade, Bucharest, Cettigné. Il a des agénts au Caire et à Sofia. Ces diplomates sont presque toujours réduits à suivre, d'un œil triste, des empiétements qu'ils ne peuvent empêcher, ou à constater des combinaisons internationales au sujet desquelles on leur demande rarement leur avis.

Les questions qui intéressent le plus la Grèce sont ordinairement résolues hors de la Grèce. Les plus illettrés des Palikares savent très bien que, derrière les députés gesticulants qui pérorent dans les cafés d'Athènes, il y a un être formidable et invisible qui tient les ficelles : « Ah! *kyrie*, me disait un jour mon ami Yataganas, héros de son métier, que de grandes choses nous ferions si l'Europe nous laissait faire! Mais voilà, l'Europe ne veut pas : δὲν ἀφίνει ἡ Εὐρώπη. »

Tout l'effort des ministres des affaires étrangères qui se succèdent dans les conseils du gouvernement athénien tend à ménager et à flatter les légations européennes, en faisant pencher la balance tantôt du côté du plus bienveillant, tantôt du côté du plus fort. Cette politique d'oscillation, qui consiste à casser l'encensoir tantôt sur le nez du ministre anglais, tantôt sur celui de la diplomatie française ou de la chancellerie allemande, est un spectacle assez curieux pour les secrétaires de légation, lorsqu'ils savent regarder. Le poste d'Athènes est peut-être celui où les esprits aiguisés et informés trouvent le plus à apprendre et à voir. Le quai d'Orsay l'a quelquefois compris. M. Desages, directeur des affaires politiques, écrivait à M. Thouvenel, le 20 mars 1846 : « Le pays que vous habitez est petit, mais il tient une place dans la politique du présent et de l'avenir. De ce coin, on fait son horizon aussi étendu qu'on le veut, et vous n'êtes pas de ces pauvres diables qui ne voient et n'entendent rien au delà de l'étroite enceinte d'une chancellerie. »

M. Thouvenel, dont la correspondance a été récemment publiée [1], a très bien esquissé la petite comédie diplomatique où il a joué spirituellement son rôle, sous la direction peu gênante de M. Piscatory, homme excellent qui avait une faiblesse : l'envie de devenir député.

On aperçoit, assez nettement, les collègues du jeune attaché, malgré les réserves courtoises par lesquelles il s'efforce d'atténuer ses malices. Ils

---

1. *La Grèce du roi Othon*, correspondance de M. Thouvenel avec sa famille et avec ses amis. — Paris, Calmann Lévy, 1890. Ces lettres sont d'une tenue parfaite, d'une correction impeccable, égayées quelquefois par un sourire discret, telles que pouvait les écrire un diplomate très distingué.

étaient presque tous dévorés de jalousie, bouffis d'orgueil, et un peu grotesques. L'Anglais, sir Edmond Lyons, « une espèce de fou furieux et excentrique », toujours apoplectique et congestionné ; l'Autrichien, Prokesch d'Osten, était un pédant allemand atteint d'une passion malheureuse pour l'archéologie ; le Russe affectait d'être du pays. L'Espagnol ne comptait pas.

Les choses ont peu changé. Seulement, il faut ajouter, maintenant, à cette liste de grands personnages, quelques nouveaux venus. La légation impériale d'Allemagne a apporté à la colonie bavaroise d'Athènes un fort contingent de barbes blondes, de pipes de porcelaine, de gouvernantes grasses, pour qui les brasseries de la rue d'Eole n'ont pas assez de choucroute, de bière et de saucisses. La « légation royale d'Italie », peuplée de marquis napolitains, de comtes piémontais, de barons des Abruzzes et de chevaliers de la Pouille, protège bruyamment quelques pauvres diables de *formatori*, qui moulent avec résignation la *Victoire déliant sa sandale* ; mais elle ne réussit pas à se faire prendre au sérieux. Le peuple l'appelle familièrement la *boutique de macaroni*, τὸ σπίτι τῶν μακαρονάδων, et les personnages officiels la plaisantent cruellement.

Dernièrement, le secrétaire russe, un garçon d'esprit, qui connaît Voltaire encore mieux que Tolstoï, assistait, en grand uniforme, et décoré de tous ses ordres, au *Te Deum* commémoratif de l'indépendance des Grecs. Le secrétaire italien, un grand brun, furieusement moustachu, s'approche de lui, et lui dit, avec l'accent de son pays :

— Mon cher, quelle est cette décoration violette que vous portez pour la première fois?

— *Caro mio*, ce sont les insignes d'officier d'académie!

— De quelle nation, s'il vous plaît?

— De France.

— Je ne connaissais pas cet ordre.

— C'est un ordre que l'on accorde, en France, à ceux qui contribuent, de près ou de loin, au progrès des lettres. Comme je lis, en moyenne, deux cents romans français par an, on a pensé que je méritais cette distinction.

— Mon cher, c'est sans doute la réponse que vous faites aux imbéciles.

— Peut-être. En tout cas, je n'en ai pas d'autre à vous faire.

Le mot fit fortune à la cour et dans les salons de langue française. Le malheureux secrétaire italien fut obligé de demander son changement.

Le patriotisme athénien subit, plus qu'il n'accepte, l'ingérence des légations étrangères. L'Orient s'est toujours défié de l'Occident. Les oisifs qui flânaient sur le quai du Pirée, au mois de mai 1082, durent éprouver quelque sentiment de défiance lorsqu'ils virent entrer dans le port les voiliers vénitiens à qui l'empereur Alexis Ier venait de vendre le monopole du commerce dans les eaux de l'Archipel. Je ne serais pas éloigné de croire que la mésintelligence entre l'Occident et l'Orient, et tous les désastres qui en ont été la suite, viennent justement de ce que leurs rapports ont commencé par des traités d'amitié et de commerce. Le marchand de Venise est âpre au gain; l'aventurier de Normandie est volontiers chicaneur et processif; le Grec a le défaut de n'être pas assez rond en affaires et de montrer parfois peu de respect pour ses engagements. Ces relations devaient aboutir nécessairement à des malentendus et à des haines. Aux yeux d'un citoyen de Byzance, les Latins, venus en Orient pour conquérir des royaumes, étaient des *chiens de Francs*, pleins d'arrogance et de brutalité; aux yeux des croisés, les Grecs n'étaient que des scribes prompts à mentir.

Seulement, depuis ces temps lointains, malgré la survivance des préventions et des défiances mutuelles, malgré les brutalités de la quatrième croisade, les haines se sont peu à peu détendues. La peur du Slave idolâtre et du Turc mécréant institua lentement un pacte tacite entre l'Orient et l'Occident. Tout en considérant les Francs comme des hérétiques, les Grecs invoquèrent leur secours au nom de la Croix, quitte à les appeler, après coup, des chiens sans foi ni loi [1]. L'effort de l'hel-

---

1. Un pappas arcadien, rencontrant un de mes amis, lui tint

lénisme tendit à rendre l'Europe philhellène, et les sympathies de la nation grecque allèrent, comme c'est naturel, vers ceux qui regardaient le salut de la Grèce comme indispensable au progrès des lumières et à l'avenir de la civilisation. De tout temps, les Grecs ont célébré avec enthousiasme les hommes puissants qui ont favorisé leurs ambitions et leurs espérances. En des temps très éloignés du nôtre, ils ont applaudi, de tout cœur, l'empereur Néron, lorsqu'il proclama solennellement, aux jeux olympiques, par une fantaisie de cabotin, la liberté des Hellènes, et ils l'ont appelé « père de la patrie, soleil nouveau, seul et unique philhellène, Zeus libérateur ». Pareillement, la diplomatie actuelle de la Grèce rajeunie observe les chancelleries européennes, enregistre les paroles favorables qu'elle entend parfois derrière les portes, télégraphie à Athènes les promesses qu'elle a cru recueillir, les assurances auxquelles elle s'est fiée, et l'enthousiasme de cette spirituelle nation, prompte à se repaître de chimères, ne connaît plus de mesure.

On l'a bien vu lors des fêtes qui furent données à Athènes, à l'occasion du mariage du prince héritier avec une princesse allemande, sœur de l'empereur Guillaume II. Les journaux ne tarissaient pas d'éloges sur les vertus de la Germanie. Les

---

ce langage : Εἶσαι Γάλλος. Λοιπὸν πιστεύεις εἰς τὸν Θεὸν; — Tu es Français; alors, crois-tu en Dieu?

brocanteurs allemands de la rue d'Hermès vendirent, d'un seul coup, toutes les vieilles pipes et toutes les photographies grivoises qui étaient restées dans leurs magasins. Il fut décidé qu'un régiment d'infanterie manœuvrerait à l'allemande pour donner à l'empereur d'Allemagne l'illusion des revues de Potsdam. Mais, dès que les Grecs virent leurs nouveaux amis, ils souffrirent d'une cruelle déception. Guillaume II leur déplut par sa raideur, ses allures cassantes, ses airs de vouloir commander partout, même au bal. Les Palikares le regardèrent du coin de l'œil, le jugèrent inférieur à Codrus et à Périclès, et se mirent en quête d'amis plus familiers et plus commodes. Notez, de plus, que la fraction avancée de l'hellénisme avait fondé, sur l'alliance allemande, les plus vastes espoirs. On disait couramment, dans les cafés, dans les ruelles de l'agora et dans les boutiques des coiffeurs, qu'aussitôt après la cérémonie nuptiale, le César allemand s'avancerait, avec un geste bienveillant, vers le Diadoque, et lui dirait en souriant : « Mon beau-frère, je vous offre la Crète, prenez-la! » Hélas! la Crète ne fut point mise dans la corbeille du mariage royal. Après le départ de l'empereur et de Herbert de Bismarck, l'île infortunée continua de subir les Turcs et de craindre les Anglais. Quelques jours après, lorsqu'on apprit, par les journaux, que Guillaume II recevait volontiers des politesses du sultan et les lui rendait, la presse athénienne s'écria, comme le chœur antique, qu'il ne faut point compter sur la bienveillance des amis et la reconnaissance des hôtes, et que, de tous les dons de Jupiter, l'espérance est le plus perfide et le plus décevant.

L'affection, solide malgré tout, que la Grèce marque sincèrement à l'égard de la France, a profité de toutes ces déconvenues. Après le fameux blocus de 1886, où les Grecs, du haut du promontoire de Phalère, virent, non sans orgueil, toutes les marines européennes, à l'exception de la flotte française, assembler leurs cuirassés monstrueux et leurs rapides torpilleurs, pour empêcher l'armée hellénique de sortir de Thessalie et de donner la chasse aux Turcs; depuis que Bismarck a refusé d'obliger Sa Hautesse à restituer quelques morceaux de l'Archipel; depuis ce temps, le pavillon tricolore est plus populaire que jamais dans les Cyclades, et la fête du 14 juillet est célébrée, à Athènes, avec un enthousiasme vraiment touchant. Les cafés illuminent leurs devantures; les orchestres ambulants jouent la *Marseillaise*, et la jolie escadre grecque, faite de bâtiments tout neufs et pimpants. accourt, dans les eaux du Pirée, pour se ranger autour des vaisseaux de notre division navale, et pour répondre à leurs salves par de joyeuses canonnades.

Les Grecs savent qu'en toutes circonstances ils peuvent compter sur la fidèle amie qui, lorsqu'elle a donné sa main, ne sait pas la retirer. Avec l'appui

de la France, ce qui les soutient le plus dans leurs
entreprises, ce qui les réconforte le plus efficacement dans leurs déboires, c'est le secours des
dieux. Et qu'on ne voie pas dans ces paroles une
vaine métaphore. Des sommets du Taygète aux
rives du Pénée, les dieux de la Grèce combattent
encore pour les descendants — un peu lointains
— de Léonidas et d'Epaminondas. Les Grecs, nés
malins, ont compris qu'il y avait double profit à
être, tout à la fois, byzantins et antiques, ont réussi
à unir le christianisme au culte de l'antiquité, à
réconcilier la Panaghia et Pallas Athéné, Thésée
et Justinien, l'Histoire sainte et la Théogonie, à
combiner, on ne sait comment, l'orthodoxie chrétienne, qui leur donne le droit de réclamer l'empire
de Constantin, avec un paganisme politique qui
leur donne l'occasion d'invoquer, comme des ancêtres, Périclès et Phidias. Lorsque l'assemblée d'Epidaure eut proclamé l'indépendance de la Grèce
insurgée les Palikares sentirent remuer et tressaillir, sous leurs babouches levantines, un sol
rempli de héros et de dieux. Ils comprirent que, du
fond de leur tombe, les dieux faisaient des miracles, que de cette terre saturée de *divin*, sortiraient
des vengeurs armés pour leur querelle. On lisait,
dans les anciens récits conservés par les moines,
qu'un jour, en des temps très anciens, un roi barbare, nommé Alaric, avait voulu détruire Athènes.
Lorsqu'il fut arrivé, avec sa bande de sauvages,

au défilé de Daphni, et qu'il vit, dans la plaine fauve, la ville blanche, il se réjouit dans son cœur. La jolie cité claire était là, devant lui, proie facile et séduisante. Elle était encore parée de ces monuments, qui ont fait sa gloire, et que les petits enfants des écoles primaires connaissent bien, car ils apprennent maintenant à lire dans le livre de Pausanias le Périégète. Les temples, fermés et déserts, étaient encore debout, étincelants de dorures et tout brillants de couleurs vives. Le théâtre de Dionysos arrondissait, sur les pentes de l'Acropole, la courbe de ses gradins blancs, tout près de l'Odéon d'Hérode Atticus. Mais le conquérant, qui avait incendié les temples d'Éleusis, fut obligé de respecter Athènes. Entre la ville et les oliviers de Colone, deux formes surhumaines lui apparurent. C'était le héros Achille, et Athéna la Victorieuse, qui s'étaient réveillés enfin, comme au temps des Perses, pour garder de toute profanation la cité sainte.

Pareillement, les dieux se sont levés, en des temps plus rapprochés de nous, pour défendre et sauver cette terre d'ingénieuse mémoire. Dans les *Choéphores* du vieil Eschyle, le portier du palais de Mycènes, répondant aux questions inquiètes de Clytemnestre, s'écrie : « Je dis que les morts tuent les vivants! » L'Olympe mort a tué la Barbarie vivante; et, toutes les fois que les Grecs ont eu besoin d'aide et de consolation, ils ont cru voir sortir de terre quelque dieu ou quelque déesse, qui souriait à leurs chimériques espoirs. Il y a quelques années, au moment où une guerre nationale semblait imminente, l'Agence Havas télégraphiait que l'on venait de trouver enfin la Minerve de Phidias. Il s'agissait simplement d'une médiocre copie ; mais l'effet fut le même et l'hellénisme a tressailli.

Athéna Polias n'oublie jamais son peuple. Quelquefois, elle semble dormir pendant dix ou quinze siècles ; mais elle finit toujours par se réveiller. En 480, les Athéniens, rentrant à l'Acropole après une assez longue absence, furent affligés par le plus lamentable des spectacles : les Perses avaient tué sans péril les vieillards impotents qui gardaient les temples, avaient brûlé le vieux sanctuaire que le tyran Pisistrate avait pieusement décoré ; puis, ces hommes stupides avaient cassé, à coups de maillet, les statues offertes par les fidèles, les lampes précieuses, les boucliers d'or, les cavaliers de pierre qui semblaient veiller sur le sanctuaire d'Athéna. Ils émiettèrent des chefs-d'œuvre qui avaient été achetés très chers aux sculpteurs fameux de Samos, de Chio, d'Egine et de Sicyone. Ils eurent la cruauté, étant des barbares, de briser surtout les bras, les mains, les jambes et les nez des êtres divins qui peuplaient l'Acropole. Quand les Athéniens virent ce désastre, ils ne surent d'abord que faire. Ensuite, ils résolurent d'ensevelir dans la terre, comme des morts, les idoles mutilées et profanées. Et, tout à côté de la fosse où elles reposaient, Ictinus et Phidias, sur l'ordre de Périclès, commencèrent à bâtir le nouveau Parthénon.

Le 5 février 1886, le roi de Grèce se promenait sur l'Acropole. Justement, à cette époque-là, les affaires du royaume n'allaient pas bien. L'ennemi héréditaire de l'empire byzantin, le Bulgare, venait de s'avancer jusqu'à Philippopoli. Les patriotes hellènes auraient voulu prendre quelque chose, eux aussi, du côté de la Macédoine. Tous les jours, les éphèdres, appelés du fond de leurs villages par le ministre de la guerre, faisaient l'exercice, avec le fusil Gras, sur la place de la Concorde et devant le square de l'Université. Mais les puissances européennes ne voulaient pas les laisser marcher aux frontières. Sa Majesté hellénique était soucieuse. Tout à coup, un brave homme qui, avec trois ou quatre autres porteurs de fustanelles, piochait machinalement auprès du temple d'Erechthée, courut tout essoufflé, à travers les marbres épars et les colonnes brisées, et s'écria, aussi joyeux que le messager de Marathon : « Majesté ! Majesté ! nous venons de trouver des dieux ! » Là-dessus, M. Kavvadias, éphore général des antiquités, montra respectueusement au souverain la découverte que l'on venait de faire. Dans un trou de quelques pieds carrés, gisaient, couchées en rang, les unes à côté des autres, quatorze femmes, en marbre de Paros. Elles étaient fort belles, bien qu'elles eussent, presque toutes, le nez cassé et les mains brisées. Leurs joues étaient meurtries de coups de marteau, et leurs yeux semblaient aveuglés par des fumées d'incendie. Après un sommeil de vingt-trois siècles, les victimes des Perses revenaient à la douce lumière. Car c'est là, tout près du temple d'Erechthée, que les Athéniens avaient enterré les statues de l'Acropole ravagée, s'il faut en croire les récits des historiens.

Les très anciennes statues de l'Acropole, prêtresses ou déesses, inquiétantes et si jolies, avec le mystère subtil de leur sourire fixe, et le regard étonné de leurs yeux obliques, ont rempli d'orgueil le cœur des Grecs, et de ravissement l'âme des artistes. C'est une antiquité nouvelle, soudain ressuscitée, étrange et très lointaine, avec une pointe de grâce exotique et farouche. Des couleurs, un peu pâlies, et dont la fraîcheur s'évaporait au souffle du vent, comme une poussière de vieux pastel, empourpraient leurs joues, mettaient un léger incarnat sur leurs lèvres, et enluminaient de bleu la prunelle de leurs yeux bridés. De fines broderies couraient le long de leurs vêtements étroits. Leurs bras se levaient en des gestes précis, anguleux et courts. Ces idoles peintes, dont le costume est fleuri d'ornements bizarres, et dont la raideur hiératique, avivée de coquetterie précieuse, offre un singulier mélange de mièvrerie et de naïveté, égayent notre conception de l'antique et la rajeunissent, nous révèlent une Grèce inconnue, très reculée, encore orientale, tout à fait différente de la Grèce classique, en casque et en chlamyde, que l'art gréco-romain nous habitue à concevoir. Leur attitude semble n'être pas encore dégagée de la gaine de bois où s'est emprisonnée, avant de s'épanouir dans l'opulence du marbre, la forme immortelle des dieux. Mais, à les regarder longtemps, on voit peu à peu — comme si la vie animait insensiblement les membres morts — le mouvement succéder à la torpeur, les yeux s'ouvrir et vivre, le sourire s'éveiller sur les lèvres de pierre.

Les Grecs intelligents ont compris que tous les monuments du passé sont les fidèles témoins de l'antiquité de leur race, que les inscriptions sont les titres de noblesse de l'hellénisme, et que les belles statues sont, en somme, auprès des cours européennes, les meilleurs plénipotentiaires du roi George. C'est pourquoi l'amour de l'archéologie est une forme particulière de leur patriotisme, et le plus humble terrassier d'Epidaure ou d'Eleusis sait, maintenant, qu'en donnant des coups de pioche dans la terre, il fait une œuvre nationale. Comme tout ce qui se fait de bien en Grèce, la protection des antiquités est due à l'initiative privée.

En 1858 quelques antiquaires grecs se réunirent, et fondèrent la Société archéologique d'Athènes. Cette Société est maintenant alliée à l'État. L'archéologie est un service public, une espèce de ministère, dont les bureaux sont confiés à M. Kavvadias, éphore général des antiquités. La tâche de l'éphore général est double : d'une part, il faut qu'il applique la législation sur les objets antiques, laquelle est fort sévère; qu'il empêche la vente de ces objets, et surtout leur sortie du royaume; en second lieu, il doit surveiller tous ceux à qui l'on a donné la permission d'entreprendre des fouilles, se tenir au courant des trouvailles faites par les paysans, et obtenir, du gouvernement, les crédits nécessaires pour entreprendre, en personne, des explorations.

M. Kavvadias s'est acquitté, le mieux possible, de ces multiples devoirs. Il donne la chasse aux canots qui quittent le quai du Pirée avec des caisses suspectes, fait défoncer, par les douaniers, les malles des voyageurs en partance, et interdit, comme il peut, le brocantage des figurines dites de Tanagra. Les légendes les plus effroyables ont été secrètement favorisées par l'éphorie, pour effrayer ceux qui seraient tentés de vendre aux Occidentaux les titres de noblesse de l'Hellade. On raconte qu'un jour un avocat avait dérobé une tête de Minerve, qu'un berger d'Arcadie lui avait apportée, en lui disant qu'il l'avait trouvée, par hasard, dans un souterrain. Il emporta sa proie dans sa chambre, avec l'intention formelle de la négocier à quelque collectionneur d'Europe. Pendant la nuit, les yeux de la déesse étincelèrent, terribles. Le malheureux, terrassé par une influence secrète, se tordit à terre, en d'affreux remords, décrocha son revolver, et se tua. L'effigie divine fut saisie par l'autorité, et placée respectueusement dans un Musée : elle n'y est plus; on a reconnu, depuis, que ce buste était faux, et sortait de l'officine de Corbinelli, mouleur italien de la rue du Péloponèse. On en a conclu que cet avocat méritait deux fois son malheureux sort : d'abord, pour avoir voulu faire un commerce sacrilège; ensuite, pour s'être laissé, comme on dit en langage vulgaire, « mettre dedans », ce qui, pour les Palikares, est le plus grand de tous les vices.

M. Kavvadias préfère à ses fonctions de haute police, ses succès d'archéologue. C'est un fouilleur tenace, constamment sur le terrain, et presque toujours heureux. Comme Epaminondas, qui avait deux filles immortelles, Leuctres et Mantinée, il peut citer, avec un juste orgueil, les noms de ses victoires : l'Acropole d'Athènes et Epidaure.

M. Kavvadias est aidé, dans ses travaux, par des éphores, au nombre desquels il faut citer surtout M. Leonardos et M. Tsountas, l'heureux explorateur de Mycènes, à qui la science doit la découverte récente des beaux vases d'or de Vaphio.

La plupart des monuments que l'on déterre parmi les ruines des villes antiques, sont installés dans les musées d'Athènes. Mais les chefs-lieux des préfectures trouvent que cette prétention est exorbitante et veulent conserver leurs antiquités, afin d'attirer les touristes, dont la venue ne manquerait pas d'activer le commerce local. De véritables guerres civiles éclatent parfois autour d'un torse. Tels, les Troyens et les Achéens aux belles cnémides se querellaient autour du cadavre et des armes de Patrocle, « aussi nombreux, dit Homère, que des mouches autour d'une jatte de lait ».

La Grèce a été aidée très efficacement, dans cette œuvre de résurrection de l'antiquité, par ses amis d'Europe. La France, dont l'exemple a été suivi, depuis, par l'Allemagne, l'Angleterre, les États-Unis, a eu, la première, l'idée d'envoyer en Grèce une colonie de lettrés et de savants.

L'École française d'Athènes a, pendant quelque temps, cherché sa voie. Quand même sa robuste et spirituelle enfance n'aurait produit que l'immortel pamphlet d'Edmond About, où la Grèce d'alors est si vivement dépeinte avec sa dynastie bavaroise, ses dames du palais surannées et mécaniques et sa gendarmerie de Klephtes, il ne faudrait pas regretter ces incertitudes. Depuis le décret qui la soumet à la direction scientifique de l'Académie des Inscriptions et Belles-Lettres, notre colonie savante est devenue une mission permanente d'archéologie et d'histoire. Les jeunes savants à qui le gouvernement français accorde une pension de trois années au pied de l'Acropole s'ennuient moins que leurs prédécesseurs, parce qu'ils travaillent davantage. Assurément, ils prennent plaisir, comme leurs devanciers, à lire quelquefois, sur les pentes du Lycabette, de la prose ou des vers venus de France par le dernier paquebot. Ils fréquentent les bals de la cour, la marine et la diplomatie. Nos jeunes archéologues ne sont pas tellement enfermés dans l'antiquité qu'ils n'aient de bons yeux pour regarder le présent. Les touristes continuent, comme par le passé, à frapper à leur porte hospitalière. Souvent, M. Perrichon est venu sonner à la grille; on le conduisait poliment à l'Acropole ; on lui faisait admirer le Parthénon; on lui parlait de la guerre de Troie, il s'en allait ravi, bénissant le gouvernement français d'avoir eu l'heureuse pensée d'entretenir, à l'usage des voyageurs embarrassés, un collège de ciceroni si complaisants. Il était doux de faire le voyage d'Eleusis, quand il y avait des dames. On s'arrêtait, à mi-chemin, sous prétexte d'admirer un certain temple de Vénus, d'ailleurs invisible, et de regarder, dans un vieux monastère byzantin, le tombeau fleurdelisé de notre compatriote Philippe de La Roche, duc d'Athènes. C'était un beau sujet d'aquarelle. Il n'était pas défendu, pendant qu'on dressait le parasol et que l'on préparait les couleurs, de cueillir, en compagnie d'une robe claire et de deux jolis yeux, ces anémones de pourpre qui s'épanouissent parmi les bruyères roses, sur les pentes parfumées de Daphni.

Mais les heures que l'on ne passe pas à la légation à danser à la cour et à causer avec les officiers de la division navale, ces heures terribles dont About ne savait que faire, sont employées d'une manière aussi utile et non moins charmante. On déchiffre de vieilles inscriptions, et c'est un plaisir exquis que de faire dire, de force, à l'antiquité, tous ses secrets. On étudie les statues nouvellement découvertes, les bas-reliefs récemment déterrés, les stèles de marbre rendues à la lumière : on tâche de retrouver leur place dans la profusion de fragments épars que nous a légués la statuaire grecque, émiettée par les barbares et par les collectionneurs. Il y a un grand charme à regarder tous les jours, fût-ce par métier et par devoir, le pur profil des cariatides et le sourire mièvre des idoles archaïques. On s'efforce, à propos de chaque fragment, de rétablir la série des œuvres pareilles et de renouer les anneaux de la chaîne brisée; par là, l'étude attentive d'une seule statue évoque un cortège de visions et une procession de formes immortelles.

Grâce à cette alternative de devoirs agréables et de labeurs charmants, l'hiver, à l'École d'Athènes, n'est qu'une suite ininterrompue de félicités. Le printemps venu, on boucle les valises; on achète une carte, un couvert de voyage, des guêtres, un grand chapeau contre la pluie et le soleil, et l'on prend son billet au Pirée pour Smyrne ou pour Constantinople. Là, on parcourt les bazars, pour acheter quelques tapis et quelques yatagans qui seront un commencement de mobilier lorsqu'on entrera en ménage, et surtout pour se procurer ce bissac étrangement bariolé et somptueux que les Turcs nomment *kibé*. Le *kibé* est l'inséparable compagnon de l'archéologue en voyage ; pendant les longues chevauchées dans les sentiers pleins de soleil, il repose sur la selle, derrière le cavalier; le soir à l'étape, dans la chambre nue de l'auberge ou sur le plancher dur des maisons turques, le *kibé* devient un siège, un sofa, un oreiller. Plus tard, revenu en France, installé dans une fonction sédentaire et dans un bien-être inactif, l'ancien reître des routes d'Asie fera faire, avec les tapis series de son *kibé*, des coussins pour ses pieds frileux, et, en regardant les fleurs bizarres brodées par les femmes turques, il songera aux journées de jeunesse, d'audace et d'aventures.

Dès qu'il s'est muni du bagage nécessaire, qu'il a embauché Sotiri le Maltais, Manoli le Cythéréen, ou Kharalambos le Lesbien, dignes successeurs du bel Antonio et du glorieux Leftéri, loué ses chevaux et engagé un *katerdji*, l'archéologue, muni d'un grand papier où les scribes du grand-vizir ont griffonné quelque chose, escorté par un kavas du consulat, se rend au konak pour demander un gendarme spécialement chargé de veiller sur sa sécurité. Son Excellence le pacha accorde souvent deux, trois ou quatre gendarmes, pour s'éviter la peine, pendant la durée du voyage, de payer leur solde. Et la cavalcade ainsi équipée, accompagnée jusqu'aux portes de la ville par les amis et par les hôtes, suivie par les vœux de bon voyage et par les souhaits d'heureux retour, disparaît au tournant de la route étroite ; échange des saluts avec les bons Turcs qui passent, assis, les jambes pendantes, sur des ânes tout petits ; s'arrête aux sources d'eau vive qui miroitent par places parmi les herbes et les jeunes pousses ; traverse des villages inconnus, aux noms étranges ; met en fuite les femmes turques effarouchées qui se sauvent en se voilant la face ; fait halte à des bourgs ignorés où des amis imprévus saisissent la bride et tiennent l'étrier ; trottine quelquefois, morne et silencieuse, sous les pluies battantes ; bavarde dans les langues les plus diverses, quand le ciel est pur et que le soleil darde à travers les feuilles des pluies de flèches d'or ; grimpe aux montagnes revêches ; disparaît jusqu'au poitrail dans les hautes herbes ; s'embarque sur les bacs des larges fleuves, ou piaffe sur les cailloux clairs des rivières clapotantes, jusqu'au jour où les amis de Smyrne voient revenir enfin, après deux ou trois mois d'éclipse totale, des visages basanés, des mains noires, des barbes incultes, des *denekés* pleins d'estampages, des carnets pleins de notes, des cartons pleins de croquis et de photographies et d'intarissables causeries, fécondes en longs récits. Ceux mêmes qui n'ont pas une irrésistible passion pour l'épigraphie sont obligés d'avouer que les inscriptions sont d'ordinaire encadrées dans de merveilleux décors, et qu'il est doux, lorsqu'on fait des fouilles, d'avoir, après tant de siècles, le premier sourire des dieux ressuscités. On marche au hasard de la découverte comme le chasseur suit la piste du gibier. Les inscriptions, si souvent dérangées par les révolutions et par les guerres, se sont nichées un peu partout, dans les bois, dans les cimetières, dans les jardins, dans les harems. Il est charmant de les suivre à la trace et de les surprendre là où elles sont. On évite ainsi la banalité des grandes routes, les sites recommandés par Bædecker, les montagnes peuplées par l'agence Cook, les forêts profanées où luit, à travers les feuilles, la rondeur blanche des casques anglais. Cette recherche du passé devient par là le meilleur moyen de voir de près certains coins du présent; nos jeunes Athéniens sont obligés de devenir des savants, mais personne ne leur défend d'être artistes.

Que seraient devenues, sans les collectionneurs et les archéologues de l'Occident, les statues de Chypre, les pierres gravées de Syrie, les monnaies d'or, les terres cuites de Tarse, de Smyrne, de

Lesbos, de Myrina? Où seraient, maintenant, les exquises poupées des cités d'Ionie, les jeunes filles, vêtues d'un péplos et parées de fleurs, les danseuses enveloppées de robes transparentes, les joueuses de crotales, la silhouette des femmes de Myrina, qui marchent, d'une allure vive et alerte, encapuchonnées d'un long manteau, et agitant, d'un geste mièvre, un éventail doré? Que d'aventures elles ont traversées, depuis le jour où elles sont sorties, fraîches et coquettes, de l'atelier du coroplaste! Un jour on les a mises dans la terre : on les a ensevelies avec la forme terrestre dont elles avaient été les compagnes, avec les mains légères qui les avaient tenues, avec les yeux dont la caresse s'était posée sur elles. On voulait que leur sourire égayât encore l'âme désolée, et lui rappelât les jours passés au soleil parmi les fleurs. Dans leur sommeil craintif, elles devinaient que des choses terribles se passaient là-haut, au-dessus d'elles, parmi les vivants. La race délicate qui avait modelé leurs contours était vaincue par des peuples lourds et sans idéal. Les villes de marbre où elles étaient nées s'écroulaient, et les temples étaient envahis par des herbes folles. Elles entendaient, de loin, l'écho des révolutions, le bruit que font les conquêtes... Puis, après des siècles de torpeur et de silence, elles ont senti la terre remuer autour d'elles. La pioche d'un paysan turc a fait pénétrer un peu de jour dans la fosse où elles avaient été enterrées vives. Émerveillé, le barbare se baisse; il rit à cette beauté inconnue; de ses gros doigts, avec des délicatesses infinies, il enlève la terre qui souille le fin visage et voile le regard aigu des yeux clairs. De nouveau, la jolie poupée se réjouit dans son cœur de revoir la lumière; mais elle est effrayée par le jargon barbare qu'elle entend autour d'elle, par les faces inquiétantes qui la regardent avec de brutales convoitises. Qui sait si, par un brusque caprice, le maître nouveau qui croit peut-être que la frêle argile recèle un peu d'or, ne brisera pas la forme charmante, et si l'âme ne prendra pas son vol pour toujours vers les Champs Elysées, où flottent sans doute les ombres errantes des Myrinas et des Tanagras défuntes? Enfin, après bien des traverses, après des séjours aux bazars de Smyrne, de Saïda ou de Beyrouth, parmi les lampes de mosquées, les pistolets albanais et les yatagans difformes, elles ont trouvé de nouveaux adorateurs, qui leur construisent de petits temples en velours et en soie; une race qui habite des terres ignorées au bord des mers lointaines, et dont les propos rappellent les conversations ingénieuses des villes d'Ionie; des femmes dont l'âme élégante est sœur de la leur; des amis passionnés, qui s'éprennent de leur grâce et qui font des folies pour leur fragile beauté.

Ainsi, par les efforts réunis des Grecs éclairés et des lettrés de l'Occident, l'antiquité, émiettée par de longs siècles de misères, sort de terre et recommence à vivre. La régénération de la Grèce sauvée a commencé par une « restitution » archéologique. Ce n'est pas encore assez pour l'amour-propre des Hellènes. Leur orgueil chatouilleux veut, comme Philoctète dans l'île de Lemnos, entendre résonner partout le doux langage de la patrie. Ces rhétoriciens subtils ont merveilleusement compris le pouvoir évocateur des noms propres. Or, les Barbares n'ont pas seulement défiguré les beaux lieux, familiers aux poètes anciens ; ils leur ont enlevé même leurs noms sonores. Qu'est-ce que Négrepont? Qu'est-ce que Sainte-Maure? Qu'est-ce que Salona, Cerigo, Zeitoun, Jenischehr? Qui reconnaîtrait, sous ces noms grossiers, l'Eubée, Leucade, Amphissa, Cythère, Lamia, Larissa? Le premier soin des Grecs émancipés fut de bannir, des actes officiels, ces appellations odieuses. Maintenant, tous les dèmes du royaume ont repris crânement leurs noms anciens. Le chemin de fer du Péloponèse s'arrête à Egion, à Némée, à Argos, à Tirynthe. Kharvati est redevenu Mycènes.

Chimère! disaient, en hochant la tête, certains diplomates chagrins, que la Grèce agace on ne sait pourquoi : les paysans garderont leurs anciennes habitudes et les restaurateurs de noms antiques en seront pour leurs frais de dictionnaires. C'est une erreur. Grâce aux écoles primaires, la géographie « nationale » a prévalu. Les bergers de la Phocide ne connaissent plus le Lyakoura; ils savent, en revanche, ce que c'est que le Parnasse. Le peuple grec a voulu secouer tous ses mauvais souvenirs. Il veut gratter, de toutes parts, la couche de turquerie et de barbarie slave qui a si longtemps submergé son pays. On ne saurait lui en faire un reproche. L'antiquité est le plus clair de ses capitaux. Il y tient, et il a raison. Il n'est pas donné à tous les peuples, d'avoir reçu, en héritage, la plaine de Marathon, le bois sacré des Muses, la fontaine d'Hippocrène, et les roches Phædriades, où Apollon, le divin archer, apparaissait quelquefois, à l'heure où les frontons de Delphes s'illuminaient des rayons du soleil levant.

CHAPITRE XIV

Philhellénisme et mishellénisme. — L'Empire byzantin.
Conclusion.

Les Grecs sont rentrés dans l'histoire par une porte dérobée, en un temps où personne ne songeait à eux. Vers le milieu de l'année 1820, les esprits étaient troublés par le meurtre récent du duc de Berry, et attirés par les affaires d'Espagne. L'Hellade paraissait si lointaine, qu'elle semblait exister seulement dans les livres. A vrai dire, dans tous les collèges du royaume, on engageait les élèves à imiter le dévouement de Léonidas et l'intégrité de Phocion; la prose des écrivains à la mode était tout enjolivée de citations et de souvenirs antiques; on parlait d'Athènes, de Messène et de Sparte comme si l'on avait connu personnellement Périclès, Aristomène et Lycurgue. Mais personne ne semblait se douter que le pays où avaient vécu ces hommes illustres était encore visible, que l'Eurotas coulait — en hiver — parmi les lauriers-roses, que le soleil se couchait tous les soirs derrière Salamine, qu'il y avait des oliviers en Attique, et que de petits bergers, dignes d'être chantés par Théocrite et parlant le grec sans l'avoir appris, buvaient délicieusement de l'eau très fraîche aux sources de l'Hymette ou à la fontaine de Castalie. Les voyageurs qui avaient parcouru le Levant par curiosité ou pour les intérêts de leur commerce, Chardin, Tournefort, Paul Lucas, n'avaient pas remarqué, en traversant l'Archipel, qu'un capitaine de caïque ou un pêcheur d'éponges peut devenir indifféremment, selon les circonstances, un pirate ou un héros. Des lettrés, comme Delille et le comte de Choiseul-Gouffier, avaient fait le pèlerinage de l'Acropole sans s'apercevoir qu'il y eût des hommes autour. Pour les humanistes, la Grèce était le « glorieux berceau de la liberté et des arts », et, en même temps, le « hideux séjour de l'esclavage et de l'ignorance ». Selon l'expression de Fauriel, les érudits considéraient communément les Grecs modernes « comme un accident disparate, jeté mal à propos, au milieu des ruines sacrées de la vieille Grèce, pour en gâter le spectacle et l'effet ». Le mauvais renom de la société byzantine nuisait aux survivants du Bas-Empire. Il y avait, dans cette défaveur de l'opinion publique, comme un héritage des croisés de 1204, qui avaient gardé de leurs rapports avec les « Romains d'Orient », une désagréable impression. Sauf

Napoléon et Chateaubriand, tout le monde pensait que les pachas de Sa Hautesse et les provéditeurs de la Sérénissime République avaient tué toute énergie dans ce troupeau de raïas. Les nouvelles relatives aux troubles de l'Epire, à la révolte d'Ali, pacha de Janina, au soulèvement des Klephtes et aux premières espérances des patriotes hellènes, furent accueillies avec plus de surprise que de sympathie. Cette insurrection d'un vizir albanais, qui porte des titres barbares, qui s'entoure d'une garde d'Arnautes, et appelle aux armes des Tosques, des Guègues, des Zinzares et des Mirdites, cette brusque révélation d'une Grèce inconnue où le Pinde s'appelle *Agrapha*, déconcertait les lecteurs de Plutarque, dérangeait leurs notions géographiques, troublait leur adoration tranquille de l'antiquité. « Quoi, s'écriaient les classiques, aux Dolopes, aux Molosses, aux Athamantes, ont succédé les Schkypétars ou Arnautes, les Souliotes et les Valaques; à Pyrrhus, Ali, pacha de Janina! — Non, ajoutaient-ils, les Lapithes modernes qui ne quittent pas les sommets de l'Olympe et de l'Othrys, ne pourront jamais devenir des Léonidas, des Miltiade et des Thémistocle... »

D'autre part, bien que la lutte fût engagée entre la croix et le croissant, un scrupule retenait les royalistes. Les *ultras* firent leur examen de conscience, et se demandèrent si les amis des Grecs n'étaient pas des hérétiques en état de rebellion contre les principes de la *légitimité*, solennellement proclamés par les congrès, j'allais dire les conciles de Troppau, de Laybach et de Vérone. Les Grecs n'étaient-ils pas en révolte ouverte contre leur « souverain légitime »? Ne montraient-ils pas déjà une prédilection marquée pour le régime démocratique et pour le gouvernement populaire? Encourager leur insurrection, n'était-ce pas approuver les maximes pernicieuses qui avaient triomphé en Espagne, à Naples, à Turin? Un homme d'ordre pouvait-il être philhellène? M. de Bonald examina doctement, dans la *Gazette de France*, ce point de casuistique. Il étudia mûrement la question, la discuta dans les règles, cita Leibniz et le comte de Maistre, invoqua l'autorité de Bacon, *De Bello sacro*, et conclut que l'état présent des Hellènes ressemblait, à s'y méprendre, à l'esclavage des Gabaonites chez les Hébreux.

Les romantiques et les libéraux furent, on le conçoit sans peine, les premiers apôtres du philhellénisme. Le Klephte à l'œil noir faisait bonne figure, dans les descriptions de la nouvelle école, à côté des Natchez inventés par Chateaubriand et des Caraïbes chers à Guilbert de Pixérécourt. Le *sendouki*, bahut de famille qui est, à la fois, la garde-robe et le coffre-fort des Palikares, était un magasin d'accessoires où l'on pouvait puiser, à pleines mains, des broderies lyriques et épiques, bien propres à faire oublier les toges, les casques et les cothurnes de Ducis et de Baour-Lormian. Avec un enthousiasme farouche, les romantiques mirent au pillage ce musée oriental. Ils revinrent de cette razzia, en brandissant sur la tête des Philistins, un peu effarés, un arsenal de pistolets damasquinés, des panoplies de yatagans recourbés, tout un tremblement de vieux fusils et de tromblons rouillés qu'ils fourbissaient avec rage. A vrai dire, ils inventèrent un Orient bariolé et bigarré, où il y avait un peu de tout. Comme le reportage et le télégraphe n'étaient pas inventés, l'imagination des poètes pouvait vagabonder, tout à son aise, dans un archipel de féerie, aussi étrange que le Taunus des *Burgraves*. Le romantisme aperçut, dans le ciel enflammé, du côté où le soleil se lève, des Grecs un peu trop magnifiques et des Turcs un peu trop tartares; on ne sait ce qu'il a le plus admiré, de l'héroïsme des uns ou de la férocité des autres. Il les a affublés de costumes bizarres et, pour les rendre plus exotiques, il les a entourés, avec une obstination forcenée, d'une collection de bibelots lointains. Victor Hugo a vu, dans la flotte turque, des barcarolles vénitiennes, des caravelles espagnoles, des jonques chinoises. N'importe. Les Hellènes ont collaboré, sans le savoir, à la rénovation de la poésie en France. Les *Chansons populaires de la Grèce moderne*, recueillies par Fauriel, sont le prélude des *Orientales*. Les pauvres femmes de Souli, qui aimèrent mieux se tuer que d'être emmenées dans les harems du Grand-Seigneur, fournissaient aux nouveaux dramaturges un cinquième acte tout fait. Le brûlot de Canaris incendiait les flots bleus de la mer Egée, et mettait une aigrette de flamme aux rades vermeilles.

Pendant ce temps, à la Chambre des pairs et à la Chambre des députés, les libéraux reprochaient au ministère Villèle son affectation de neutralité. Ils avaient raison et leur générosité prévalut sur les petits calculs des politiciens circonspects. Pendant qu'on discutait sur la légitimité de l'insurrection hellénique, les bachi-bouzouks empalaient, crucifiaient, brûlaient leurs prisonniers à petit feu, clouaient des têtes aux murs du Sérail, dévastaient les villages et profanaient les églises. La pendaison du patriarche Grégoire au Phanar et du métropolite Dorothée à Andrinople, le massacre de l'évêque d'Ephèse et de l'archevêque de Thessalonique, les pillages de Cos, de Ténédos, de Chypre, l'atroce et lâche tuerie de Chio, excitèrent au plus haut point l'indignation publique. La cause des Grecs, qu'on le voulût ou non, devenait celle de la chrétienté contre l'Islam, de la civilisation contre la barbarie.

Le débarquement d'Ibrahim pacha et les horreurs du siège de Missolonghi provoquèrent d'ardentes plaidoiries. Chateaubriand, dont la *Note sur la Grèce* avait eu un si grand retentissement, publia dans le *Journal des Débats* une lettre fort éloquente, où il disait aux puissances chrétiennes : « Vous avez fait une énorme faute, et le sang innocent retombera sur vous ! »

Les gouvernements semblaient abandonner la Grèce : l'opinion publique et l'initiative privée entreprirent de la sauver. A Genève, le banquier Eynard, l'ami dévoué de Capo d'Istria, faisait, de sa maison, le centre d'une propagande active, et de sa fortune une caisse de secours pour les insurgés. A Paris, au lendemain de l'arrivée d'Ibrahim à Modon, un comité philanthropique en faveur des Grecs se formait, sous les auspices de Chateaubriand, avec le concours de Benjamin Delessert, du comte Mathieu-Dumas, du duc de Fitz-James, d'Ambroise Firmin-Didot. Tandis que des hommes d'action, à qui l'éclipse de l'épopée impériale avait fait des loisirs, allaient chercher en Grèce, l'occasion de combattre pour de nobles causes, le comité entretenait, auprès du gouvernement insurrectionnel, de véritables agents diplomatiques, munis d'instructions précises. Il fit venir à Paris, afin de pourvoir à leur instruction, plusieurs jeunes Grecs, notamment le fils de Canaris. Les dons affluaient de toutes parts, et l'on pourrait vérifier, en lisant la liste complète de ces dons, qu'en France, il y a toujours beaucoup de braves gens dont la bourse est ouverte à toutes les infortunes. On souscrivit à Bourges, à Dijon, à Troyes, à Chollet, Douai, Guérande, Moulins, Bourbon-Lancy. Strasbourg, Altkirch, Niederbronn envoyèrent des sommes considérables : les volontaires grecs qui sont morts, en 1870, sous les murs de Paris, ont acquitté cette dette.

A Lorient, un curé, M. Rivalain, ouvre chez lui une souscription publique. On donne des concerts à Valenciennes, à Caen, à Montauban, à Riom, Espalion, Angoulême, Saint-Yrieix. A Montargis, la Société philharmonique donne une soirée, composée d'un concert et d'une représentation de *Léonidas*, tragédie du sieur Pichald. A Grenoble, une représentation donnée par Mlle Georges produit une recette de 2,225 francs. A Tournon, après une soirée composée d'un concert, d'un bal et d'une loterie, le sieur Moretty, limonadier, fait l'abandon de sa recette. Dans la longue liste des donateurs, on remarque l'École de médecine de Rochefort, les notaires de l'arrondissement de Saint-Amand (Cher), les avocats et avoués de Cusset (Allier). Le *Journal des Débats* du 11 février 1827 contient cette information fort curieuse : « Cinq avocats de Tarbes, qui avaient été renvoyés devant la cour royale de Pau pour avoir joué la comédie avec des actrices, au profit des Grecs, ont été acquittés par toutes les chambres réunies. » A Paris, un bijoutier de la rue Simon-le-Franc met, en vente, à l'usage des philhellènes, des bijoux aux couleurs et aux armes de la Grèce. Il n'y a pas de réunion mondaine qui ne se termine par une collecte. Des dames patronnesses allaient, de porte en porte, demander l'aumône pour l'Hellade en détresse, et personne ne résistait à ce casque de Bélisaire, présenté par de si belles mains. Mme Récamier, en personne, faisait la quête.

Bientôt, les royalistes firent taire leurs scrupules et les classiques revinrent de leurs premières préventions. L'assemblée des Grecs avait eu l'esprit de dater d'Argos, d'Épidaure et de Trézène, ses premières proclamations. Il n'en fallut pas davantage pour jeter dans l'enthousiasme tous les professeurs de rhétorique. La *Grèce sauvée* devint un sujet de vers latins pour le concours général. Tandis que Delacroix exposait le *Massacre de Chio*, Colin peignait, d'un pinceau moins fougueux, un *Massacre de Grecs*. Rien ne manquait à ce concert de sympathies. Le philhellénisme devint un genre littéraire. Tout le monde prenait part à la croisade, les hommes de génie et les autres. M. Alfred de Wailly, tout comme Victor Hugo, rimait des *Orientales*, et M. Viennet adressa aux Hellènes une épître. Comment s'étonner, après cela, si à Navarin les canons partirent tout seuls !

Hélas ! après cette aurore, saluée par d'unanimes acclamations, les Grecs ont connu des jours mauvais. Dans la longue procédure diplomatique où leur existence nationale fut mise en jeu, dans cette confusion de chicanes, de plaidoyers et de marchandages, dans cette mêlée de protocoles et d'intrigues où Metternich essayait de brouiller tout le monde, la France, qui n'avait rien à gagner, fut seule libérale et désintéressée [1]. Ce n'est pas sa faute si la conférence de Londres a donné au nouvel État des proportions si étriquées et si l'on a laissé en dehors des frontières helléniques quelques-uns des cantons qui avaient combattu le plus vaillamment. Mais enfin, un grand résultat était obtenu : si étroite que fût son existence, le nouveau royaume, où il n'y avait guère que des cailloux et des Palikares, fut invité à entrer séance tenante, sans avoir même le temps de faire sa toilette, dans l'aréopage des puissances civilisées.

De la disproportion entre ce qu'on attendait de la Grèce, et ce qu'elle était en effet, naquit alors le *mishellénisme*. Les héros deviennent ordinairement insupportables, quand ils cessent de trouver un emploi régulier de leur héroïsme. Les Klephtes, descendus des montagnes, redevinrent ce qu'ils étaient avant, des personnages taquins, mesquins, et plus avides, peut-être, de monnaie que de

---

[1] Il est bon de rappeler, sur ce point, le jugement d'un historien allemand. « La France se mit à la tête d'un mouvement philhellénique qui, d'une manière vraiment exemplaire, était exempt de toute vue secondaire égoïste, nationale, politique ou financière. » (Gervinus, *Histoire du dix-neuvième siècle*, traduction Minssen, t. XIV, p. 15.)

gloire. Ceux qui les ont vus de près ont éprouvé une certaine déception et ne l'ont pas caché. Comme il arrive communément, leurs petits défauts ont fait tort à leurs grandes vertus. La nation adolescente a eu des caprices de jeunesse. Elle a montré trop d'inclination aux changements politiques, un respect trop superstitieux pour certaines traditions de l'antiquité, un amour immodéré pour les démagogues et pour les révolutions de l'Agora. Ses amis eux-mêmes ont trouvé qu'en maintes circonstances elle avait fait flamboyer avec une turbulence trop ingénue l'épée toute neuve qu'on lui avait mise entre les mains. Les conseils et les remontrances ne lui ont pas manqué. La France seule a été indulgente et maternelle pour ses coups de tête en pleine chimère. De lourds censeurs lui ont reproché de n'avoir pas mis au monde, dès les premières années de son existence, un Périclès ou un Phidias. On ne lui a pas pardonné de penser quelquefois, dans ses rêves, à Constantin et à Sainte-Sophie. Après avoir été criblée, par About, de flèches étincelantes, la Grèce a connu des ennemis qui ont la haine triste et l'invective maussade.

Si le philhellénisme fut un mouvement du cœur, où il y avait presque autant de littérature que de générosité, le mishellénisme est une erreur de jugement fondée sur une connaissance insuffisante de la façon dont les Hellènes sont revenus à la vie, et sur une ignorance bizarre de l'histoire du peuple grec.

Au sortir des conférences diplomatiques où on leur signifia leur levée d'écrou, les Grecs furent mis en demeure de devenir, séance tenante, une nation moderne. Ils se mirent à l'œuvre avec peu de modestie (il faut bien l'avouer), et avec plus de bonne humeur que de réussite. On apporta, dans ce pays neuf, une constitution parlementaire, calquée sur le modèle de celles qui régissent les vieilles nations. Faut-il s'étonner que cette bizarre machine n'ait pas toujours bien fonctionné, que les rouages aient grincé, que les ressorts se soient détendus et brisés, que cette invention des Occidentaux, brusquement livrée à des mécaniciens novices, ait fait des dégâts, comme une locomotive qui serait manœuvrée par un enfant?

Il y aurait quelque injustice, à la fin de ce livre où l'on a vu toutes les anomalies qui résultent de ces violents contrastes, à ne pas montrer ce qu'il y a de frappant dans le passé des Grecs et combien sont respectables leurs souvenirs et leurs espoirs. Athènes n'est pas seulement la capitale du royaume; elle est « le point d'appui de l'hellénisme ». Elle est le chef-lieu non d'une nation, mais d'une race. Or, malgré d'apparentes brisures, il n'est pas d'histoire plus continue que celle de cette race. Ce peuple composite, à la fois antique, byzantin et moderne, qui parle une langue dont les racines fondamentales n'ont pas varié depuis Homère, qui reste fidèle à la religion de Constantin, ce qui ne l'empêche pas d'être américain par son sens pratique et positif, ce peuple est l'aboutissement d'une évolution singulièrement suivie. Si loin que notre vue plonge dans le passé, nous voyons que l'hellénisme ne s'est jamais éteint. Il s'est éclipsé souvent; mais, après une obscurité plus ou moins longue, il s'est subitement rallumé. Les Grecs considèrent l'Orient comme leur maison, et en attendant qu'ils en redeviennent les propriétaires, il leur suffit de s'installer tantôt dans une chambre, tantôt dans une autre. Dès qu'ils trouvent une petite place, ils y font tant de bruit qu'on en oublie tous leurs voisins. La culture grecque, exilée d'Athènes, a fait germer, à Alexandrie, une civilisation fleurie et charmante. Conquise par Rome, la Grèce conquiert ses vainqueurs et d'une façon que le poète Horace et l'empereur Constantin ne prévoyaient pas. L'empire romain d'Orient devient l'empire grec, et Byzance reconstitue l'empire d'Alexandre. Chassé de Constantinople par les Latins, l'hellénisme s'installe à Nicée avec Théodore Lascaris, à Trébizonde avec Alexis Commène et rentre bientôt à Sainte-Sophie. Chassé de nouveau par les Turcs, il se dissémine et s'émiette, s'obstine à rester au Phanar, avec le Patriarche et quelques familles de patriciens, végète, tant bien que mal, avec des « despotes » oubliés, un peu partout avec les *outlaws*, les moines et les évêques; il semble s'enfoncer dans la nuit; et brusquement, après tant de siècles, le voilà qui reparaît à Athènes, allègre et rajeuni.

Il suffit de causer une demi-heure avec de pauvres gens, dans un cabaret de la paroisse de Saint-Siméon et de Saint-Sotère, pour apercevoir, par la simple observation de leur vocabulaire, tout ce que leur mémoire contient, sans qu'ils en aient une claire conscience, de souvenirs douloureux et d'affreux cauchemars.

Maintenant, les Vénitiens et les Génois ont quitté les ports où les provéditeurs débarquaient autrefois en cérémonie; et leurs derniers canons, plantés en terre, servent à tenir les amarres des bateliers de Nauplie et de Lépante. Les Francs ont laissé à Daphni, sur la route d'Eleusis à Athènes, un tombeau orné de fleurs de lis, plusieurs tours crénelées en Achaïe. Les Turcs ont quitté avec résignation la blanche *Sétine*. Tous les intrus, venus des pays esclavons, ont rebroussé chemin vers le Pinde et les montagnes d'Acarnanie, où ils continuent à chanter, sur la guzla, ces complaintes monotones et sauvages, que l'on a appelées *Chants populaires de la Grèce moderne*, bien que les Grecs y eussent peu collaboré. Je ne serais pas éloigné de croire que la race grecque, ainsi que la race juive, doit être éternelle. Elle a tout subi et résisté à tout. Un des journalistes les plus féconds de la presse athénienne comparait le peuple grec à une cariatide sur laquelle le sort se serait amusé à accumuler les poids les plus divers : il a porté, si l'on remonte un peu loin dans son histoire, des Romains, des Goths, des Ostrogoths, des Wisigoths, des Vandales, des Avares, des Slaves, des Francs, des Catalans, des Vénitiens, des Florentins, des Génois, des Turcs. Il n'est pas fatigué. Les pâtres d'Arcadie sont aussi sveltes et aussi lestes qu'au temps où Pan, dieu des bergers, jouait de la flûte dans les bois de lauriers-roses. Ils ont trouvé le moyen de vivre côte à côte avec les hôtes les plus gênants, et même de faire quelquefois, avec eux, assez bon ménage. Quand ils ne voyaient pas le moyen de s'en débarrasser, ils se consolaient en les méprisant de tout leur cœur et en les appelant, tout bas, des Barbares. Ils ne se faisaient point scrupule de profiter de leur lourde sottise et se rappelaient, à propos, les bons tours de l'ingénieux Ulysse : c'était autant de repris sur l'ennemi. Plus tard, quand ils comprirent que la diplomatie, plus généreuse et plus attendrie que de coutume, s'intéressait à leur sort, ils chargèrent des orateurs diserts d'exposer leurs doléances en ce beau langage, dont tous les patois de leurs maîtres avaient à peine altéré la grâce et troublé la pureté. Dans l'intervalle, ils avaient tout simplement annexé quelques-uns de leurs conquérants. Ils ont *hellénisé* tous ceux qu'ils n'ont pu exterminer. Comme leur dieu Saturne, qui avalait des pierres, ils ont dévoré lentement et sans en avoir l'air, des aventuriers qui, pourtant, leur faisaient grand'peur. Je ne connais pas de Grecs plus grecs que certains descendants des croisés d'Occident, venus avec Villehardouin et Dandolo.

A vrai dire, l'Empire byzantin n'a pas disparu. Il a été brisé en mille morceaux, mais non pas détruit par les Turcs. La *turcocratie*, comme disent les Grecs, n'est qu'un mauvais moment à passer. Les débris de l'Empire surnagent, de place en place, s'accrochent les uns aux autres, flottent çà et là, en masses de plus en plus compactes, à mesure que la débâcle des Turcs brise les liens éphémères qui ont retenu pendant trois siècles les populations asservies. Grouper ces îlots épars, refaire cette unité, tel est le rêve hardi des Grecs, des riches comme des pauvres, des grands comme des humbles. Le jour où le prince héritier Constantin prêta le serment de fidélité au drapeau national, un riche Grec d'Epire, un *raïa* lui apporta une épée qui avait appartenu, disait-il, à Constantin Paléologue. Le même jour, je lisais, près de la métropole, au-dessus de la boutique d'un marchand, cette inscription naïve : « O Constantin, noble lis de la patrie renaissante, souviens-toi du 29 mai 1453! » C'est cette espérance qu'ils appellent la *grande idée*. Comme beaucoup de braves gens sont morts pour elle, j'estime qu'on n'a pas le droit de s'en moquer.

Une légende, que les poètes populaires n'ont

pas oubliée, raconte que, le jour où les Turcs entrèrent à Sainte-Sophie, un prêtre disait la messe. Tous les assistants se sauvèrent épouvantés; le prêtre resta sur les marches de l'autel. Un janissaire leva son sabre pour lui couper la tête. Mais l'arme retomba sans rien frapper, et l'officiant, comme un fantôme, disparut dans la muraille. On croit, dans le peuple, que ce prêtre reviendra pour achever sa messe, le jour où le culte orthodoxe sera rétabli dans l'église impériale. En tout cas, au fond de la Corne d'or, dans son palais du Phanar, le Patriarche de l'Église œcuménique attend toujours l'Empereur.

Mais quel sera cet Empereur? Hélas! Les Grecs ont des rivaux dont Justinien ne pouvait pas prévoir la future puissance. Dans leur ardeur de prosélytisme, les moines byzantins du xe et du xie siècle préparèrent, de loin, des dynasties de porphyrogénètes bien imprévus. L'orthodoxie se réjouit, lorsque le tsar Wladimir, ayant fait une enquête pour savoir quelle était la meilleure des religions, se décida pour celle des Grecs. Le prêtre grec Joachim crut faire œuvre pie, lorsqu'il construisit et enlumina l'église métropolitaine de Nijni-Novgorod. C'étaient là des imprudences qui prouvent que les missionnaires sont quelquefois les dupes de leur zèle et les victimes de leur dévouement. L'hellénisme aurait dû tressaillir d'épouvante et non pas d'orgueil, le jour où Jaroslaf le

Grand décidait que Kiew, sa capitale, serait une rivale de Constantinople, qu'elle aurait, elle aussi, sa cathédrale de Sainte-Sophie et sa Porte d'or.

Il se pourrait que le césar orthodoxe de Byzance fût remplacé, quelque jour, par le tsar orthodoxe de Moscou. Je ne sais si la majorité des Grecs ne préférerait pas à cette installation de la *russocratie*, une prolongation indéfinie de l'*intérim* de la dynastie turque. Mais je connais, parmi mes amis de Grèce, des hommes éclairés qui envisagent cette perspective sans faiblesse, avec beaucoup de philosophie et de sérénité. « Certes, disent-ils, la lutte est impossible, même par les voies pacifiques, car notre race, épuisée par tant d'aventures, est trop peu nombreuse, trop décimée; mais qui sait si, dans quelques siècles... » J'ai toujours admiré, chez les Grecs, cette façon touchante de calculer à longue échance, et de jouir par avance, en songeant aux générations qui viendront plus tard, d'un bonheur auquel ils ont personnellement renoncé. Un jour, dans un village lointain d'Asie Mineure, un vieux pappas, à qui je parlais d'Athènes, me répondait, en hochant la tête : « Hélas! La Grèce, nous la connaissons, par ouï-dire. Est-ce que nous la verrons jamais? »

Cette race est indomptable, parce qu'elle sait attendre. Les marins lorsque la tempête est trop forte, mettent à la cape, comme ils disent, et se laissent porter par la vague. Les Grecs, navigateurs de profession, ont toujours fait de même. Ulysse, le héros subtil et invincible, n'a-t-il pas lutté dix ans contre vents et marées, avant d'apercevoir, au bout de l'horizon, la silhouette de l'île natale et la fumée du toit paternel? Et ses compagnons n'avaient-ils pas attendu dix ans devant cette bicoque de Troie, aussi âpres au gain que les croisés, devant Jérusalem, furent, plus tard, ardents au sacrifice?

Cette patience, si éprouvée, et vraiment inusable, promet à l'hellénisme des consolations et des vengeurs. La Grèce, quelles que soient les inconséquences par où elle déconcerte parfois et décourage ses meilleurs amis, donnera des surprises aux publicistes moroses et peu informés, qui ne voient pas que ses progrès, après tout, ont été rapides, et que, telle qu'elle est, elle diffère beaucoup de la Grèce, jadis *contemporaine*, d'Edmond About. Lorsqu'on parcourt cette terre héroïque et charmante, très glorieuse et très douce, on entrevoit, à travers les incertitudes et les petites misères du présent, un avenir qui peut-être ne sera pas indigne du passé. Au pied de cette Acropole, où les artistes admirent un petit temple qui paraît immense, et où de vieux maîtres ont mis une beauté qui ne s'est plus retrouvée, il y a un peuple qui sans doute ne se serait pas rattaché si fortement à l'existence, s'il n'avait été soutenu par un grand espoir. Ce peuple remuant vit un peu à tort et à travers, mais il vit; c'est là l'essentiel. Il tâche de s'accommoder tant bien que mal au train du monde qui a marché sans lui. Comme les Sept Dormants d'Ephèse, il a retrouvé, à son réveil, l'univers bien changé. Il tâche de se mettre au courant des choses. Il y parviendra. Justement parce qu'il faut dès maintenant, qu'on le veuille ou non, compter sur la Grèce et compter avec elle, ceux qui l'aiment et qui font un sincère effort pour la bien connaître, ont le devoir de lui dire toute la vérité.

FIN

TABLE DES MATIÈRES

CHAPITRE I

L'arrivée à Athènes. — La gare du Péloponèse et le port du Pirée. — L'Acropole au printemps. — La nouvelle Athènes. — Divertissements athéniens. — L'agora.......... 1

CHAPITRE II

Plaisirs d'été. — Bals et soirées. — Influence du cotillon sur la politique. — La cour. — Le colonel Hadji-Petro.. 38

CHAPITRE III

La politique. — Le Palikare Delyannis et l'avocat Tricoupis. — Les élections. — Une séance de la Chambre. — Un grand ministre dans un petit pays...................... 66

CHAPITRE IV

Questions de grammaire. — La *diglossie*. — Hellénistes et romaïsants. — M. Jean Psichari. — Les journaux. — Querelle des Grecs et de M. Georges Ohnet................ 95

CHAPITRE V

Le théâtre populaire et le théâtre des gens du monde. Botzaris et la pantomime patriotique. — Histoire d'un officier de marine et d'un chef de thiase. — Aventures extraordinaires de Coquelin dans la mer Égée et dans le pays des Palikares... 124

CHAPITRE VI

L'administration. — Les forêts brûlent. — La justice. — Histoire d'un crime. — Les douaniers en cour d'assises. — Une exécution capitale au Pirée. — Théorie du brigandage. 148

CHAPITRE VII

Le commerce et l'industrie. — Les finances. — Les « évergètes ». — Exposition olympique. — Les touristes. — L'agence Cook.. 179

CHAPITRE VIII

En province. — Syra. — Six semaines dans l'île d'Amorgos. 194

CHAPITRE IX

L'île d'Amorgos. — L'archipel au printemps. — Un procès archéologique. — Histoire d'un éphore, d'un pappas et de soixante pièces d'or... 219

CHAPITRE X

En province. — De Delphes à Amphissa. — Le pays des Locriens Ozoles. — Phthiotide et Phocide. — Lamia..... 250

CHAPITRE XI

Dans les monts Othrys. — Vers la Thessalie. — La plaine thessalienne. — Pharsale et Volo......................... 285

CHAPITRE XII

Les deux Grèces. — L'hellénisme et ses moyens d'action : la religion et l'enseignement............................. 316

CHAPITRE XIII

L'hellénisme et ses moyens d'action : diplomatie et archéologie. — Histoire d'un Russe et d'un Italien. — L'éphore général des antiquités. — Pallas Athéna. — L'École française d'Athènes.. 340

CHAPITRE XIV

Philhellénisme et mishellénisme. — L'Empire byzantin. — Conclusion... 367

Coulommiers. — Imp. PAUL BRODARD.

www.ingramcontent.com/pod-product-compliance
Lightning Source LLC
Chambersburg PA
CBHW060553170426
43201CB00009B/761